Holger Heck / Jürgen Casper

Erfolgreiche Deck- hengste

in
Deutschland

Die Beschäler
in Privatbesitz

BLV

CIP-Titelaufnahme der Deutschen Bibliothek

Heck, Holger:
Erfolgreiche Deckhengste in Deutschland: Die Beschäler
in Privatbesitz / Holger Heck; Jürgen Casper. - München;
Wien; Zürich: BLV, 1989
   ISBN 3-405-13772-1
NE: Casper, Jürgen

Unter Mitarbeit von:

Lars Gehrmann
Claus Schridde
Karin Symanczyk

Bildnachweis

Alle Fotos Privatarchiv, außer
Christen S. 133
Czerny S. 147
Ernst S. 13, 14, 16, 18, 19, 23, 24, 27, 28, 32, 38, 42, 45,
46, 47, 49, 50, 51, 52, 54, 56, 57, 58, 59, 60, 64, 66, 67, 68,
69, 72, 94, 99, 125, 132, 136, 149, 152, 156, 161, 162, 163,
164, 165
Eylers S. 7, 11, 30, 34, 37, 39, 40, 41, 43, 44, 48, 53, 55, 61,
62, 63, 65, 89, 100, 101, 103, 108, 109, 129, 143, 150, 151,
155, 158, 169, 175
Feuerstein S. 126
Hell S. 17
Mitschke S. 110, 111, 128
Schamper S. 71

BLV Verlagsgesellschaft mbH
München Wien Zürich
8000 München 40

© 1989 BLV Verlagsgesellschaft mbH, München

Layout: Anton Walter
Einbandfoto: Werner Ernst

Satz: Filmsatz Schröter, München
Druck: Prull-Druck, Oldenburg
Bindung: Hollmann, Darmstadt

Printed in Germany · ISBN 3-405-13772-1

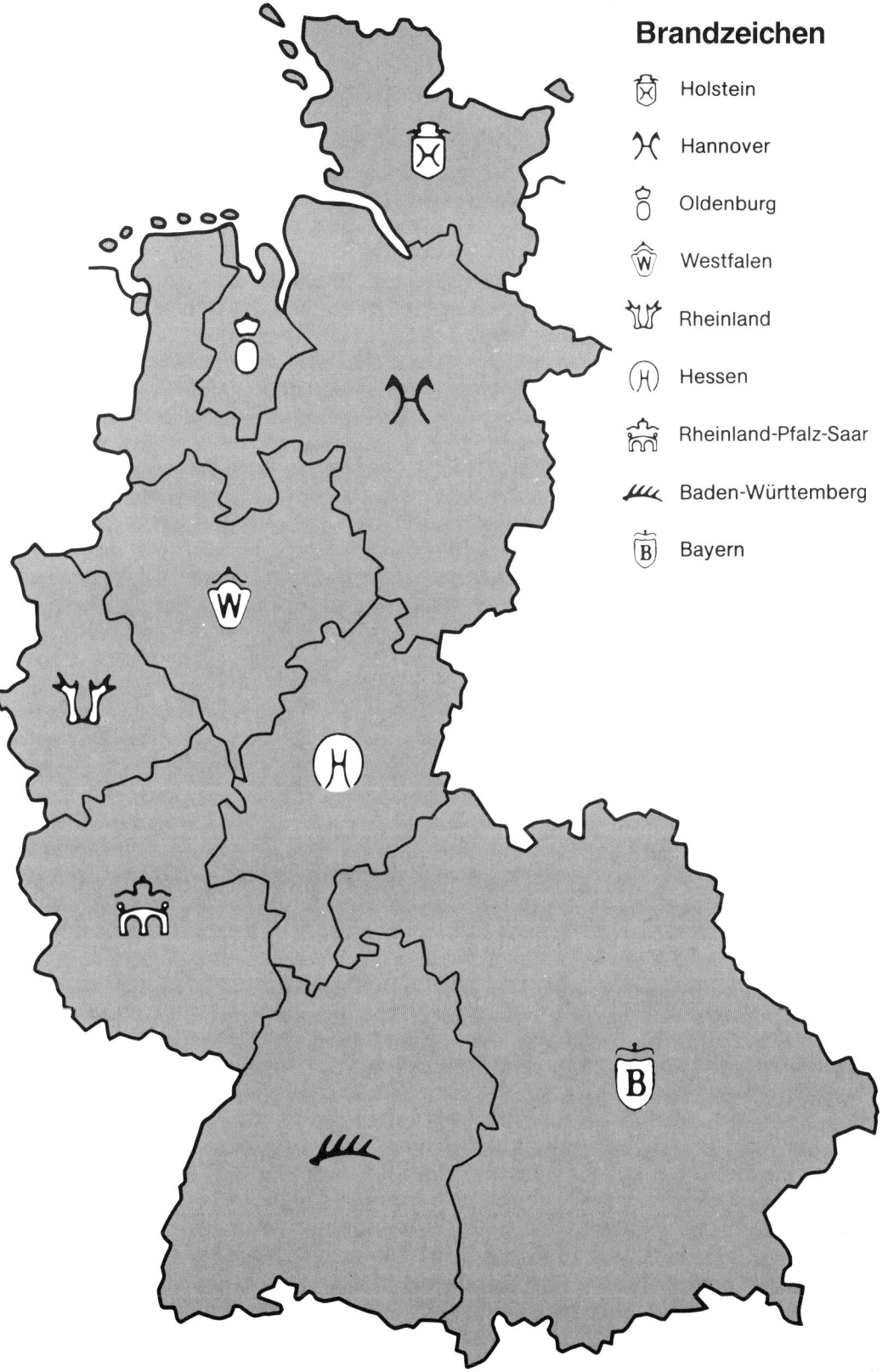

Brandzeichen

- Holstein
- Hannover
- Oldenburg
- Westfalen
- Rheinland
- Hessen
- Rheinland-Pfalz-Saar
- Baden-Württemberg
- Bayern

Inhalt

Feiner Stern

Ein paar Worte zuvor
Die private Hengsthaltung: Schneller, flexibler und leistungsbetonter

Das hohe Niveau der deutschen Pferdezucht ist traditionell der staatlichen Hengsthaltung zu verdanken. Nur der Tatsache, daß die Herrscherhäuser vergleichsweise früh auch Hengste für die jeweiligen Landeszuchten aufstellten, ist es zuzuschreiben, daß in Deutschland gezielte und organisierte Pferdezucht teilweise seit Jahrhunderten betrieben wird.

Natürlich haben die Herrscher-Häuser dies nicht aus Liebe zu ihren Untertanen oder gar zu den Pferden getan: Sie erwarteten sich handfeste Vorteile für das Staatswesen, für die Möglichkeiten des Militärs durch eine auf gutem Niveau betriebene Pferdezucht.

Dies hat letztlich recht früh in den deutschen Regionen zur Anlegung von Stutbüchern geführt, zum Ausschluß von Hengsten, die züchterisch nicht geeignet erschienen.

Die wenigen Gebiete ausgenommen, in denen traditionell eine private Hengsthaltung betrieben wird, hatte die Haltung von Hengsten in Privathand in Deutschland bis vor wenigen Jahrzehnten kaum eine Bedeutung. Es läßt sich eigentlich nur das Zuchtgebiet Oldenburg nennen, in dem die Pferdezucht schon sehr früh auch im Hinblick auf die Hengsthaltung in private Hände übergegangen ist. In allen anderen Zuchtgebieten wurden die Hengste zum allergrößten Teil vom Staat gehalten.

Das hat sich mit Beginn dieses Jahrhunderts noch verstärkt. Der Staat nahm in Deutschland aus wirtschaftlichen und auch aus militärischen Gründen noch mehr Einfluß auf die Pferdezucht als er vorher schon hatte. Am einfachsten und im Endeffekt auch am billigsten ist der Einfluß des Staates durch die Bereitstellung von Hengsten zu sichern. Da der Staat über viele Jahrzehnte in diesem Jahrhundert auch der größte Abnehmer von Pferden war (Kavallerie-Remonten), ließ sich die Zucht über den Hengstbestand und von der Käuferseite her steuern.

Das vergleichsweise geringe Deckgeld, das meistens die Kosten für einen Hengst nicht decken konnte, wurde dem Staat dadurch wieder vergolten, daß er sich beim Preis für eine Remonte letztlich schadlos halten konnte. Einfacher gesagt: Durch die niedrigen und meistens nicht kostendeckenden Deckgelder waren die drei- und vierjährigen Remonten entsprechend preisgünstig. Der Staat hat also bei den Hengsten subventioniert, um danach beim Preis für abzunehmende Pferde entsprechend zu profitieren.

Europa hat in diesem Jahrhundert zwei Weltkriege erlebt. Diese Tatsache ist ein weiterer, gewichtiger Grund für den großen Einfluß des Staates auf die Pferdezucht in dieser Zeit. Vor Kriegen wurde entsprechend aufgerüstet. Bis vor wenigen Jahrzehnten war die Qualität und die Menge an Militär-Pferden ein entscheidender Faktor bei der Kriegsvorbereitung.

Nach Ende des Zweiten Weltkrieges wandelte sich das Bild im Hinblick auf die Nutzung von Pferden total. Die Motorisierung hielt nicht nur Einzug in die Landwirtschaft – sie machte das Pferd auch für den Soldaten überflüssig. In den ersten Jahren nach dem Krieg wurde Pferdezucht in erheblich kleinerem Umfang – aber im Grunde noch nach den alten Rezepturen – betrieben. Man machte einfach mal so weiter, weil eigentlich niemand sagen konnte, wie es mit der Pferdezucht weitergehen würde, ob es überhaupt weitergehen würde.

Ende der fünfziger Jahre stand dann aber eindeutig fest: Das Pferd mußte eine neue Aufgabe finden, wenn es nicht gänzlich aus dem Leben der Menschen in diesem Land verschwinden sollte. Und das Pferd fand eine neue Aufgabe: Als Freizeit- und Sportkamerad der Menschen, die dieses Angebot in einer immer technischer werdenden Welt gern annahmen.

Auch in dieser Zeit dominierte weiterhin die staatliche Hengsthaltung. Es wäre überhaupt nicht genug Geld in der privaten Pferdezucht gewesen, das Land mit ausreichend vielen Deckhengsten zu versorgen. In fast allen Zuchtgebieten half der Staat durch die Hengsthaltung ab dieser Zeit tatkräftig mit, die Umzüchtung des Pferdes zu einem modernen Reitpferd voranzubringen. Gewissermaßen subventionierte er die Pferdezucht, um ihr wieder einen festen Grund unter den Füßen zu verschaffen.

Mitte der siebziger Jahre war dies erreicht. Die Struktur in der Pferdezucht hatte sich nicht grundlegend, aber doch entscheidend verändert. Es sind auch heute noch überwiegend die bäuerlichen Züchter, die sich mit der Zucht von Reitpferden befassen. Doch in allen Zuchtgebieten sind Menschen dazugekommen, die oftmals mit großen finanziellen Mitteln aus anderen Wirtschaftsbereichen begannen, Pferde zu züchten. Während der Landwirt darauf achten muß, daß die im Betrieb gezüchteten Pferde zumindest kein Geld kosten, waren diese »Neu-Züchter« auf eine Rentabilität ihrer Betriebe nicht angewiesen. Sie leisteten sich teilweise mit großer Passion ein teures Hobby und nahmen es hin (und konnten es sich leisten), in jedem Jahr große Summen in diese Liebhaberei zu stecken. Viele dieser neuen Pferdezüchter, die meistens mit großem Engagement an die Sache herangegangen waren, gaben nach einigen Jahren wieder auf – ihnen war das Geld ausgegangen, sie hatten keine Lust mehr, die erhofften Erfolge waren nicht eingetreten oder sie hatten eine andere Liebhaberei entdeckt.

Es kamen aber andere hinzu, die diese Lücke wieder auffüllten. Auch dem Lande ferne Menschen hatten im Laufe der Zeit gelernt, daß ein »Bauer« kein Dummkopf ist und daß allein mit Management-Methoden oder mit der zielgerichteten Intelligenz eines Zahnarztes die Pferdezucht nicht auf einen Schlag zu verbessern oder gar zu revolutionieren ist. Sie hatten begriffen, sich deutlicher den immerwährenden Gesetzen der Zucht anzupassen und auch auf die Rendite (zumindest aber auf eine Kostendeckung) zu achten.

Der Kreis der Menschen, die nicht aus der Landwirtschaft kommen und Pferdezucht betreiben, ist immer in etwa gleich groß geblieben. Innerhalb dieses Kreises gibt es aber eine starke Fluktuation, die sicherlich auch weiterhin anhält, wahrscheinlich aber etwas geringer sein wird.

Nicht zu vergessen ist, daß jeder, der sich – auch wenn es nur wenige Jahre waren – der Pferdezucht verschrieben hatte, Geld innerhalb dieses Wirtschaftsbereiches ausgegeben hat. Dies war fast ausschließlich Geld, das in einem anderen Wirtschaftsbereich verdient wurde und das in den großen Pferde-Markt geflossen ist. Ohne diese erheblichen »fremden« Mittel würde der Pferde-Markt und damit auch die Pferdezucht heute nicht auf dem vorhandenen Niveau möglich sein.

Auch heute darf nicht vergessen werden, daß Preise für Hengste, Stuten und Reitpferde in der vorhandenen Höhe nicht möglich wären, wenn diese ausschließlich mit in der Pferdezucht oder im Reitsport verdienten Geldern bezahlt werden sollten.

Inzwischen kann man sicherlich von einer Konsolidierung der privaten Hengsthaltung in der Bundesrepublik sprechen. Auch wenn immer mal wieder eine neue Deckstation mit viel Brimborium aufgemacht wird, bei der man letztlich um das Überleben fürchten muß, werden die meisten privaten Stationen nach den Regeln der Marktwirtschaft betrieben. Da gibt es natürlich Stationen, die in jedem Jahr ein Defizit erwirtschaften – doch meistens kann der Besitzer sich das leisten.

Auch das Verhältnis der staatlichen Hengsthaltung zur privaten hat sich deutlich entkrampft. Ohne die auch in anderen Bereichen üblichen Konkurrenz-Reibereien wird es niemals abgehen – doch meistenteils kann man von einem harmonischen und oftmals sogar kooperativen Miteinander sprechen. Beide Seiten haben erkannt, daß der Erfolg eines ganzen Zuchtgebietes am Ende für alle von Vorteil ist. Erfolgreicher kann eine Zucht aber nur werden, wenn private und staatliche Hengsthaltung in den Grundsätzen der Zucht übereinstimmen.

Dieses Buch hat die Aufgabe, die versprechendsten und erfolgreichsten Hengste in privatem Besitz in den einzelnen Landeszuchten und der Trakehner Zucht vorzustellen. In einem Anhang sind alle aufgestellten Hengste für die Warmblutzucht aufgeführt.

Die Auswahl von rund achtzig erfolgreichen Privatbeschälern kann schlechterdings nicht nach einem starren Schema erfolgen. Natürlich sind bei älteren Hengsten die Nachkommen-Gewinnsummen berücksichtigt – sie sind aber nicht alleiniger Maßstab. In Rechnung gezogen werden muß natürlich auch, ob solch ein Hengst durch die Lieferung von gekörten Hengsten und vielen guten Stuten für die ganze Zucht erfolgreich war, ob seine Nachkommen auf Auktionen und ab Stall gut bezahlt worden sind und noch werden, ob sich die Fohlen gut verkaufen lassen. In dem einen oder anderen Fall hat ein Hengst auch vor allem wegen seiner deutlichen Typverbesserung für eine ganze Zucht Eingang in dieses Buch gefunden.

Es sind auch jüngere Hengste vorgestellt, die teilweise erst einen Fohlenjahrgang vorzuweisen haben. Bei diesen Hengsten sprachen die äußere Erscheinung, der Erfolg auf der Körung, die aktuelle Abstammung und der Zuspruch der Züchter für eine Aufnahme. Es sind ausschließlich Hengste vorgestellt, die bei Abschluß dieses Buches noch lebten – die vom Züchter also noch benutzt werden können.

In Qualität und auch Quantität sind die deutschen Landeszuchten nicht ihrer grundsätzlichen Bedeutung entsprechend in diesem Buch vertreten. Das hat einen einfachen Grund: In vielen Zuchtgebieten, die eine überragende Bedeutung haben, dominiert weiterhin die staatliche Hengsthaltung. Bis auf die Ausnahme Oldenburg hat sich in den seit Jahrzehnten erfolgreichen Zuchtregionen eine private Hengsthaltung nur allmählich und auch nur in kleinerem Umfang etablieren können. Die Gründe hierfür muß man nicht aufführen – sie liegen auf der Hand.

Besonders stark sind in diesem Buch Hengste im Zuchtgebiet Oldenburg vertreten – in dieser Region gibt es seit Jahrzehnten ausschließlich die private Hengsthaltung; die Oldenburger Züchter können sich außerdem auch der Hengste des Landgestüts Celle bedienen, was sie immer noch sehr rege tun.

Vor allem in den vergangenen zehn Jahren ist die private Hengsthaltung im Rheinland, in Hessen, in Baden-Württemberg und auch in Bayern sehr stark geworden. Zahlenmäßig hat sie in den meisten dieser Länder die staatliche Hengsthaltung überholt – in dem einen oder anderen Zuchtgebiet möchte man dies hinsichtlich der Qualität auch behaupten. Beeindrukkend dabei ist, daß es in den meisten dieser Zuchtgebiete vor einigen Jahrzehnten eine private Hengsthaltung noch überhaupt nicht gegeben hat – von wenigen Ausnahmen abgesehen. Hannover, als immer noch größtes und sicherlich unter dem Strich auch immer noch erfolgreichstes Zuchtgebiet, ist nur mit wenigen privaten Hengsten in diesem Buch vertreten – die meisten davon stehen nicht einmal im Zuchtgebiet. Auch in Holstein, wo Verbands-Hengste einen aufsehenerregenden Erfolg nach dem anderen feiern, hat sich die private Haltung von Hengsten nur sehr zögernd entwickelt. Sie macht allerdings Ende der achtziger Jahre gute Fortschritte.

In Westfalen spielen private Hengste neben den Landbeschälern aus Warendorf auch eine eher »kleine Geige« – aber die ist doch erheblich deutlicher zu hören als beispielsweise im Nachbarzuchtland Hannover.

Festgestellt werden konnte aber fraglos in allen Zuchtgebieten – manchmal sogar sehr schmerzlich –, daß eine Hengsthaltung gegen den Staat oder gegen die privaten Hengsthalter letztlich von Nachteil für die ganze Zucht ist. Gesunde Konkurrenz muß sein – sie ist letztlich der Motor, der alles vorwärtsbewegt, Gegnerschaft ist hemmend.

In den Zuchtgebieten mit starker staatlicher Hengsthaltung wirkt die private insofern befeuernd, als das Landgestüt seine Stellung halten will und halten muß. In den anderen Gebieten, in denen die private Hengsthaltung mit der staatlichen zumindest gleichgezogen hat, ist ein Konkurrenzkampf entbrannt, der auch die Landgestüte flexibler und marktgerechter reagieren läßt. Immer wieder muß man sich wundern, wie zuchtnah und vor allem wie schnell inzwischen mancher Landstallmeister reagieren kann . . .

Trotzdem müssen gerade die privaten Hengsthalter Interesse daran haben, daß die Staats-Gestüte viele ihrer in der Vergangenheit manchmal als negativ gesehenen Verfahrensweisen beibehalten: Langer Atem, Stetigkeit, Festhalten an Bewährtem auch gegen eine Modeerscheinung. Nur wenn die Staats-Hengsthaltung im Grundsatz diese Notwendigkeiten erfüllt, kann die private Hengsthaltung ihre naturgegebenen Vorzüge zum Wohle des Ganzen ausspielen: Schneller zu sein, flexibler und leistungsbetonter!

Doch alle wissen: Schnelligkeit kann auch übereilte Hast werden, Flexibilität nichts als sich nach dem Winde zu drehen, und eine leistungsbetonte Abstammung kann schnell auch als züchterische Sackgasse oder als kurzfristige Modeerscheinung entlarvt sein.

Niemand ist davor gefeit. Und nur wenn die privaten Hengsthalter auf diesen Feldern ein vergleichsweise hohes Risiko auf sich nehmen, daneben aber die staatliche Hengsthaltung für Stetigkeit garantiert, ist ein Erfolg für das ganze Zuchtgebiet zu erwarten. In dieser Hinsicht ergänzen sich die staatliche und die private Hengsthaltung bei aller Konkurrenz auf das Beste.

Brand-Hof 1989
Holger Heck

Akzent II

Holstein:
Private Hengste gewinnen Anschluß

Natürlich betont die Verbandsleitung in Schleswig-Holstein: »Bei uns gibt es ausschließlich private Hengste. Eine staatliche Hengsthaltung existiert schon seit den sechziger Jahren in diesem Bundesland nicht mehr.«

Formal ist das richtig, doch die Praxis sieht etwas anders aus: Nach der Auflösung des Staatsgestütes Traventhal gingen die Staatshengste in Verbandsbesitz über. Seit dieser Zeit kauft der Holsteiner Verband junge Hengste auf, stellt sie zur Körung und unterhält im ganzen Land Deckstationen. Gewissermaßen hat der Zuchtverband in Holstein die staatliche Hengsthaltung übernommen. Einziger Unterschied: Die Hengste stehen außerhalb der Decksaison nicht mehr in Traventhal, sondern in den Stallungen des Verbandes in Elmshorn. Und natürlich gehören alle Hengste dem Verband.

Daneben konnte sich in Holstein eine private Hengsthaltung nur schwer etablieren. Wenige und meistens auch bekannte Pferdeleute, wie zum Beispiel Maas J. Hell, begannen mit der Unterhaltung privater Deckstationen und haben inzwischen auch recht gut Anschluß an die Verbands-Hengsthaltung gefunden. 1988 haben sich die privaten Hengsthalter in Holstein zu einem Verband zusammengeschlossen, um gegenüber dem Zuchtverband in Elsmhorn mit einer Stimme sprechen zu können.

Ahorn
Ein kapitaler Traum-Typ

Keine andere Kombination gilt in der Pferdezucht als so schwierig wie die positive Verbindung von Adel mit Kaliber. Ein Pferd, das diese Kombination fast beispielhaft verkörpert, ist der Holsteiner Hengst Ahorn. Pferde von dieser Sorte zu produzieren, das wünscht sich wohl jeder Pferdezüchter, und einmal mehr ist dieses Kunststück dem belgischen Zucht-Imperium Zangersheide gelungen.

Doch das ist längst nicht alles, was den neunjährigen Braunen auszeichnet. Schon die Tatsache, daß er ein Sprößling der Zangersheider Stutenherde ist, läßt jeden Springreiter aufhorchen, denn das verspricht ein Pedigree von internationaler Springblutkombination. Und so ist es auch: Ahorns Vater, der Franzose Almé, gilt als einer der erfolgreichsten Springpferdevererber der Gegenwart. Und Ahorns Mutter, die Holsteiner Stute Heureka, war nicht nur eine ausgezeichnete Vererberin, sondern gewann unter Hermann Schridde unter anderem auch den Großen Preis von Aachen. Sie ist gezogen nach bestem Holsteiner Spring-Prinzip, und das heißt, daß sie mehrfach ingezogen ist auf den Holsteiner Linienbegründer Achill, jenen schon legendären Hengst, dem die Springpferdezucht im Lande zwischen den Meeren so viel zu verdanken hat.

Ahorn ist Privatbeschäler auf der Station Wöhrden an Holsteins Westküste. Trotz seiner bedeutenden Maße von 172/205/22 gilt er in Holstein als ein Veredler, dessen Nachkommen immer am prägnanten Typausdruck des Vaters zu erkennen sind. Und so, wie er sich selbst darstellt, so vererbt er sich auch: Großrahmig mit wunderschöner Kopf-Hals-Partie bei bestem Charakter, hoher Rittigkeit und natürlich entsprechender Springveranlagung. Er selbst sprang schon als junges Pferd mit der ganzen Routine eines »alten Hasen«, und das sprach für eine wahrlich angeborene Qualität – sicher kein Wunder bei der Abstammung.

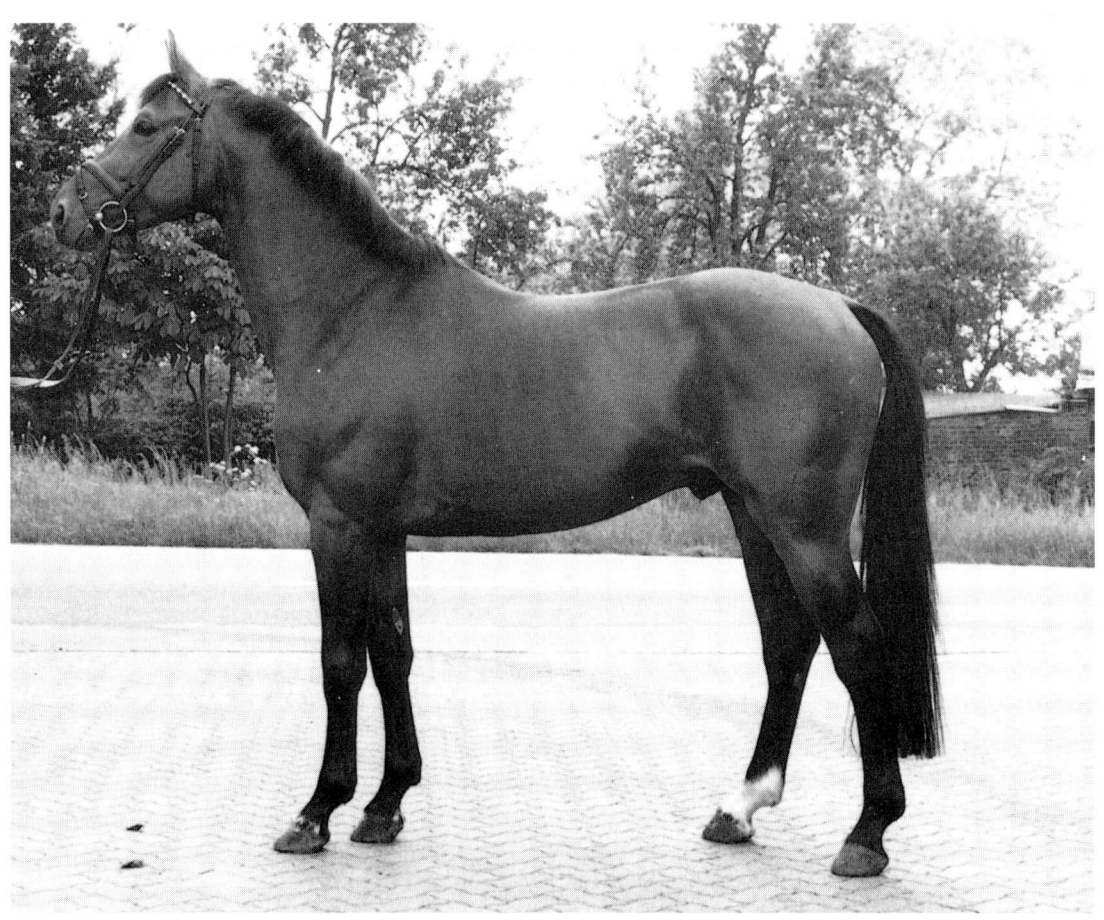

Inzwischen sind von Ahorn bereits fünf Söhne gekört und zahlreiche Staatsprämienstuten eingetragen worden. Sein Sohn Aktionär ist Mitglied in der Riege der Holsteiner Verbandshengste und seit zwei Jahren Boxennachbar zu Caletto I auf der Station Langenhagen in Ostholstein. Ein großer Verlust war der frühe Tod des in Oldenburg gekörten Ahorn-Sohnes Aurel, der gezogen war aus der Mutter des Hengstleistungssiegers Landadel und der auf der Station Böckmann leider nur einen Fohlenjahrgang hinterließ. Darüber hinaus sind die Ahorn-Nachkommen vor allem im Ausland sehr gefragt, und das beste Zeugnis seiner Vererbung wird ihm ausgestellt durch die Tatsache, daß sich sogar sein Züchter Leon Melchior bereits drei Ahorn-Stuten und vier Jährlinge für Zangersheide sicherte. Vielleicht gelingt es – unter anderem mit Ahorn – dem Weltklassehengst Almé, in Holstein eine eigene Hengstlinie fortzuführen. Der springorientierten Holsteiner Zucht mit ihrem hohen Inzuchtgrad täte dies sicher gut.

Almé A.N.	Ibrahim A.N.	The Last Orange	A.N.
		Vaillante	A.N.
	Girondine A.N.	Ultimate	XX
		J' Vins-Mars	A.N.
Heureka	Ganeff	Lopshorn	
		Maja	
	Nobida	Falerner	
		Fulmiane	

Protokoll

Geboren:	1979 in Belgien
Lebensnummer:	31 0226079
Farbe:	Braun
Züchter:	Leon Melchior, Zangersheide, Belgien
Besitzer:	Maas J. Hell, Klein Offenseth

Caletto I
Baron von Nagels letzter großer Wurf

Unumstritten ist die Ausnahmestellung des Gestüts Vornholz für die deutsche Pferdezucht nach dem Zweiten Weltkrieg. Zu den letzten züchterischen Entscheidungen, die Baron von Nagel für sein Gestüt traf, gehörte der Ankauf eines zweijährigen Junghengstes im Sommer 1977 in Holstein. Es war ein brauner Cor de la Bryère-Sohn aus der erstklassig gezogenen

Deka (v. Consul), die damals bereits Mutter des Holsteiner Hengstes Gonzales (v. Grandioso) war. Im Oktober desselben Jahres wurde dieser Junghengst unter dem Namen Caletto gekört, was Baron von Nagel aber leider nicht mehr miterleben sollte. Einige Jahre später erwies sich der Ankauf dieses Holsteiner Hengstes einmal mehr als eine Triumph-Entscheidung des Gestüts, das zu jenem Zeitpunkt schon nicht mehr existierte.

Unter dem Breitenburger Arzt Dr. Michael Rüping wurde Caletto zum erfolgreichsten deutschen Hengst im Springsport: Bei der Europameisterschaft 1983 in Hickstead gewann er mit der deutschen Mannschaft die Bronzemedaille, im selben Jahr war Caletto das erfolgreichste deutsche Nationenpreispferd und erfolgreichstes Springpferd beim CSIO in Genf. Hochplaziert beziehungsweise siegreich war er 1983 im internationalen Springchampionat in Aachen, im Großen Preis von Aachen, im Großen Preis der Schweiz, im Großen Preis von Calgary, 1984 wiederum im Großen Preis von Aachen, und 1985 gewann er den Siegerpreis des ersten CSI Stuttgart.

Caletto I, wie er später genannt wurde, nachdem sein Vollbruder Caletto II gekört wurde, stand zunächst zwei Jahre in der Zucht, bevor er an Rüping verkauft wurde. Auf der Station Wöhrden wurde er 1980 von einer Stute schwer verletzt und galt nach einer Spermauntersuchung als unfruchtbar. Das war der Grund, warum der Hengst Rüping zum Kauf angeboten wurde, sonst wäre er wahrscheinlich nie in den Springsport gelangt. Dennoch stellte Caletto I schon als Junghengst seine Ausnahmequalität am Sprung zu keinem Zeitpunkt in Frage. Nach Art und Technik, erfüllt mit großem Selbstbewußtsein und entsprechender Souveränität, lenkte er schon immer das Interesse auf sich.

In Exterieur und Ausstrahlung seinem Bruder wahrscheinlich noch überlegen war Caletto II, der Siegerhengst der Holsteiner Körung 1980. Sein tödlicher Unfall anläßlich der Landestierschau 1984 in Rendsburg hat dazu geführt, daß Caletto I plötzlich wieder in die züchterische Diskussion kam. Auf Drängen des Holsteiner Verbandes ließ Rüping von seinem Hengst eine erneute Spermaprobe nehmen, die ihm verblüffenderweise fünf Jahre nach seinem Unfall von

Cor de la Bryère	Rantzau XX	Foxlight	XX
		Rancune	XX
	Quenotte	Lurioso	
		Margot	
Deka	Consul	Cottage Son	XX
		Isolde	
	Oekonomie	Matador	
		Fahre	

Wöhrden wieder die volle Zuchttauglichkeit bescheinigte.

Um der Holsteiner Zucht sein wertvolles Blut zu erhalten, entschied sich Rüping, Caletto I ab 1986 als Leihhengst wieder in die Zuchtlaufbahn zu schicken. Seitdem ist er auf der Station Langenhagen in Ostholstein aufgestellt, wo er sich in der Züchterschaft größter Beliebtheit erfreut. Und seine Fohlen bringen aufgrund ihres zum Teil astronomischen Marktwertes enorm Bewegung in den Holsteiner Pferdehandel.

Protokoll

Geboren:	1975
Zuchtgebiet:	Holstein
Lebensnummer:	21 0604 1 75
Farbe:	Braun
Züchter:	Klaus Martin Both, 2209 Obendeich
Aufzüchter:	Holsteiner Verband, Elmshorn
Besitzer:	Dr. Michael Rüping, Breitenburg
Gekört:	1977 in Elmshorn
HLP:	1978 in Elmshorn
Deckeinsatz:	1978 Gestüt Vornholz (Westfalen) 1979/80 Wöhrden/ Krs. Diethmarschen danach im Sport seit 1986 Langenhagen/ Krs. Ostholstein

Cantus
Ganz auf Springblut gezogen

Er wirkt fast wie ein Schwerathlet, dieser Schimmel mit dem Stockmaß von 174 Zentimetern, das beinahe etwas geschmeichelt erscheint. Und doch: Wenn sich dieser Kaliber-hengst im Rubens-Rahmen in Bewegung setzt, dann verliert er jeden Eindruck von Schwergewicht und Behäbigkeit. Und über dem Sprung, da offenbart er seine ganze Klasse. Federleicht

wirkt er plötzlich bei optimaler Kurve, schnellem Vorderbein und kraftstrotzendem Motor aus der Hinterhand.

Cantus, gezogen 1981 von Rasmus Boyschau in Achtrup, ist zur Zeit der einzige gekörte Sohn des großartigen Caletto I im Holsteiner Zuchtgebiet. Seit 1984 ist er aufgestellt in Klein Offenseth bei Maas J. Hell, einem der größten und erfolgreichsten Privathengsthalter in Schleswig-Holstein. Und wie alle großen Hengste hat auch er das Schicksal zu tragen, daß ihm jedes Jahr eine Vielzahl kleiner Stuten zugeführt wird. Doch nach den ersten Fohlenjahrgängen dieses siebenjährigen Hengstes scheint er mit diesem Handicap leicht fertigzuwerden. Unter Holsteins Privathengsten werden den Nachkommen dieses sprunggewaltigen Schimmels deshalb besonders große Hoffnungen entgegengebracht.

Ein Springpferdepedigree der Sonderklasse verdeutlicht diese hohen Erwartungen: Vater Caletto I war erfolgreichster deutscher Hengst im Springsport, dessen Mutter Deka brachte neben dem Siegerhengst Caletto II auch die Leistungsspitzen Cordeka und Landrätin. Über 83 Prozent ihrer rein holsteinischen Abstammung führen auf die beiden wichtigsten Linienbegründer Ethelbert und Achill zurück. Monoline, die Mutter des Cantus, ist eine im ländlichen Springsport bis zur Klasse M geprüfte Zuchtstute, die den Ramzes AA-Sohn Roman zum Vater hat, der selbst über mehrere Jahre in Springprüfungen der Klasse S erfolgreich war. Orient, der Sieger im Großen Preis von Aachen 1954 und 1955 Hans Günter Winklers Weltmeisterschaftspferd, kommt wie die Hengste Ronald und Constant aus demselben berühmten Stamm wie Roman (18 B 1). Auch über diesen Stamm wird das Achill-Blut im Pedigree des Cantus weiter konzentriert. Darüber hinaus war die Stute USA (Cantus' Großmutter) unter Peter Mathiesen neben ihrem Zuchteinsatz auch in S-Springen erfolgreich.

So rundet sich das Bild ab, das den Schwerathleten Cantus über dem Sprung zu einem ästhetischen Turner macht. Es ist zwar schwierig, aber nicht unmöglich, eine ideale Verbindung von Kaliber und Reitqualität zu erhalten. Cantus ist ein Paradebeispiel dafür.

Caletto I	Cor de la Bryère	Rantzau	XX
		Quenotte	A.N.
	Deka	Consul	
		Oekonomie	
Monoline	Roman	Ramzes	AA
		Dorette	
	USA	Marabu II	
		Jossa	

Protokoll

Geboren:	1981
Zuchtgebiet:	Holstein
Lebensnummer:	21 0128 8 81
Farbe:	Schimmel
Maße:	1,74 m Stock
Züchter:	Rasmus Boyschau, 2262 Achtrup
Gekört:	1983 in Elmshorn
HLP:	1984 in Elmshorn
Besitzer:	Maas J. Hell, Klein Offenseth
Deckeinsatz:	seit 1984 Klein Offenseth

Chirac
Nur Leistung zählt!

Im Grunde kommt bei dem braunen Hengst Chirac alles zusammen, was man sich in der Leistungs-Pferdezucht wünscht:

Der Hengst stammt aus einer selbst bis in die hohen Klassen leistungsgeprüften Mutter; er hat seine Leistungsprüfung im Großen Sport abgelegt; seine Kinder sind so leistungsfähig wie er, und er ist dort, wo er gezogen ist, als Deckhengst aufgestellt und wird vom Züchter-

Sohn überaus erfolgreich im Großen Vielseitigkeitssport vorgestellt.

Chirac stammt aus der Halbblut-Stute Juvena, einer Tochter des großen Vollblüters Marlon xx. Diese Stute wurde bis zur Klasse S in Springen und internationalen Vielseitigkeitsprüfungen eingesetzt. Sie hat Siege und Plazierungen in S-Vielseitigkeiten auf internationalem Niveau. Schon die Großmutter von Chirac auf der

mütterlichen Seite war erfolgreich in Springen und in der Military der schweren Klasse. 1976 ist Chirac auf dem Hof von Friedrich Otto in Holstein geboren, der auch heute noch Besitzer ist.

Ursprünglich wurde Chirac vom Zuchtverband für Deutsche Pferde, dessen Vorsitzender Friedrich Otto seit Anfang der achtziger Jahre ist, gekört. Aufgrund seiner Erfolge im Sport ist dieser Hengst inzwischen aber auch vom Holsteiner Verband anerkannt.

Es gibt nur wenige Hengste, die eine solch gute Bewertung bei der Körung erfahren haben: Typ gut, Korrektheit 7,5 (zwischen ziemlich gut und gut), Bewegungen sehr gut, Gesamt-Note gut. Seine Leistungsprüfung hat Chirac mit Bravour im Großen Sport, vor allem in der Vielseitigkeit, abgelegt. Unter dem Züchter-Sohn war der Hengst Dressursieger der internationalen Military in Belgien, Achter der Military-Europameisterschaften in Luhmühlen, Erster in der Deutschen Mannschafts-Meisterschaft der Vielseitigkeit, Gewinner der Remy-Martin-Trophy 1987. Darüber hinaus hat Chirac eine lange Reihe von Vielseitigkeitsprüfungen und auch ein Rekord-Hochspringen gewonnen.

Der Hengst vererbt sich sehr edel, er hat viel Bewegung und ist sehr einsatzfreudig. So wie er sind auch die meisten seiner Nachkommen –

Waldenser xx	Ticino xx	Athanasius xx	Ferro xx Athanasie xx
		Terra xx	Aditi xx Teufelsrose xx
	Worms xx	Ortello xx	Teddy xx Hollebeck xx
		Wolkenlos xx	Prunus xx Die Wolke xx
Juvena	Marlon xx	Tamerlane xx	Persian Gulf xx Eastern Empr. xx
		Maralinni xx	Fairford xx Misguided xx
	Ornis	Heidefreund I	Heidekrug Schlacke
		Chemilpo	Major Zehenerin

dabei treten sie durch ein besonders gutes Temperament hervor. Die beiden ältesten Nachkommen von Chirac, Chicita 2 und Nico, haben 1988 an den Meisterschaften der Junioren und der Jungen Reiter teilgenommen. Chirac selber gehörte im Jahr 1988 zur Kern-Mannschaft für die Olympischen Spiele in Seoul.

Protokoll

Geboren:	1976 in Holstein
Lebensnummer:	210355776
Farbe:	Dunkelbraun
Züchter:	Friedrich Otto, 2371 Tetenhusen
Besitzer:	Züchter

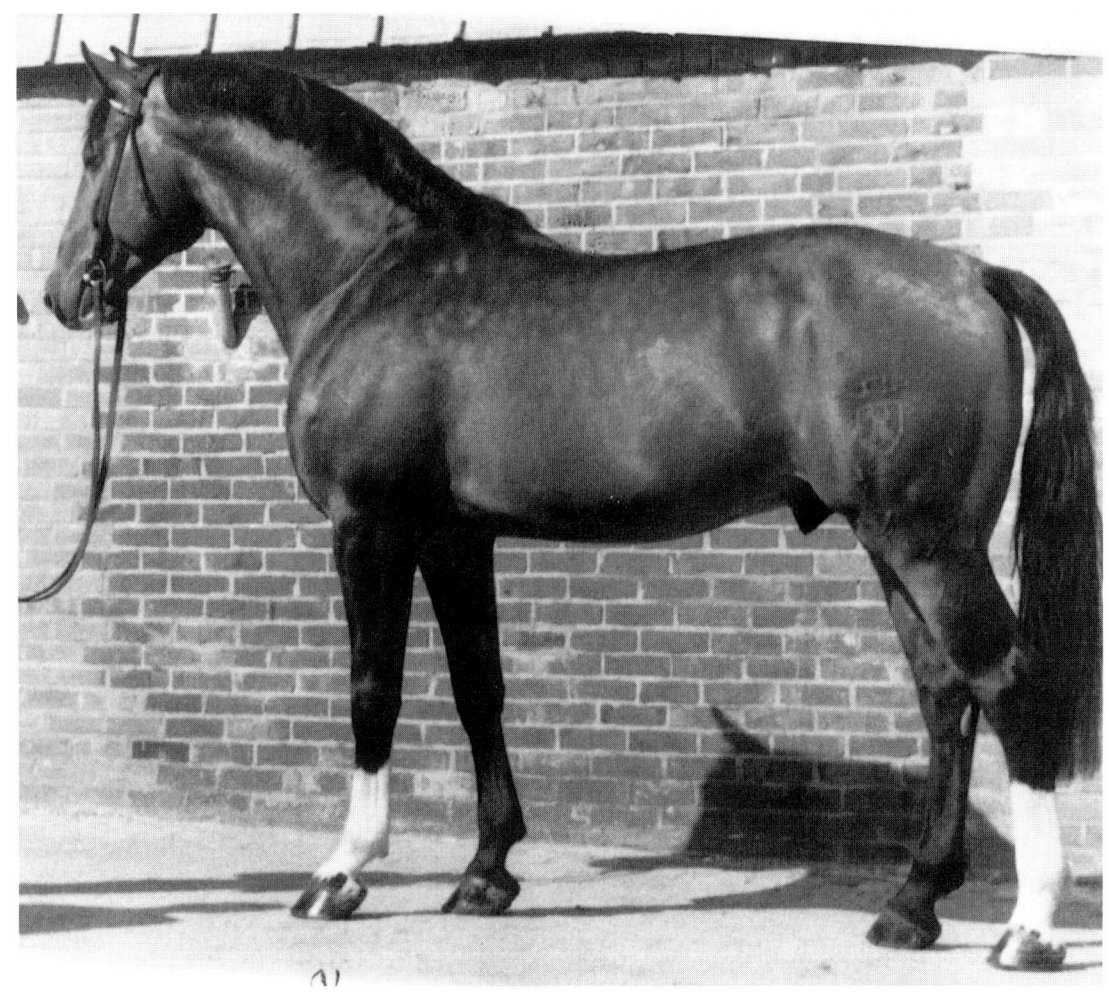

Ronald
Viel Springvermögen – viele Abzeichen

Der Ausnahme-Hengst Ramiro, der die großen Vererber Ramzes AA und Cottage Son xx in seinem Pedigree trägt, deckte nur sehr kurze Zeit in Holstein. Im Jahr 1969 wurde Ramiro vom Holsteiner Verband gepachtet und deckte auf der renommierten Station Siethwende mitten im Hochzuchtgebiet. In dieser kurzen Zeit sorgte dieser herausragende Hengst für eine Reihe von bedeutenden Pferden für die Holsteiner Zucht. Darunter sind beste Sportpferde, viele ausgezeichnete Staatsprämienstuten und zwei gekörte Hengste.

Der Ramiro-Sohn Rinaldo konnte sich nur wenig in der Zucht durchsetzen, dagegen hat der Ramiro-Sohn Ronald eine überragende Bedeutung. Dieser große Hengst mit den bedeutenden Partien hatte allerdings von Anfang an für das Zuchtgebiet im hohen Norden einen entscheidenden Makel: Er selbst ist sehr auffällig gezeichnet und hat auch seinen Kindern meistens viele Abzeichen mitgegeben. Abzeichen sind aber in Holstein nicht gefragt. Sicherlich war dies mit ein Grund, warum Ronald im Jahr 1980 nach Holland verkauft wurde.

Im Jahr 1986 ist er in das Zuchtgebiet zurückgekommen und deckt jetzt als Privat-Beschäler.
Ronald stammt aus der Stute Adrett von Heilbutt, dahinter kommen Heinerle und dann der große Hengst Heintze, ohne den man sich die moderne Holsteiner Zucht kaum vorstellen kann. Die Mutter von Ronald stammt aus dem überaus erfolgreichen Stamm 18 B1, aus dem auch der Marlon-Sohn Marquis hervorgegangen ist, genau wie die berühmten Sportpferde Orient, Roman und Constant.

Auch Ronald wurde in der ersten Zeit seines Deckeinsatzes in Holstein Vater einer langen Reihe von sehr guten Staatsprämienstuten. Fünf seiner Söhne wurden bisher gekört, unter ihnen ist der Hengst Rocadero, der als Siegerhengst der Körung 1982 besonders zu erwähnen ist.

Die Fohlen von Ronald waren durchweg groß. Alle Nachkommen dieses Hengstes haben seinen guten Charakter und sein ausgezeichnetes Temperament geerbt.

Ramiro	Raimond	Ramzes	AA
		Infra	
	Valine	Cottage Son	XX
		Holle	
Adrette	Heilbutt	Heinerle	
		Kleopatra	
	Dorette	Monarch	
		Schelle	

Protokoll

Geboren:	1970
Lebensnummer:	21 0403070
Züchter:	Martin Thormaehlen, 2201 Neuendorf
Farbe:	Braun
Maße:	166 cm Stock
Besitzer:	Hans Decker, 2279 Norddorf, Amrum

Hannover:
Am Landgestüt kommt keiner vorbei

In keinem Zuchtland in der Bundesrepublik ist die staatliche Hengsthaltung so stark und beherrschend wie in Niedersachsen bzw. im Pferdezuchtgebiet Hannover. Das Landgestüt in Celle hat traditionsgemäß die »erste Wahl« bei den Hengstkörungen, kann sich zuerst einmal vor allen anderen Interessenten bedienen.

Dies bedingt natürlich, daß sich – die Ausnahmen bestätigen die Regel – die besten Hengste aus jedem Jahrgang im Landgestüt befinden. Die Bindungen der Züchter zum Landgestüt in Celle sind zudem recht eng, so daß eine private Hengsthaltung in diesem Zuchtgebiet auf viele Hindernisse stößt, von vielen Züchtern auch ganz einfach als überflüssig angesehen wird.

Private Hengste im Zuchtgebiet sind in jüngerer Zeit vor allem Beschäler aus Spezialzuchten, wie zum Beispiel den Trakehnern. Die meisten der hier vorgestellten Hannoveraner mit großer Bedeutung haben ihre Beschäler-Boxen außerhalb des Zuchtgebietes Hannover. Sehr mutig und inzwischen auch erfolgreich hat Hans-Joachim Köhler mit einer Reihe von Hengsten in Verden eine private Station eröffnet – zwei der dort stationierten Hengste sind vorgestellt.

Akzent II
Spitze von Anfang an

Daß zwei Vollbrüder in der Zucht Verwendung finden, ist nicht weiter ungewöhnlich. In den seltensten Fällen allerdings vererben sie sich gleich gut. Anders bei Akzent I und Akzent II. Ihr Züchter Joachim Kemmer, Betreiber des Amselhofes Walle, hatte ein besonderes Faible für die Blutlinien der hannoverschen Deckstelle Baljerdorf. So waren in seinem Bestand zahlreiche Stuten von Marcio xx, Waidmannsdank xx, Wendekreis und Ferdinand zu finden.

Ein Hengst aus Otersen jedoch hatte es dem Berliner Industriellen besonders angetan: Absatz von Abglanz. So kam es, daß Kemmer seine auf Baljerdorfer Basis gezogene Stute Wega bei Absatz decken ließ und damit einen geradezu sensationellen Doppelerfolg erzielte. 1973 und 1974 schenkte Wega jeweils einem braunen Hengstfohlen das Leben, die beide als Beschäler aufgezogen wurden und sich nicht nur äußerlich, sondern auch in der Vererbung sehr ähneln. Groß angelegt, mit viel Schnabel und herrlicher Oberlinie, mit energischen, dabei ungemein ergiebigen Bewegungen ausstaffiert, wissen die »braunen Brüder« auch immer wieder zu gefallen.

Akzent II blieb nach der Körung im Züchterstall. In den ersten Jahren deckte er nur durchschnittlich 20 Stuten. Doch diese Einschränkung hatte im nachhinein betrachtet auch ihr Gutes. Während Akzent I von Anfang an allen, auch mittelmäßigen und schlechten Stuten zur Verfügung stand, produzierte sich Akzent II ausschließlich auf der Edelstutenbasis des Amselhofes. Damit hat Akzent I zwar heute weit mehr Nachkommen im Sport, die wenigen Nachkommen des Akzent II jedoch waren in der Saison 1987 in Parcours und Viereck erfolgreicher als die des Erstgeborenen.

Der Gerechtigkeit halber muß gesagt werden, daß Akzent II Leihhengst in Celle war und in der Saison 1980 die Stuten der staatlichen Station Altenbruch beglückte. Hier multiplizierte er sich erstmals auf einer größeren Stutenbasis, und logischerweise sind nicht alle seine Produkte aus diesem Jahrgang Spitze. Was nicht unbedingt heißen soll, daß er seine Position in

der Vererberstatistik nur der elitären Stutenherde auf dem Amselhof verdankt, aber die ist
gewiß an den Meriten nicht unbeteiligt. Und
diese Elitestuten sind nun einmal der Vorteil
des Akzent II gegenüber seinem Bruder.
Eines haben jedoch beide wieder gemeinsam:
Auf der Verdener Auktion erzielten sie mit
ihren Nachkommen Spitzenpreise. Der bekannteste Sproß von Akzent II, der schwarzbraune, aus der Grande-Stute Grandezza gezogene Amazonas 25 (heute: J. Bemelmans), war
auch Verdener Auktionspferd und wechselte
dort in die Hände von Karin Schlüter-Grube,
die ihn bis zur Grand Prix-Reife förderte.
In den Brüdern Akzent I und II vereinigt sich
von den Blutlinien her so ziemlich alles, was zu
einem Reitpferdevererber gehört: Der Charme
des Absatz, erhärtet durch Abglanz und den
Shagya-Sohn Schlingel, der »Reck« des Waidmannsdank xx, kombiniert mit der Leistungskomponente des Hannoveraners Ferdinand.
Und wie die Vorfahren, so ist auch die Vererbung: Vielseitig und leistungspotent.
Nach Auflösung des Amselhofes kam Akzent II
auf der Station Kathmann in Holtrup zum Einsatz, der Run auf ihn ist ungebrochen.

Absatz	Abglanz/Trak.	Termit
		Abendluft
	Landmoor	Landeck
		Schlinka
Wega	Waidmannsdank xx	Neckar xx
		Waldrun xx
	Fernanda	Ferdinand
		Allerfrau

Protokoll

Geboren:	1974 in Niedersachen
Lebensnummer:	314702274
Züchter und Aufzüchter:	Joachim Kemmer, Winsen/Aller
Besitzer:	Ludwig Kathmann, Holtrup
Farbe:	Braun
Gekört:	1976 in Verden
Hengstleistungsprüfung:	1977 in Adelheidsdorf
Maße:	172 cm Stockmaß

Godehard
Das schneeweiße Muskelpaket

Eigentlich sollte er mal Gottfried heißen. Daraus wurde dann Godehard. Ganz bewußt jedenfalls haben die Schockemöhles den Schimmel so ähnlich getauft wie seinen weltberühmten Vater, weil er ihm wohl von all seinen Hengstbrüdern am ähnlichsten sieht. Das jedenfalls meint sein Besitzer Werner Schockemöhle.

Im allgemeinen ist Godehard jedoch ein paar Klassen harmonischer als Gotthard, stellt sich wesentlich plastischer dar, nicht so hölzern, er ist eben ein richtiges »Muskelpaket«. Bereits mit zwei Jahren war er schneeweiß, womit er zumindest im deutschen Hengstreigen eine Ausnahmestellung innehat.

Doch damit nicht genug: Da sowohl seine Mutter als auch sein Vater Schimmel waren und ein Viertel der Fohlen aus solchen Anpaarungen reinerbig Schimmel sind, das heißt ausschließlich Schimmel erzeugen, stellt er auch in dieser Hinsicht eine Ausnahme dar, denn er ist so ein Fall. Diese Schimmeldominanz gab es in der deutschen Pferdezucht nur bei wenigen Hengsten, erinnert sei an den legendären Ramzes, oder an den irischen Vollblüter More Magic xx, beide waren sie die »Großen« ihrer Zeit.

Godehard ist in Niedersachsen geboren, in Rümmer bei Wolfsburg. Seine Mutter Alsterkunde ist die einzige Tochter des Artur, eines 7/8-Bruders der berühmten Celler Landbeschäler Abhang I, II und III, die (in Godehard) etwas Bleibendes für die hannoversche Zucht lieferte. Sie wiederum ist eine Tochter der Weingeist-Tochter Weinfee. Es erscheint allerdings etwas müßig, bei Weingeist nach dem Ursprung für Godehards geradezu phänomenale Springveranlagung zu suchen. Bis auf Steenkens Simona, die vielzitierte »eine Schwalbe«, die noch keinen Sommer macht, hat Weingeist nämlich nicht gerade die Welt verändert.

Will man bei Godehard aber dennoch auf der Mutterseite nach Springblut forschen, so wird man in der nächsten Generation durchaus fündig, denn die Urgroßmutter Amselbeere, mit der Staatsprämie dekoriert, hat den Schimmel Amselschlag von Amateur I zum Vater, womit Godehard in dritter und fünfter Generation auf diesen für Hannover ungemein wertvollen Hengst ingezogen ist.

Die Springveranlagung der Godehard-Kinder kommt also nicht von ungefähr, denn seit Jahren hat der kompakte Schimmel dank der außergewöhnlichen Parcoursleistungen seiner Kinder einen Spitzenplatz in der FN-Statistik inne.

Und die Zahl seiner Nachkommen ist groß. Während sein Vater Gotthard lange ein Mauerblümchendasein führte, war Godehard bereits in frühester Jugend ein ausgesprochen gefragter Beschäler; es gab einen regelrechten Godehard-Boom, zumal sein Vater gerade ein Jahr vor Beginn seines Deckeinsatzes eingegangen war. Godehard deckte damals mehr Stuten als irgendein anderer Hengst der Station Werner (heute Gisela) Schockemöhle. Die Leute legten mitunter geradezu aberwitzige Strecken zurück, nur um ein Fohlen von ihm zu bekommen.

Insofern verwundert es denn auch kaum, daß seine zahlreichen Nachkommen mit den verschiedensten Brandzeichen »verziert« sind.

Godehard ist aber dennoch kein »Quantitätsprodukt«. Neben zahlreichen anderen Beispielen sei hier nur auf die in schweren Springen höchst erfolgreiche Schimmelstute Genua 18 hingewiesen, die unter dem Sattel von Achaz von Buchwaldt stets durch souveräne, stilistisch lupenreine Kurse überzeugt.

In Hannover und Oldenburg hat Godehard auch bereits gutes Stutenmaterial hinterlassen, wobei man der einen oder anderen seiner Töchter vielleicht etwas mehr Charme und Adel wünscht, aber wer ist schon perfekt? Mit den gekörten Söhnen hapert's noch etwas, aber Gotthard hinterließ ja auch erst in hohem Alter gekörte Nachkommen. Den Anfang machte er

Gotthard	Goldfisch II	Goldammer II Flugamme
	Ampa	Amateur I Ameline
Alsterkunde	Artur	Abglanz St.Pr.St. Ankergarde
	Weinfee	Weingeist Amselbeere

1979 in Mühlen, wo er auch heute noch deckt. 1987 beglückte er leihweise bayerische Pferdedamen im Haupt- und Landgestüt Schwaiganger, wie Werner Schockemöhle überhaupt, was Verpachtung und Verkauf von Hengsten angeht, gute Kontakte in den Süden hat. Wie es aber gegenwärtig aussieht, bleibt Godehard künftig dort, wo seine Karriere begann: In Süd-Oldenburg.

Protokoll

Geboren:	1976 in Niedersachsen
Lebensnummer:	311304876
Züchter und Aufzüchter:	Friedrich-Wilhelm Lindemann, Rümmer
Besitzer:	Gisela Schockemöhle, Lohne
Farbe:	Schimmel
Gekört:	1978 in Oldenburg
Hengstleistungsprüfung:	1979 in Adelheidsdorf 115,80/5/60 mit herausragenden Werten in der Springveranlagung
Maße:	169 cm Stockmaß
Anerkennung:	Oldenburg, Hannover, Westfalen, Hessen und Bayern

Berühmte Nachkommen

Gekörte Söhne: Germane, Germanicus, Gershwin, Godewind.
1987 waren 78 Godehard-Nachkommen im Sport. Davon gewannen 14 Pferde, ausnahmslos im Springen, mehr als 1000 DM. Jahresgewinnsumme 1987: 43 448 DM, Lebensgewinnsumme 1987: 68 000 DM, damit führend in seiner Altersklasse.

Grundstein II
Vom Sorgenkind zum Supermann

»Wachsen wollte er nicht, er war in allem sehr fein und knapp, und wir hatten schon unsere Zweifel gehabt, ob er überhaupt gekört werden würde.« So erinnert sich Heinrich Westhoff, Ennigerloh, an Grundstein II. Dessen Besitzer, Prof. Dr. Nickels, Bielefeld, hatte den damals wenig aussagekräftigen Zweijährigen zur Vorbereitung auf die Körung ins Gestüt Westhoff überstellt. »Er kam in einem wenig aufreizenden Zustand, und trotz bester Fütterung und Bewegung wollte er sich nicht recht entwickeln. Ein Spätreifer eben«, resümiert Westhoff.

So wurde der dunkelbraune Graphit/Sermon I-Sohn auch nicht auf der Hauptkörung im Herbst 1981, sondern erst beim Nachkörtermin im Januar 1982 der Kommission vorgestellt. Mit dem Prädikat »gekört« verließ er die Szene und wurde zunächst mit dem Namen »Grand Prix« auf der Deckstation von Otto Ammermann, Jaderberg, aufgestellt, als Boxennachbar des Military-Heros Volturno.

Im Laufe der Decksaison 1982 zog es dann Otto Stach, Vielreisender in Sachen Hengste aus dem Zuchtgebiet Rheinland-Pfalz-Saar, mal wieder in den Norden, beseelt von dem steten Bemühen, den Züchtern im Süden erste Wahl anzubieten. »Als wir auf den Hof von Otto Ammermann kamen, war er nicht da, aber ich habe mir von einem Mädchen den Hengst vortraben lassen, und als ich ihn treten sah, wußte ich sofort: Den muß ich haben!«

Im Herbst 1982 absolvierte Grundstein II dann das »Medinger Hengstexamen«, welches er im guten Mittelfeld abschloß. Mittlerweile war aus dem einstigen »Hänfling« eine stattliche Erscheinung geworden. Vierjährig siegte Grundstein II in Material-, Eignungs- und Springpferdeprüfungen. Dunkelbraun, nobel, kurz im Mittelstück, mit herrlicher Aufrichtung wußte der junge Hengst stets zu begeistern, sei es nun im Viereck in Dressurprüfungen bis Klasse L oder im Parcours bis Klasse M. Meistens hatte er soviel zu decken, daß ein Turniereinsatz kaum mehr möglich war.

Grundstein II ist einer der wenigen gekörten Graphit-Söhne, die auf die hannoversche Zucht noch Einfluß ausüben könnten. Das Landgestüt Celle verfügt über keinen einzigen Nachkommen, obwohl Graphit auf der Gotthard-Station Hänigsen gewiß so manches gute Hengstfohlen geliefert hat. Bekanntester Graphit-Sproß ist heutzutage sicher Grannus, übrigens das einzige Rappfohlen, das Graphit je gezeugt hat, oder aber General I und II in Warendorf. Der noch junge Privathengst Gloster könnte neben Grundstein I (heute USA) und Grundstein II noch für den Erhalt des Graphit-Blutes sorgen. Auch die Mutterlinie der »Grundsteine« ist ausgesprochen bekannt und hat bereits die Hengste Goldberg (Westfalen), sowie Wolf, Goldpilz, Illustro, Almé Star und Ramiros Ass für Oldenburg geliefert. Wenn auch nur über die Mutterseite, so erfährt auch die im Aussterben begriffene Linie des Halbtrakehners Senator über dessen Sohn Sermon I als Muttervater von Grundstein II eine neue Belebung. Gewiß, Sermon I hat nicht die Welt verändert, hat aber auch auf den Stationen seines Wirkens kaum den Anflug einer Chance gehabt. Nach einer Saison in Hänigsen, vielleicht nicht zuletzt durch viele Unkenrufe, wurde er bereits 1967 zwölfjährig getötet.

Bis 1986 wirkte Grundstein II in Rheinland-Pfalz, wo er zum meistbenutzten Hengst des Zuchtgebietes avancierte. Nachdem die Gebrüder Böckmann mit ihrem auf das Modernste eingerichteten Gestüt Anfang der achtziger Jahre mit »Siebenmeilenstiefeln« ins Deckgeschäft eingestiegen waren und heute eine der größten Deckstationen im Oldenburger Land besitzen (damit ist gewiß nicht nur die Quantität gemeint!), suchten sie Ende 1986 einen Hauptbeschäler, der bereits eine starke Lobby hatte. Aus dem geplanten Geschäft um Freiherr wurde nichts, und so fuhren die Böckmanns gen Süden und kauften Grundstein II, der damit dorthin zurückkehrte, wo seine züchterische Karriere begann: Nach Oldenburg.

Turniere geht er nicht mehr, dafür ist er zu stark in Anspruch genommen, zumal sein Bruder Grundstein I nicht mehr zur Verfügung steht und ein Großteil von dessen Kundschaft jetzt auch dem jüngeren Vollbruder zugute kommt. Weit über 100 Stuten aus allen Teilen der Bundesrepublik hat Grundstein II 1988 gedeckt. Nachdem er 1987 mit seinem Sohn Gratianus, Staatsprämienhengst übrigens, zusammen auf der Station wirkte, ist der Sprößling, mütterlicherseits über Volturno/Furioso II/Miracolo xx übrigens hochinteressant gezogen, jetzt ins Rheinland verpachtet, um den Konkurrenzkampf zwischen Vater und Sohn, der erfahrungsgemäß zugunsten des Vaters ausgeht, zu unterbinden. Sicher wird Gratianus hier ein würdiger Vertreter seiner väterlichen Linie werden.

Die Erfolgsmeldungen über seine Nachkommen reißen nicht ab, und insofern liefert Grundstein II ein plakatives Beispiel für das Zitat »Vom Tellerwäscher zum Millionär«.

Graphit	Grande	Graf
		Duellfest
	Frutana	Frustra II
		Arabia
Sissy	Sermon I	Senator
		Abendlerche
	Gotengold	Gotthard
		Elfendolde

Protokoll

Geboren:	1979 in Niedersachsen
Lebensnummer:	311342879
Züchter und Aufzüchter:	Hans-Heinrich Schmidt, Uetze-Hängisen
Besitzer:	Gebrüder Böckmann, Lastrup/Hamstrup
Farbe:	Dunkelbraun
Gekört:	1982 Nachkörung Oldenburg
Hengstleistungsprüfung:	1982 in Medingen 103,80/12/25

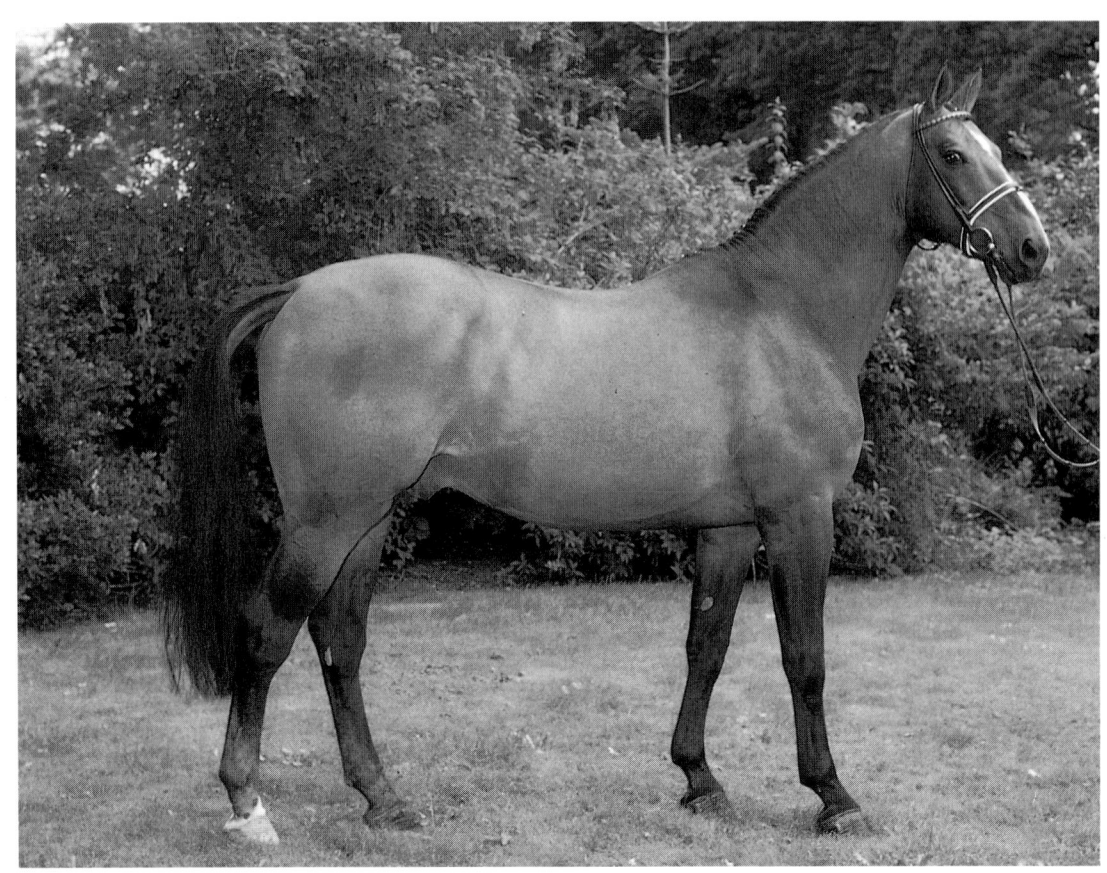

Goldstern
Eine Ausnahme bestätigt die Regel

»Die braunen Gotthards taugen nichts!« hieß es aus Züchter- und Reiterkreisen immer wieder, und dies schien keine Binsenweisheit, kein Hirngespinst irgendwelcher Neunmalschlauer. Nein, es war schon so: Im Großen Sport waren nur Schimmel oder Füchse von Gotthard in den Siegerlisten zu finden (Gonzales, Goldika, Galipolis, Queensway Big Q, Girl, Genius und viele andere). Eine Ausnahme bildete hier wohl Goya 12, der jedoch zeitlebens »nur« ein Spezialist für Mächtigkeitsspringen war. Für schnelle Springen fehlte ihm einfach die letzte Vorsicht, und hätte er nicht Reiter wie Hartwig Steenken und Fritz Ligges gehabt, er wäre wohl wie viele seiner braunen Geschwister nicht über A-Springen hinausgekommen.

»Ochsig, stur und kalt am Sprung« war der Kommentar, den die Reiter häufig abgaben, wenn sie mal wieder einen braunen Gotthard-Nachkommen getestet hatten und nach einer wenig ansehnlichen Vorstellung wieder wohlbehalten auf ihren zwei Beinen standen.

Das mag alles zutreffen, doch diese Regel hat auch eine Ausnahme, und diese Ausnahme heißt Goldstern. Er ist braun und erblickte 1972 als Sohn der Waidmannsdank xx/Diskant-Tochter Waidgefährtin in der Nähe der niedersächsischen Mittelstadt Hildesheim das Licht der Welt.

Damals war sein Vater Gotthard bereits 23 Jahre alt, und gekörte Söhne gab es, bis auf den damals bereits wieder eingegangenen Schimmel

Goldberg, noch nicht von ihm. So entschloß man sich zur Aufzucht als Beschäler.

Gotthard-Fohlen kosteten horrende Preise, sie waren ungesehen am Telefon zu verkaufen, und jedes seiner Hengstfohlen sollte mit Gewalt Beschäler werden. Im nachhinein betrachtet sind denn auch viel zu viele Gotthard-Söhne gekört worden, von denen heute allerdings nur noch die besseren im Deckeinsatz sind. Und zu denen gehört – braun oder nicht – Goldstern.

1975 nahm er nach der Körung seine Beschälertätigkeit auf der großen Deckstation von Ludwig Kathmann in Holtrup auf, wo er auch heute noch deckt. Vom äußeren Erscheinungsbild ist Goldstern ein absolut untypischer Sohn seines weißen Vaters, feinknochiger, in der Linie gefälliger, selbst ein gewisser Chic – bei Gotthard-Nachkommen nicht unbedingt alltäglich – ist vorhanden. Hier hat der Vollblüter Waidmannsdank xx gewiß segensreich gewirkt, und er ist es wohl auch, der häufig für den noblen Überguß der Goldstern-Kinder verantwortlich zeichnet. Darüber hinaus war er einer der besten Vollblüter in der hannoverschen Zucht und lieferte Pferde für die schwere Disziplin in allen Sparten des Reitsports.

Auch der Dritte in Goldsterns Ahnenreihe, Diskant, ist kein Unbekannter. Gewiß, Deister ist sein Paradepferd, aber es verhält sich keineswegs so, wie häufig zu hören ist, daß er nur dieses eine gute Pferd geliefert hat. Zieht man einmal Deisters Gewinnsumme von Diskants Lebensgewinnsumme ab, so bleibt immer noch ein hübsches Sümmchen übrig, das die Nachkommen manch anderer Hengste erst einmal erspringen müssen.

Interessant erscheint auch, daß Goldsterns Großmutter Dichtermuse eine rechte Schwester des Celler Landbeschälers Disput ist, des einzigen gekörten Diskant-Sohnes übrigens, der heute über seinen Enkel Donnerhall weltweit für Furore sorgt.

Goldsterns Nachkommen sorgen – wie könnte es bei der Abstammung auch anders sein – hauptsächlich im Parcours für Aufsehen. So hatte Ex-Weltmeister Gerd Wiltfang zeitweilig gleich mehrere Goldstern-Kinder unter dem Sattel, erinnert sei hier nur an Genius und Gold Pascha, übrigens beides Füchse, wie Goldstern überhaupt häufig Füchse liefert.

Gotthard	Goldfisch II	Goldammer II
		Flugamme
	Ampa	Amateur I
		Ameline
Waldgefährtin	Waidmannsdank xx	Neckar xx
		Waldrun xx
	Dichtermuse	Diskant
		Amselmärchen

Eines ist bei seinen Kindern im Gegensatz zum Vater deutlich verbessert: Die Rittigkeit, ein Kriterium, das sicherlich auch der mütterliche Vollbluteinfluß maßgeblich verfeinert hat. Über mangelnden Zuspruch für Goldstern hatte Ludwig Kathmann nie zu klagen. Und jetzt, da seine Nachkommen Wochenende für Wochenende beweisen, was in ihnen steckt, ist der Run auf den inzwischen 17jährigen Goldstern noch größer als je zuvor.

Protokoll

Geboren:	1972 in Niedersachsen
Lebensnummer:	310073872
Züchter und Aufzüchter:	Wolfgang Rühmkorf, Sarstedt
Besitzer:	Ludwig Kathmann, Holtrup
Farbe:	Braun
Gekört:	1974 in Verden
Hengstleistungsprüfung:	1975 in Adelheidsdorf
Maße:	175 cm Stock
Anerkennung:	Hannover, Oldenburg, Westfalen, Rheinland und Hessen

Berühmte Nachkommen

Gekörte Söhne: Goldrian, Goldfürst, Goldmohn, Goldoni, Glorieux, Going for Gold, Golem.

1987 waren 159 Goldstern-Nachkommen im Turniersport, davon gewannen 25 Pferde mehr als 1000 DM. Gewinnsumme 1987: 105 521 DM, Lebensgewinnsumme 246 395 DM.

Erfolgreichster Goldstern-Nachkomme 1987 war Goldcup 2 (Alfred Konzag).

Pygmalion
Die Rache des Patras

Beim Anblick des statiösen, mit viel Charme und Esprit gesegneten Schimmelhengstes Pygmalion erscheint es, gelinde ausgedrückt, unverständlich, daß Hannover sich jahrelang geweigert hat, und das auch heute noch tut, seinen Vater, den Trakehner Patras, anzuerkennen. Patras – ein Hengst, der für Schlagzeilen sorgte. Verdens Pferdepapst Hans-Joachim Köhler hatte ihn – wie vorher etwa Velten xx, Shogun xx oder Furioso II – für die hannoversche Zucht salonfähig zu machen versucht.

Doch während Köhler für andere Veredlerhengste den Bann brechen konnte, biß er im »Fall Patras«, der im Laufe der Jahre zu einem echten Zuchtpolitikum eskalierte, auf Granit.

Köhlers Ansinnen, den Hengst in Stedebergen bei Verden bei der staatlichen Deckstation der Gesamtheit der hannoverschen Züchter zugänglich zu machen, scheiterte an den Zuchtoberen.

Dennoch: Köhler glaubte an den Hengst, gründete ein Syndikat, die »Eignerschaft Patras« und ließ ihn in Bremen auf dem Gestüt Tenever auch Warmblutstuten decken. Die Produkte erhielten künftig den Brand des Zuchtverbandes für Deutsche Pferde, das Malteserkreuz.

Gleichwohl blieb Patras' Einfluß in die Zucht dadurch begrenzt, denn welcher linientreue Züchter verscherzt es sich schon gerne mit dem Verband? Sei es wie es will: Die Patras-Nachzucht, vornehmlich aus Warmblutstuten, strafte die Zweifler samt und sonders Lügen.

Im ersten Jahrgang (1979) lieferte Patras unter anderem das S-Springpferd Platin 12 (Hubert Nettekoven) sowie den gekörten Fuchshengst Portepée, den ersten einer großen Dynastie.

Und noch eines war sofort offenkundig: Patras hatte allen seinen Kindern den ihm eigenen Adel, sein Gangvermögen, häufig seine Schimmelfarbe und auch seine hohen Rittigkeitswerte mitgegeben. Hans-Joachim Köhler sagte einmal in bezug auf Patras: »Privatinitiative kann gelegentlich Bestes bewirken!«

Besondere Zuchterfolge hat Köhler durch die Anpaarung seiner enorm fruchtbaren Staatsprämienstute Albalonga von Absatz mit Patras erzielt. Albalonga, deren Mutter eine Tochter des im Westfälischen als Springpferdevererber begehrten Adlerorden ist, brachte, heute 18jährig, in 14 Zuchtjahren 14 Fohlen. Erster Sproß der Anpaarung mit Patras war der bereits erwähnte Portepée, der nach Farbe, Typ, Ausdruck und Gangvermögen praktisch eine Doublette seines Großvaters Absatz darstellt.

1981 erblickte Pygmalion, ein pompös aufgemachter Schimmel, der das verkörpert, was man sich gemeinhin unter einem Hauptbeschäler vorstellt, das Licht der Welt. Adel mit Kaliber, ein hervorragender Bewegungsablauf sowie faszinierendes Springen zeichnen ihn aus. Kein Wunder, daß Pygmalion in der Gunst der Züchter zu einer Art Senkrechtstarter wurde.

Doch zunächst standen da auch eine Reihe Formalien im Raum, die jeder Hengst zu bewältigen hat. Gekört von »seinem« Zuchtverband für Deutsche Pferde, legte er vierjährig die Hengstleistungsprüfung in Medingen ab, wobei er sich in der Spitzengruppe (Leistungsklasse I) placierte. Ein gewagtes Unterfangen schien dann aber doch die Beantragung der hannoverschen Anerkennung. Würde die Zuchtleitung über ihren Schatten springen und den Sohn des verschrieenen Patras anerkennen? Sie tat es, und zwar ohne viel Aufhebens. Hatte man inzwischen etwa eingesehen, daß Patras doch kein so schlechter sein konnte? Vielen kam dieser Sinneswandel in der Verbandszentrale denn doch rätselhaft und paradox vor.

Köhler schien ermutigt, es noch einmal mit Patras, im Gefolge dessen Söhne Portepée und Passepartout, der dritte rappfarbene Bruder, zu versuchen. Anerkennungsurteil: Passepartout anerkannt, Patras und Portepée nicht!

Das sollte nun einer verstehen! Wenn die Söhne gut genug sind, kann der Vater doch so schlecht auch nicht sein. Aber das Politikum Patras wird sich wohl nicht mehr ändern lassen.

Tatsache ist aber, daß sich die Reitpferdekenner und solche, die vorgeben, es zu sein, beim Anblick der Nachzucht von Pygmalion und dessen Brüdern stets die Augen reiben. Drei Vollbrüder sind es also, die auf dem Köhlerhof stehen, von der Blutführung her völlig uniform, vom Erscheinungsbild her grundverschieden, praktisch für jeden Anspruch etwas: Pygmalion, der große, imposante Schimmel; Portepée, der noble, feine Fuchs; und schließlich Passepartout, ein »Mittelding« zwischen den beiden erstgenannten, in herrlicher Rappjacke. Doch so unterschiedlich sie scheinen: In der Vererbung sind sie doch wieder gleich, zumindest, was den in der Abstammung stark verankerten Adel angeht.

Was Wunder, denn der Trakehner Patras führt viel arabisches Blut wie auch Vollblut, und Albalonga bringt neben ihren hannoverschen Genen die gleichen Werte noch über die Mutterseite mit ein: Absatz über Abglanz/Trak. und Shagya (Ar.) sowie Adlerschild xx.

Zwei weitere Vollbrüder, Prinz von Preußen (geb. 1987) und Peter Pan (geb. 1988) befinden sich derzeit in Aufzucht auf dem Köhlerhof. Mit drei gekörten Söhnen, von denen einer (Pygmalion) auch DLG-Hengst war, stellt Albalonga heute bereits eine Ausnahme dar.

Wenn ihre Jüngsten nun aber auch . . .

Protokoll

Patras (Trak.)	Index	Pregel Iskia
	Patria nova	Harfner Paddy
St.Pr.St. Albalonga	Absatz	Abglanz (Trak.) Landmoor
	Adlerfee	Adlerorden Amsel

Geboren:	1981 in Niedersachsen
Lebensnummer:	100005081
Züchter und Aufzüchter:	Hans-Joachim Köhler, Verden/Aller OT Borstel
Besitzer:	Köhlerhof, Verden-Borstel
Farbe:	Schimmel
Gekört:	Verden 1984
Hengstleistungsprüfung:	1985 in Medingen 124,66/5/37
Maße:	170 cm Stockmaß
Anerkennung:	Hannover, Zuchtverband für Deutsche Pferde

Salut
Wertvolles Relikt einer großen Zeit

Es ist ein außergewöhnlicher Hengst, dieser Salut. Außergewöhnlich in verschiedener Hinsicht. Zum einen durch seine herrliche Rappfarbe, zum anderen durch seine als Rarität zu wertende Abstammung und nicht zuletzt auch durch seine hervorragende Vererbung.

Er ist einer der wenigen noch lebenden Beschäler der hannoverschen S-Linie, S wie Senator. Mit Senator wissen heutzutage nur noch wenige etwas anzufangen, und dennoch waren seine Nachkommen weit weniger umstritten als etwa die des Wenzel I und mindestens ebenso gut verkäuflich wie die des Bolero.

Senator war in den fünfziger und frühen sechziger Jahren »der Hengst schlechthin« in Hannover, zumal er als Halbtrakehner (von Semper idem) maßgeblich die Umzüchtung vom Wirtschafts- zum Reitpferd vorantrieb.

Auf der Deckstation Altenbruch eingesetzt, lieferte er in seinem ersten Jahrgang (1955) bereits zwei gekörte Söhne, darunter Saluts Vater Sen-

der. Sender verbrachte, wie einst sein Großvater Semper idem, die ersten Jahre seines Deckeinsatzes in Drochtersen, wo er für Celle die Beschäler Senussi, Senegal, Sendbote, Saloniki und Söldner lieferte. Im Celler Bestand befinden sich heute nur noch vier Hengste der einst blühenden und weit verzweigten S-Linie: Sendbote, die Saloniki-Söhne Salem und Salto II sowie der Seefischer-Sohn Sassnitz.

Doch zum Glück – sowohl für die hannoverschen Züchter als auch für Senators Fortbestand im Mannesstamm – gibt es ja noch Salut. Auch er stammt aus Senders Drochtersener Zeit und ist heute bundesweit der beste noch deckende Sender-Sohn mit dem hannoverschen Brandzeichen. Vom Verdener Hengstmarkt 1968 kommend, deckte der abgedrehte, harmonisch linierte Rappe 1969 auf der damals schon starken Station von Ludwig Kathmann in Holtrup als einer der ersten Hannoveraner im Oldenburger Zuchtgebiet.

Im Herbst desselben Jahres wurde er ins Rheinland abgegeben, wo er vornehmlich im Stall Nettekoven, Adendorf, wirkte und – sagen wir es ruhig so – zum erfolgreichsten Vererber in der rheinischen Zucht überhaupt avancierte. Vornehmlich waren es Springpferde, die für ihren Vater im Sport Reklame liefen, so unter anderem der Rotschimmel Skaramusch, die Schwarzbraune Saint Tropez (Kurt Gravemeier/H. W. Johannsmann), Salut 113 (Willibert Mehlkopf), Santana 58 (Norbert Koof) und viele andere mehr.

Auffallend an den Salut-Kindern war auch, daß sie durchweg recht edel waren, und das bestimmt nicht nur wegen des in der rheinischen Stutenbasis stark verankerten Trakehner Einflusses. Auch Salut hat noch einen Schuß wertvollen arabischen Blutes in der Mutterlinie vorzuweisen, nämlich den Anglo-Araber Kurde x, der in Hannover eine kleine Hengstlinie begründete. Zwischen Sender und Kurde steht noch ein anderer, keineswegs unbedeutender Hengst in der Ahnenfolge, und zwar der Goldfisch II-Enkel Gong, der allerdings auch recht umstritten war, da er nicht nur harte Leistungspferde machte, sondern dieselben auch meist mit einem schwer zu zügelnden Temperament bedachte, so daß die Gong-Nachkommen sich nicht gerade von selbst verkauften. Doch letzteres trifft auf die Salut-Nachkommen nicht zu.

Im Gegenteil: Absolute Leistungsbereitschaft, Handlichkeit und ein großes, waches Auge sind die hervorstechendsten Eigenschaften seiner Kinder. Salut hat bisher vier gekörte Söhne geliefert, davon drei im Rheinland.

Ins Landgestüt Warendorf ging der aus einer Oldenburger Guter Gast xx-Tochter gezogene Sallust, der jedoch nur mäßig von den Züchtern frequentiert wurde und insofern kaum eine Chance hatte. Er steht heute als Reithengst in der Deutschen Reitschule in Warendorf. Wie Sallust ist auch der mit 163 cm Stockmaß recht kleine Saluti ein Brauner. Er befindet sich in Privatbesitz und kommt nur auf einer kleinen Basis zum Einsatz. Interessant bei ihm ist die Kombination von Trakehner und Araberblut auf der Mutterseite (Herbstglanz-Jussuf IV), womit er Blutanschluß zu den väterlichen Ahnen Semper idem und Kurde x hat.

Saluti ist ein recht typischer Sohn seines Vaters,

Sender	Senator	Semper idem/Trak. Allerweltskleid
	Abendkleid	Abendsport Golfkleid
Golftaube	Gong	Goldmann Allachen
	Kultur	Kurde x Fechtzeug

abgedreht, mit viel Hengstausdruck und energischem, schwungvollem Bewegungsablauf. Neben zahlreichen hochprämierten Töchtern lieferte Salut den rheinischen Züchtern noch einen weiteren gekörten Sohn, seinen wohl bisher besten, nämlich Sandor, einen Schimmel, der mütterlicherseits direkt von dem großen Anglo-Araber Ramzes abstammt.

Sandor verbrachte seine Novizenjahre als »Ridder« in Holland, ehe er 1982 nach Deutschland zurückkehrte, höchst erfolgreich im Springsport bis zur schweren Klasse ging und eine qualitätvolle Nachzucht hinterließ.

Nachdem Salut im Jahre 1979 ein kurzes Holland-Intermezzo hatte, erwarb ihn Dr. Albert Schmidt aus Ankum bei Osnabrück für sein Gestüt. Hierher kam Salut im Laufe der Decksaison 1979 – sah und siegte.

Der zuchtbewährte Rappe hatte von Anfang an Spitzenbedeckungen, die Stutenbesitzer kamen im wahrsten Sinne des Wortes aus aller Herren Länder, und so verwundert es denn auch kaum, daß seine Nachkommen die Brandzeichen aller deutschen Zuchtgebiete, ausgenommen Holstein, tragen.

Leider hat er bisher mit dem in Bayern eingesetzten Rappen Spontan (Mutter von Diskus/Gotthard) erst einen gekörten Hengst mit hannoverschem Brand geliefert.

Protokoll

Geboren:	1966 in Niedersachsen
Lebensnummer:	310060666
Züchter und Aufzüchter:	Heinz von Allwörden, Theisbrügge
Besitzer:	Gestüt Schmidt-Ankum, Dr. Albert Schmidt
Farbe:	Rappe, St., kl. Schn., r. Vfsl., l. Hf. w.
Gekört:	1968 in Verden

Varus
Über Bayern in die Heimat zurück

Was mag den Züchter Ernst Tamke, Driftsethe, mitten im hannoverschen Hochzuchtgebiet (Nähe Bremerhaven) ansässig, wohl 1974 dazu bewogen haben, seine Staatsprämienstute Wildheim aufzuladen und mit ihr über die Weser zu fahren, ins Oldenburgische, wo seinerzeit der Vollblüter Vollkorn xx stand?

Züchterischer Weitblick mag hier eine tragende Rolle gespielt haben, denn die ältesten Vollkorn xx-Nachkommen waren damals gerade aus den Remontejahren heraus und im sogenannten »Großen Sport« noch nicht eingesetzt. Wie es auch gewesen sein mag, Wildheim wurde jedenfalls von Vollkorn xx tragend und schenkte im folgenden Frühjahr einem braunen Hengstfohlen das Leben. 1975, das war das Jahr, in welchem die Verdener Fohlenauktio-

nen ins Leben gerufen wurden, und Varus belebte die Verdener Szene denn auch als Absetzer gleich entsprechend: Für eine stattliche Summe wechselte er den Besitzer und gelangte in die Hände eines ambitionierten Hengstaufzüchters.

Zurück zu Varus' Ahnen: Sein Vater Vollkorn xx war einer der erfolgreichsten Veredler in der Warmblutzucht, wobei er es bei der in Oldenburg vorhandenen überwiegend schweren Stutengrundlage gewiß nicht leicht gehabt haben dürfte.

Im Gegenteil: Er war maßgeblich an der Umzüchtungsphase vom schweren, im Wirtschaftstyp stehenden Oldenburger hin zum modernen Reitpferd beteiligt. Doch dies sei nur erwähnt, um zu verdeutlichen, daß Vollkorn xx seinen

Spitzenplatz in der FN-Vererberstatistik gewiß nicht mal so eben im Handstreich erringen konnte.

Varus' Mutter Wildheim gehörte nicht zum Typ des Wirtschaftspferdes, sondern führte über den Feuerland-Sohn Weiler, der als Lieferant veranlagter Springpferde, vor allem aber als Erzeuger des Reitpferdevererbers Weingau auftrat, und über den begehrten Der Löwe xx-Sproß Lugano I bereits bestes hannoversches Leistungsblut in ihren Adern.

Dennoch: Die Anpaarung mit Vollkorn xx erwies sich als wahrer Glücksfall, denn nicht zuletzt ist Varus der einzige gekörte Vollkorn xx-Sohn mit hannoverschem Brandzeichen.

Abgesehen davon hat Vollkorn xx auch die Oldenburger Zucht nicht gerade mit gekörten Söhnen überhäuft, nach dem mysteriösen Tod seines wohl besten Sohnes Volturno steht den Züchtern nur noch der in Holstein stationierte Volaro zur Verfügung. Insofern stellt Varus eine interessante Outcross-Variante dar.

Seine züchterische Karriere begann in Bayern. Als frisch gekürter Sieger der Hengstleistungsprüfung in Medingen 1978 nahm er 1979 auf dem Harth-Hof in Marktheidenfeld-Remlingen seine Tätigkeit als Beschäler auf, sogleich mit der Anerkennung sowohl für Bayern als auch für Hannover. Das hannoversche Signet trug auch sein aus dem ersten Jahrgang stammender Sohn Varius, gezogen von Varus' einstigem Besitzer Willi Harth aus einer Domspatz/Weiler-Stute, womit ein gewollter Weiler-Inzuchteffekt gegeben war.

Varius verließ als Siegerhengst die bayerische Körung 1982 in München-Riem und deckte einige Jahre als Boxennachbar seines Vaters in Bayern, allerdings auch mit hannoverscher Anerkennung, ehe er 1986 in die USA abgegeben wurde, wo er heute ein stark frequentierter Beschäler ist.

Varus selbst war in jungen Jahren unter dem Sohn seines Besitzers (damals Junior) im Springsport überaus dominant: Zahlreiche Siege in Springen bis Klasse M Kategorie A sowie S-Placierungen konnte er verbuchen.

Seit 1987 steht Varus in seiner Heimat, in Hannover, auf dem Köhlerhof in Verden-Borstel. Pferdepapst Hans-Joachim Köhler beschreibt ihn (und wer sollte es wohl besser können?) als

Vollkorn xx	Neckar xx	Ticino xx / Nixe xx
	Vogelwarte xx	Ansitz xx / Vogelweide xx
St.Pr.St. Wildheim	Weiler	Feuerland / St.Pr.St. Auermaid
	Lisa	Lugano I / Dünenheim

»strahlenden Typ, der Leichtfüßigkeit mit Kaliber verbindet, den ein wacher Geist, ein gesunder Nerv und ein liebenswertes Gemüt« auszeichnen.

1988 präsentierte Varus seinen ersten in Hannover gezeugten Jahrgang auf der liebevoll gestalteten Fohlenschau des Köhlerhofes – und schoß den vielzitierten Vogel ab! Stark bemuskelte Fohlen, typvoll, mit großen Partien und mit einer schlichtweg atemberaubenden Gangmechanik ausstaffiert, waren es, die hier für ihren seit der Umsiedlung nach Hannover stark in Anspruch genommenen Vater warben.

»Blutfan« Köhler wird freilich gewußt haben, was er tat, als er Varus »heim ins (hannoversche) Reich« holte.

Protokoll

Geboren:	1975 in Niedersachsen
Lebensnummer:	310159575
Züchter und Aufzüchter:	Ernst Tamke, Driftsethe
Besitzer:	Köhlerhof, Verden/Aller OT. Borstel
Farbe:	Braun
Gekört:	1978
Hengstleistungsprüfung:	1978 in Medingen, Siegerhengst
Maße:	166 cm Stockmaß
Anerkennung:	Hannover, Bayern

Berühmte Nachkommen

Gekörter Sohn: Varius
1987 waren 19 Varus-Nachkommen im Sport und erbrachten 4623 DM Jahresgewinnsumme. Lebensgewinnsumme der Varus-Nachkommen 1987: 9579 DM.

Oldenburg:
Das hohe Lied des freien Unternehmers

Die Zahl der vorgestellten Hengste aus Oldenburg übertrifft alle anderen Zuchtgebiete. Dies hat zwei Gründe: In Oldenburg gibt es ausschließlich und schon sehr lange eine private Hengsthaltung, darüber hinaus ist dieses vergleichsweise kleine Zuchtgebiet in den vergangenen Jahren überaus erfolgreich gewesen.

Die großen privaten Deckstationen in Oldenburg gibt es teilweise schon seit Ende des vergangenen Jahrhunderts, sie werden in der zweiten, manchmal sogar schon in der dritten Generation geführt.

Rund ein halbes Dutzend Deckstationen, auf denen teilweise mehr als ein Dutzend Spitzen-Hengste zuhause sind, bestimmen den züchterischen Weg in Oldenburg zum großen Teil. Um sie herum scharen sich kleinere Stationen, die immer wieder mit aufsehenerregenden Erfolgen die Großen zu neuen Glanztaten in der Aufstellung qualitätvoller Vatertiere befeuern.

Trotz der starken Konkurrenz untereinander arbeiten die großen und kleineren Hengsthalter in Oldenburg kooperativ unter dem Verbandsdach zusammen und haben auf diese Weise den Oldenburger als Sportpferd für alle Disziplinen in der ganzen Welt berühmt gemacht.

Argentinus
Hauptbeschäler auf Klein-Roscharden

Ein Hauptbeschäler von der rechten Ohrenspitze bis zum linken Hinterhuf – so läßt sich der Hengst Argentinus mit einem Satz beschreiben. Heinrich Klatte, der selbst im Sattel zu sitzen weiß, wird gewußt haben, warum er diesen Hengst aus dem hannoverschen Zuchtgebiet für seine Deckstation in Klein-Roscharden erworben hat.

Argentinus verkörpert das beste Blut aus dem Zuchtgebiet Hannover in einer überaus modernen, aber auch soliden Form. Beim Betrachten dieses Hengstes ist man als Züchter auch in den Körpergegenden, die mit rationalen Überlegungen nichts anfangen können, sicher, keinen Fehlgriff zu tun. Wenn es schon kein spektakuläres Fohlen mit dem »ganz großen Riß« werden wird – ein ausgezeichnetes Fohlen wird es immer. Das ist sicher die Ausstrahlung, die die klassischen »Hauptbeschäler« so an sich haben. Argentinus ist vom Pedigree her in erster Linie ein Material- und Dressur-Vererber. Er trägt von beiden Seiten das bewährteste und erfolgreichste Dressurblut der hannoverschen Zucht: Absatz auf der väterlichen und Duellant auf der mütterlichen Seite. Doch dieser Hengst ist in seinem Leben über die Maßen auch erfolgreich gewesen in Springpferde-Prüfungen. Im Jahr 1986 war er Seriensieger im Parcours bis zu Springpferdeprüfungen der Klasse M.

Argentinus stammt direkt vom Absatz-Sohn Argentan, der in der hannoverschen Zucht für beste Hengste, hervorragende Mutterstuten und auch für Spring- und Dressurpferde internationalen Formats gesorgt hat. Die Stute Arabella ist unter anderem DLG-Siegerin gewesen, der Vollbruder Aramis Weltcup-Gewinner in Göteborg.

Mütterlicherseits stammt Argentinus aus der Dorle, die den Duellant-Sohn Duden II zum Vater hatte. Nicht nur in der niedersächsischen Zucht haben die »Duden« für herausragende Dressurpferde gesorgt.

36

Argentinus bestand seine Hengstleistungsprüfung 1983 in Adelheidsdorf auf dem dritten Platz in der Leistungsklasse I. Nach seinem ersten Fohlen-Jahrgang wurde er bei der Oldenburger Hengstprämierung in seinem Jahrgang (fünfjährige Hengste) auf den ersten Platz gestellt.

Die Stuten für Argentinus kamen aus allen Teilen der Bundesrepublik und darüber hinaus. Dies ist kein Wunder: Argentinus-Kinder erzielen auf dem Markt Spitzenpreise.

Der Hengst, der neben der Anerkennung für Hannover und Oldenburg auch die Anerkennung für Westfalen, das Rheinland und Hessen besitzt, lieferte seit seiner Aufstellung in Klein-Roscharden im Jahr 1982 der Zucht in Oldenburg schon mehrere gekörte Söhne. Aus dem ersten Fohlenjahrgang wurden allein vier Söhne gekört, und es ist noch nicht abzusehen, wieviele Söhne noch in die Fußstapfen dieses Modellathleten treten werden.

Argentan	Absatz	Abglanz Landmoor
	* Worms	Wohlan Landschaft
*Dorle	Duden II	Duellant *Löwenart
	Winterrose	Wirbel II *Freiheitsgl.

Protokoll

Geboren:	1980
Zuchtgebiet:	Hannover
Farbe:	Braun
Maße:	172 cm Stock
Besitzer:	Heinrich Klatte, Klein-Roscharden

Castro
Für den »großen Sport« gezogen

Von seinem Muttervater hat er das Kaliber, das starke Fundament und die Wucht des Halses. Das chice Köpfchen, den strahlenden Überguß und die Harmonie in den Proportionen hat er eher von der väterlichen Seite. Der Holsteiner Siegerhengst von 1983 scheint für den großen Sport gezogen. So liest sich sein Pedigree, so hat er sich bisher selbst und auch in seiner Vererbung bewiesen.

Der Vater ist Calypso I, einer der fünf gekörten Hengste aus der Stute Tabelle vom Jahrhundert-Franzosen Cor de la Bryère in Holstein. Calypso I ist unter Dr. Michael Rüping selbst im großen Sport über Hindernisse gegangen, er hat sich zumindest bisher als der für die Zucht wichtigste dieser vier Vollbrüder erwiesen.

Die Mutter von Castro ist eine direkte Landgraf-Tochter. Ihre Mutter ist eine Stute vom Vollblüter Sable Skinflight xx, der zwar nicht in die Reihe der großen Holsteiner Vollblüter einzuordnen ist, der aber auch durch einige sehr erfolgreiche Nachkommen von sich reden gemacht hat. Unter anderem der Military-Champion Santiago oder das Dressurpferd Sando Khan sind Nachkommen von ihm, die im großen Sport bekannt wurden.

Überaus auffallend ist Castro in seiner ganzen Erscheinung. Siegerhengst wurde er, weil er darüber hinaus spektakuläre Bewegungen zu zeigen weiß. Sehr frei aus der Schulter heraus entwickelt er außerordentlichen Schub. Springveranlagung muß bei dieser Abstammung in diesem Hengst stecken. Spätestens bei der Hengstleistungsprüfung wußte man es genau: Castro erreichte fast 130 Punkte und wurde damit in Leistungsklasse I eingestuft.

Der Hengst, der sich im Besitz des Holsteiner Verbandes befindet, war bis 1988 nach Oldenburg auf die Station Vorwerk verpachtet. Er hat in Oldenburg einen ausgezeichneten Fohlen-Jahrgang abgeliefert. Im ersten Jahr nach der Körung deckte Castro auf dem Grönwohld-Hof bei Trittau, wo der große Mäzen Otto Schulte-Frohlinde einen Dressur- und Zuchtstall unterhält. Wenn man heute ein Urteil abgeben müßte, so fiele es sicher zugunsten von Castro als dem besten Sohn des großen Calypso I aus. Abstammung, Exterieur und Bewegungsqualität

Calypso I	Cor de la Bryère	Rantzau xx
		Quenotte
	Tabelle	Heißsporn
		Hyazinthe
*Minetta	*Landgraf I	Ladykiller xx
		Warthburg
	Gerona 3	Sable Skinflight xx
		Romanze VII

ebenso wie die bewiesene Eigenleistung lassen keinen Zweifel daran, daß wir es hier mit einem Beschäler internationaler Klasse zu tun haben.

Protokoll

Geboren:	1981
Züchter:	Uwe Pahl, Dügeling
Farbe:	Fuchs
Maße:	171 cm Stock
Besitzer:	Holsteiner Verband (verpachtet an Station Vorwerk, Cappeln)

Donnerhall
Strahlender DLG-Sieger

Die Entscheidungen über Sieg und Plazierungen auf den Ausstellungen der Deutschen Landwirtschafts-Gesellschaft sind nicht immer unumstritten. Da wird vom großen Fachpublikum schon mal ein anderer Hengst oder eine andere Stute ganz an der Spitze gesehen, als sie von den Juroren bestimmt worden ist. Ganz unumstritten kann eine solche Entscheidung natürlich selten sein – denn in der Pferdezucht gibt es natürlich und glücklicherweise subjektive Vorlieben, unterschiedliche »Geschmacksrichtungen«.

Eine Entscheidung allerdings auf den vielen Ausstellungen, die in zweijährigem Turnus stattfinden, war nach dem Zweiten Weltkrieg vollkommen unumstritten: Der Siegerplatz für den Oldenburger Fuchshengst Donnerhall. Dieser Hengst hatte sich während der Tage in Hannover so souverän und in einer so unerreichbaren Manier bewegt, daß keinem Zuschauer eine andere Entscheidung bezüglich des Siegerhengstes möglich erscheinen konnte. Im Hinblick auf das Exterieur dieses Hengstes gab es schon vorher wenig zu kritisieren. Donnerhall ist ein groß aufgemachter Hengst mit großen Partien und langen Linien. Knochenstark das Fundament, und trotzdem verfügt dieser Fuchs über eine große Ausstrahlung. Besonders hervorzuheben ist sicherlich auch das gute Temperament, das ausgezeichnete Nervenkostüm dieses Pferdes.

Der Leistungs-Schwerpunkt dieses Hengstes liegt sicherlich in der Dressur – obwohl sich in seiner Ahnentafel ausgezeichnetes Springblut findet. Auf der Hengstleistungsprüfung in Adelheidsdorf im Jahr 1984 zeigte Donnerhall unter 70 konkurrierenden Hengsten neben seinen überragenden Gängen und der herrlichen Rittigkeit eine ganze Menge von diesem Springvermögen, das in ihm steckt. Er wurde Zweiter dieser Prüfung mit einer Punktzahl von 131, 92. Der Vater Donnerwetter ist ein Sohn des Hengstes Disput, und der wiederum stammt von Diskant, der bekanntlich Vater von Deister, dem weltweit erfolgreichsten Springpferd (nach Gewinnsumme), ist. Auf der mütterlichen Seite von Donnerwetter ist der Vollblüter Manolete xx zu finden und über den Hengst Carnot auch der Anglo-Normanne Condor, der als Regenerator der Oldenburger Zucht angesehen werden muß.

Donnerwetter	Disput	Diskant
		St.Pr.St. Amselmärchen
	Melli	Matador
		Lilli
Ninette	Markus	Manolete xx
		St.Pr.St. Harine
	Negola	Carnot
		Negera III

Protokoll

Geboren:	30. 5. 1981
Zuchtgebiet:	Oldenburg
Lebensnummer:	330887081
Züchter:	Otto Gärtner, Wensin
Aufzüchter:	Otto Schulte-Frohlinde, Gestüt Grönwohldhof, Trittau b. Glinde
Farbe:	Dunkelfuchs
Maße:	1,70 m Stock
Besitzer und Station:	Otto Schulte-Frohlinde, Gestüt Grönwohldhof, Trittau b. Glinde
Gekört:	1983 in Vechta
HLP:	1984 in Adelheidsdorf 131,92/2

Fiorello
Dressurspitze aus Holstein

Über den Jubel auf dem pferdezüchterischen Boulevard über die Super-Springpferde-Vererber Landgraf, Lord oder auch Capitol aus Holstein vergißt man allzu leicht die Tatsache, daß diese Zucht immer auch in der Lage war, herausragende Dressur-Spitzen zu stellen. Granat, Montevideo und Corlandus sind auf diesem Parkett wahrlich nicht die Schwalben im Vergleich mit dem Sommerbeginn.

Der Hengst Fiorello, den Ludwig Kathmann sich für seine Oldenburger Station in Holtrup sichern konnte, ist eines der besten Beispiele für diese Behauptung. Er ist aus zwei Stämmen der Holsteiner Zucht gezogen, ohne die – dies sei mutig behauptet – die Erfolge von Landgraf & Co kaum denkbar wären.
Als ein überaus leistungspointierter, grundsolider Hengst hat sich der Fähnrich-Sohn Farnese

erwiesen. Er steht nicht nur als Erhalter-Hengst, er hat darüber hinaus ein großes Maß an Leistungsfähigkeit in die Zucht gegeben. Vielleicht wird man diesen Farnese eines Tages als einen legitimen Nachfolger des legendären Heintze ansehen können.

Neben den Vollblütern Ladykiller xx und Marlon xx, die zu spektakulären Erfolgen in der Zucht gekommen sind, darf man keinesfalls den Vollbluthengst Cottage Son xx als einen ganz wesentlichen Leistungsträger der Holsteiner Zucht vergessen.

Dieser Cottage Son xx ist nicht nur der Vater einer Reihe von herausragenden Hengsten – in vielen Mutterstämmen ist er ein bedeutender Baustein für Nachkommen mit sportlicher Weltgeltung.

Fiorello ist aus der Cottage Son-Tochter Victoria gezogen. Eine überaus exklusive Gesellschaft ist die ganze Mutterlinie des Hengstes: Victoria und auch ihre Mutter Olympia wurden auf DLG-Ausstellungen hoch dekoriert. Die Stamm-Mutter, also die Mutter der Olympia, Isolde, ist Mutter des Hengstes Consul, der wiederum als Vater für den Weltmeister und Olympiasieger Granat verantwortlich zeichnet. Auch der Vater der Olympia ist ein DLG-Sieger: Der Hengst Marder.

Bleibt zu erwähnen, daß natürlich ein Halbbruder des Hengstes Fiorello im Springsport mit höchsten Lorbeeren versehen ist: Farmer von Farnese war unter anderem Teilnehmer an der Olympiade in Los Angeles unter Franke Sloothaak.

Fiorello selbst war Reserve-Sieger des Bundes-Championats 1979.

Farnese	Fähnrich	Fachmann
		Fera
	Annelies	Loretto
		Ilsabe
Victoria	Cottage Son xx	Young Lover xx
		Wait not xx
	Olympia	Marder
		Isolde

Protokoll

Geboren:	29. 1. 1975
Zuchtgebiet:	Holstein
Lebensnummer:	210602575
Züchter und Auf- züchter:	Gustav Weber, Brande
Farbe:	Dunkelbraun
Maße:	170 cm Stock
Besitzer:	Ludwig Kathmann, Holtrup
Gekört:	1977 in Elmshorn
HLP:	1978 in Adelheidsdorf 114,03/7
Deckeinsatz:	1978/79 Holstein 1980–86 Reithengst seit 1987 L. Kathmann, Holtrup

Feiner Stern
Auftreten wie ein Sieger

Die Abstammung des braunen Hengstes Feiner Stern läßt nicht nur den intimen Kenner von Pedigrees mit der Zunge schnalzen. Wenn man davon ausgehen kann, daß Zucht Verbesserung bedeutet, dann führt dieser Feine Stern von beiden Seiten das noch einmal verbesserte Blut zweier Jahrhundert-Hengste für die Zuchtgebiete Oldenburg und Hannover.

Es pfeifen inzwischen fast schon die Spatzen von den Dächern, daß sich der aus einer Stute von Agram gezogene Fuchshengst Freiherr zu-

mindest bisher als der beste männliche Nachkomme des großen Furioso II erwiesen hat. Freiherr ist der Vater von Feiner Stern.

Auch wenn man heute – fast zwei Jahrzehnte später – das Blut des großen Spring- und Dressurpferde-Vererbers Gotthard in der richtigen Blutkombination wünscht, geht sicherlich immer noch kein Weg daran vorbei, den Schimmel Gotthard weiterhin als einen der wichtigsten Vererber in der Zucht in Hannover in diesem Jahrhundert zu sehen. Sicherlich sein bester direkter Nachkomme ist der Hengst Goldstern, zumindest der begehrteste Gotthard-Sohn.

Dieser Goldstern, der auch Vater des Hengstes Glorieux ist, der 1988 das Bundes-Championat in seinem Jahrgang gewann, ist der Muttervater von Feiner Stern.

Auf der linken Mutterseite der Stute Goldblatt, die den Feinen Stern zur Welt brachte, findet der Kenner überdies das Blut des interessanten Romulus I.

Feiner Stern ist 1983 geboren und bekam das Hannoveraner Brandzeichen auf den linken Hinterschenkel. 1987 ist er Siegerhengst der Oldenburger Hengst-Prämierung geworden, und nicht erst seit dem Zeitpunkt zählt dieser Hengst zu den begehrtesten der vielen begehrten Hengste auf der großen Station von Ludwig Kathmann, die 1988 das 50jährige Bestehen feiern konnte. Eine solche Aussage über einen gerade sechsjährigen Hengst illustriert zum einen die Wertschätzung, die seine Blutführung und Eigenleistung in Züchterkreisen genießt, zum anderen das Vertrauen, das die Oldenburger Züchterschaft einem Horseman wie Ludwig Kathmann entgegenbringt.

Vor allem aus anderen Zuchtgebieten wurde der Hengst Feiner Stern deutlich nachgefragt. Das ist kein Wunder, denn dieser dunkelbraune Strahlemann tritt immer auf wie ein Sieger. Schon eine Vorstellung reicht in der Regel, die Züchter für sich einzunehmen. Und entsprechend seiner Abstammung ist dieser Hengst leistungsorientiert in beide Richtungen. Er selbst ist überaus geschickt und mit sehr viel Vermögen versehen im Spring-Parcours, gleichermaßen aber besticht er auch unter dem Dressursattel. Der Hengst ist natürlich für Hannover und Oldenburg, aber auch für Westfalen, Hessen und das Rheinland anerkannt.

*Freiherr	Furioso II	Furioso xx
		Dame de Ranville
	Almentanne	Agram
		Freigebiet
Goldblatt	Goldstern	Gotthard
		Waidgefährtin
	Ramona	Romulus I
		Anna

Protokoll

Geboren:	1983
Zuchtgebiet:	Hannover
Farbe:	Dunkelbraun
Maße:	170 cm Stock
Besitzer:	Ludwig Kathmann, Holtrup

Freiherr
Vielleicht der beste Sohn des großen Furioso II?

Der große Stempelhengst Furioso II hat im Oldenburger Zuchtgebiet und darüber hinaus eigentlich in der gesamten Pferdewelt mehr als 50 gekörte Söhne hinterlassen. Es ist schwierig, wenn nicht gar unmöglich, herauszufiltern, welcher wohl der beste von all den vielen guten Furioso-Söhnen ist. Deshalb steht diese Überschrift mit einem Fragezeichen – es wird noch einige Jahre dauern, bis auf diese Frage möglicherweise eine endgültige Antwort zu geben

sein wird. Zu den Aspiranten auf den Titel, der beste Sohn des Vaters zu sein, gehört auf jeden Fall – zumindest in seinem Zuchtgebiet Oldenburg – der mächtige Hengst Freiherr.

Der Hengst Freiherr hat von Beginn seiner Karriere an für Furore gesorgt. Er gefiel bei der Körung außerordentlich, und er hat auch bei der Leistungsprüfung deutlich gezeigt, was Leistungsblut vermag. Der Hengst kann seinen Vater nicht verleugnen – glücklicherweise.

Doch er ist fraglos noch verbessert gegenüber ihm. Etwas gefälliger in den Linien, noch ein wenig mehr Adel und auch so abgedreht, wie man sich heute ein ideales Pferd wünscht.

Freiherr hat durch die Lieferung von vielen erfolgreichen Pferden in Sport und Zucht schon die Gelegenheit gehabt, deutlich auf sich aufmerksam zu machen.

Doch solange der Vater Furioso II noch verfügbar ist – er steht bis auf weiteres noch über die künstliche Besamung auf der Station Vorwerk in Cappeln –, wird es auch seinem wohl besten Sohn schwerfallen, aus diesem erdrückenden Schatten herauszutreten.

Furioso II	Furioso xx	Precipitation xx Maureen xx
	Dame de Ranville	Talisman Que je suis Belle
Almentanne	Agram	Alkoven I Ackerkind
	Freigebiet	Freilauf II S.-Stute v. Schober

Protokoll

Geboren:	1976
Farbe:	Fuchs
Maße:	168 cm Stock
Besitzer:	Ludwig Kathmann, Holtrup

Futuro
Aus dem Schatten des Bruders herausgetreten

Die sicherlich interessantere Mutter hat er gehabt, aber auch den etwas schlechteren, weil ein Jahr späteren Start in Deutschland.

Futuro ist ein Halbbruder des sicher berühmteren Furioso II. Beide haben den irischen Vollblüter Furioso xx zum Vater, und beide sind in der gleichen Zuchtstätte aufgezogen worden. Über die züchterischen Qualitäten des Vollblüters Furioso xx von der grünen Insel Irland läßt sich schon lange nicht mehr streiten. Seine beiden in Oldenburg wirkenden Söhne wären Ar-

gument genug – er hat aber auch in Frankreich eine herausragende Nachzucht hinterlassen.

Von der mütterlichen Seite ist Futuro seinem Halbbruder sogar noch etwas überlegen: Während Furiosos Mutter eine riesengroße, starkknochige Stute mit »viel Luft unter dem Bauch« war, steht die Futuro-Mutter weit mehr im Modell des Reitpferdes.

Futuro wurde 1969 aus Frankreich importiert – ein Jahr später als Furioso II. Ihn holte der zweite große Oldenburger Privathengsthalter –

Ludwig Kathmann in Holtrup. Auch Futuro ging nach seinem Eintreffen verhältnismäßig schnell nach Westercelle zur Ablegung der Leistungsprüfung. Er wurde Zweiter der dort geprüften Oldenburger Hengste. Bei der Körung 1971 in Oldenburg wurde er genau wie vorher sein Halbbruder Furioso II Siegerhengst.

Seine Nachzucht ist untadelig, die Erfolge seiner Nachkommen in Zucht und Sport sprechen für sich. Futuro vererbt durchschlagend. Seine Nachkommen sind sehr leichtrittig und angenehm zu reiten. Sein bekanntestes Sportpferd ist der Springfuchs Everest Forever, der unter seiner englischen Reiterin Liz Edgar allein in den Jahren 1980/81 über 100 000 DM gewonnen hat. Der elegante Fuchs mit der geschmeidigen Oberlinie hat eine Reihe von sehr guten und teilweise auch stark benutzten gekörten Söhnen aufzuweisen. Sie sind zum Teil außerhalb des Oldenburger Zuchtgebietes im Einsatz. Der wichtigste Sohn – gemessen an der vorhandenen Nachzucht – ist sicherlich der Hengst Figaro.

Furioso xx	Precipitation xx	Hurry on xx
		Double Life xx
	Maureen xx	Son-in-Law xx
		St. Prisca xx
Fabienne	Hedjaz od. Galant	Ulan
		Valisote
	Rigolette	Vingt Mai xx
		Hongue

Protokoll

Geboren:	1966 in Frankreich
Züchter:	A. Lefèvre, Faloise
Farbe:	Fuchs
Maße:	167 cm Stock
Besitzer:	Ludwig Kathmann, Holtrup

Everest Forever von Futuro unter der englischen Weltklasse-Amazone Liz Edgar konnte einige Jahre lang als eines der weltbesten Springpferde gelten

Ganymed
Elegant und leistungsstark

Nachdem es einige Zeit lang sehr hoch einge-schätzt worden war – vor allem von den Rei-tern –, ist das Blut des Grande-Sohnes Graphit in den vergangenen Jahren zumindest züchte-risch etwas in den Hintergrund getreten. Daß dies ein Fehler war – aus Zufall oder aus Mode, wer weiß das? – hat sich erwiesen durch die Vererbung des Graphit-Sohnes Grundstein I, der einen Erfolg nach dem anderen feierte.

Nach der Abgabe von Grundstein I ist der Vollbruder, Grundstein II, aus Rheinland-Pfalz nach Oldenburg gekommen, und natürlich hat

auch er hier eine volle Deckliste. Sehr beschäf-tigt war Grundstein II auch schon in Rheinland-Pfalz bei Otto Stach gewesen, auch hier hatte er durch seine Vererbung Aufsehen erregt.

Der züchterisch größte Erfolg ist Grundstein I durch seinen Sohn Ganymed gelungen. Dieser Fuchs ist aus einer Tochter des Hengstes Söld-ner gezogen. Söldner wiederum ist ein Sohn des überragenden Typ- und Gangvererbers in der niedersächsischen Zucht, Sender.

Ganymed ist erst 1981 geboren – doch in diesen wenigen Jahren hat er viel von sich reden gemacht. Dieser Fuchs verbindet ein hervorragendes Exterieur, an dem auch der größte Fehlergucker seine Schwierigkeiten hat, mit sehr viel Leistungswillen – vor allem aber mit Leistungsvermögen. Denn der Wille allein reicht logischerweise nicht.

Nach seiner Körung ist Ganymed zur Hengstleistungsprüfung auf die Station Adelheidsdorf geschickt worden. Dies ist bei allem Respekt vor der Arbeit der anderen Hengstleistungsprüfungsanstalten immer noch die Station, auf der ein gutes Abschneiden innerhalb der deutschen Reitpferdezuchten am höchsten zählt.

Ganymed gewann diese Prüfung in Adelheidsdorf souverän, seinem Jahrgang war er weit voraus. Er zeigte sich in großen Bewegungen bei guter Geschmeidigkeit und Elastizität, auch über dem Sprung ausgezeichnet.

Zu Anfang seiner Sportkarriere ging Ganymed in Springpferdeprüfungen und gewann. Seine ganz große Stärke liegt aber sicherlich im Dressur-Viereck. Von der wohl genialsten Remonte-Ausbilderin in der Bundesrepublik, von Miriam Henschke, ist Ganymed ausgebildet worden und inzwischen längst siegreich bis Klasse M.

Grundstein	Graphit	Grande Frutana
	Sissi	Sermon Gotengold
Sara	Söldner	Sender Goldluft
	Wunderflora	Wulf Winzerblüte

Die ersten Fohlen-Jahrgänge von Ganymed sind zu bewundern. Diese Fohlen zeigen deutlich den Vater: Sie haben sehr viel Gangvermögen, sie sind meistens genauso korrekt wie der Vater und zeigen große Linien.

Der Hengst ist ab der Saison 1989 an das Haupt- und Landgestüt Marbach verpachtet.

Protokoll

Geboren:	1981
Farbe:	Fuchs
Maße:	170 cm Stock
Besitzer:	Deckstation Schockemöhle, Mühlen. Station: Haupt- und Landgestüt Marbach

Grannus
Leistung und Adel

Neben den ganz großen oldenburgischen Deckstationen Vorwerk und Kathmann hat sich in den vergangenen Jahren der Zuchthof Klatte immer deutlicher innerhalb des Konzerts der Großen etabliert. Einen wichtigen Beitrag auf diesem Weg hat der Hengst Grannus geleistet. Dieser herrlich gemachte Rappe verbindet Leistung und Adel in ausgewogenem Maße. Über seinen Vater Graphit führt er das begehrte Grande-Blut, das auf der ganzen Welt viele Jahre lang das Synonym für Springvermögen war. Über die Mutter ist Grannus mit edlem Trakehnerblut versehen – wir finden hier im Pedigree den Trakehnerhengst Ozean. Dies macht diesen Hengst zu einem überaus schicken und in allen Partien ausgeglichenen Vererber,

der sich bei der Züchterschaft großer Beliebtheit erfreut.

Grannus ist selbst bis in die hohen Klassen ausgebildet und wurde auch gestartet. Seine eigenen Erfolge haben ihn für die Zucht natürlich noch wertvoller gemacht.

Gegenüber seinem Vater und auch seinem Großvater erscheint Grannus noch erheblich ausgeglichener in allen Partien, deutlich verbessert. Doch vom Springvermögen und vor allem vom Leistungswillen dieser Ahnen hat er nichts eingebüßt.

Die züchterischen Erfolge dieses Hengstes sind inzwischen schon fast Legende. Grannus hat eine Reihe von herausragenden Sportpferden, von gekörten Hengsten und besten Stuten gestellt. Seine Nachkommen sind vor allem im Springsport erfolgreich, doch es gibt auch Grannus-Kinder, die im Dressur-Viereck ihre Lorbeeren verdienen. Die Gewinnsumme seiner Nachkommenschaft im Jahr 1986 lag bei fast 80 000 Mark.

Seine erste Decksaison verbrachte der Hengst – übrigens das einzige Rappfohlen seines Vaters Graphit – auf der bekannten westfälischen Station von Heinrich Sandhowe in Ascheberg. Hier firmierte der Hengst als »Granit« und hinterließ in einem Fohlenjahrgang so hervorragende Sportpferde wie Grandessa L, Moet et Chandon Imperial, das inzwischen international erfolgreiche Auktionspferd Goby und das Dressurpferd Grandiosa.

Graphit	Grande	Graf Duellfest
	Frutana	Frustra II Arabia
Odessa	Ozean/Trak.	Ernest Selma I
	Gitta	Gotthard Freiehe

Protokoll

Geboren:	2. 3. 1972
Zuchtgebiet:	Hannover
Farbe:	Rappe
Maße:	168 cm Stock
Züchter und Aufzüchter:	Ludwig Decker, Bierbergen
Gekört:	1974 in Verden
HLP:	1976 in Adelheidsdorf
Besitzer:	Zuchthof Klatte, Klein Roscharden

Inschallah
Der erfolgreiche Spezialhengst

Inschallah führt in seinem Pedigree mit Israel und Nithard die erfolgreichsten Vererber der weltweit besten Anglo-Araberzucht – der Zucht in Frankreich. Sein arabischer Blutanteil beträgt 36 Prozent. Der Hengst selber war 1972 Sieger der Hengstleistungsprüfung in Westercelle (heute Adelheidsdorf).

Man soll vorsichtig sein mit Superlativen – vor allem in der Pferdezucht. Doch sicher darf man sagen, daß der Schimmelhengst Inschallah wohl der beste Anglo-Araber ist, der in der deutschen Reitpferdezucht wirkt. Und wenn er nicht der beste sein sollte – auf jeden Fall ist er der bisher erfolgreichste. Möglicherweise folgen ihm einige nach, die erst seit wenigen Jahren in der Zucht eingesetzt sind.

Im Jahr 1986 haben Inschallah-Nachkommen fast 100 000,– DM verdient, die Lebensgewinnsumme des Hengstes liegt weit über 600 000 DM. Auffallend bei diesen Summen ist die Tatsache, daß sich die Erfolge der Inschallah-Nachkommen auf Springen und Dressur fast gleichmäßig verteilen, und ebenso auffällig ist, daß es viele Nachkommen sind, die zu solch einer Gewinnsumme beitragen, nicht einige wenige besonders erfolgreiche Kinder.

Inschallah hat bis 1988 in Oldenburg 32 gekörte Söhne geliefert – besonders hervorgetreten ist er aber durch Auktionsspitzen, die teilweise für außerordentlich viel Geld verkauft wurden. Viele Inschallah-Nachkommen tragen wie der Vater die Schimmelfarbe, und die meisten strahlen Chic und Charme aus. Inschallah vererbt den gefragten arabischen Überguß – doch die meisten seiner Kinder haben die richtige Größe, die sich Spitzenreiter wünschen.

Der Schimmel hatte eigentlich zu allen Zeiten seines Deckeinsatzes in Oldenburg eine lange Deckliste, doch besonders in den vergangenen Jahren ist dieser Hengst außerordentlich gefragt.

		Ficeleur x
Israel x	Fantaisiste II x	Faribole x
	Lonlaine x	Lotus VIII x / La Neuvaine xx
Resana x	Nithard x	Kesbeth x / Nitouche x
	Infante x	Xylène x / Amapola x

Protokoll

Geboren:	1968
Züchter:	gezogen in Frankreich
Farbe:	Schimmel
Maße:	169 cm Stock
Besitzer:	Station Vorwerk, Cappeln

Lavallo
Ladykiller und Marlon

Die Holsteiner Zucht hat bei der Umzüchtung zum Reitpferd eine lange Reihe herausragender Vollblüter eingesetzt. Im Land »zwischen den Meeren« hatte man immer ein besonderes Geschick, die richtigen Vollblüter zu finden. Viele dieser Hengste wurden aus England importiert und haben, manchmal ohne großartige Rennleistung und herausstechendes Exterieur, Großes geleistet.

Die beiden wichtigsten Vollblüter für die Zucht in Holstein, aber auch darüber hinaus, sind Ladykiller xx und Marlon xx.

Interessanterweise verfügen beide Hengste, die aus England bzw. Irland importiert worden waren, nicht über ein hohes GAG – Ladykiller lag knapp über der geforderten Marke, von Marlon ist das Generalausgleichsgewicht niemals errechnet worden. Beide Hengste waren nicht sehr groß, doch standen sie beide im Typ des englischen Vollblüters, waren hart und überaus chic.

1981 wurde ein Schimmel auf der Holsteiner Körung zum Siegerhengst erklärt: Lavallo von Lord aus einer Mutter von Marengo. Dieser große, statiöse Schimmel mit sehr viel Linie und gutem Ausdruck deckte nur kurze Zeit im Lande und wurde dann nach Dänemark verkauft.

Lavallo ist über Ladykiller und Marlon gezogen. In seinem Pedigree verbinden sich diese beiden herausragenden Vollblüter auf das Beste. Sie zeichnen für die Eleganz des Hengstes trotz des Kalibers und der Substanz verantwortlich. Was aber noch mehr zählt: Über Lord-Ladykiller hat Lavallo überragendes Springvermögen geerbt, von der Mutterseite, über den Hengst Marengo-Marlon, stammen sicherlich die hervorragenden Bewegungen.

Während Ladykiller über eine Reihe von Söhnen, von denen heute in erster Linie Landgraf und Lord im Blickpunkt stehen, Springveranlagung dominant vererbt hat, ist Marlon eher als Dressurpferde-Vererber hervorgetreten. Unter seinen Nachkommen finden sich allerdings auch sehr viele Vielseitigkeitspferde, unter anderem Madrigal, der unter Karl Schultz auch olympischen Lorbeer erntete.

Lord	Ladykiller xx	Sailing Light xx Lone Beech xx
	Viola	Cottage Son xx Ricarda
Hedie	Marengo	Marlon xx Lady
	Corana	Roman Optik

Paul Schockemöhle wurde auf den ersten Jahrgang von Lavallo aufmerksam – mit diesen Nachkommen führte Lavallo auf Anhieb die Gewinnsummenliste seiner Altersklasse in Deutschland an. Es gelang dem dreifachen Europameister, diesen Hengst aus Dänemark für seine Station zu erwerben.

Protokoll

Geboren:	1979
Farbe:	Schimmel
Maße:	171 cm Stock
Besitzer:	Paul Schockemöhle, 2841 Mühlen

Manstein
Vollblut und Trakehner

Die Körung des Jahres 1986 in Oldenburg war die Körung eines Hengstes: Manstein, braun, geboren 1979, versehen mit einem hannoverschen Pedigree. Bei dieser Körung stellte der patente Hengst fünf Nachkommen – alle wurden gekört. Zwei dieser Hengste schafften sogar den Durchbruch in die Spitze: Monteverdi wurde Reservesieger dieser Körung, und Minister bekam die Ic-Prämie. Der Reservesieger ging als hoffnungsvoller Beschäler-Nachwuchs an das Landgestüt in Dillenburg. Doch dieser Paukenschlag kam nicht von ungefähr.

Dieser hochnoble Beschäler hatte schon in den vorhergehenden Jahrgängen deutlich auf sich aufmerksam gemacht. Bei vielen Fohlenauktionen hatten Nachkommen von ihm höchste Preise erzielt. Im Jahr 1986 lagen zwei Hengstfohlen von Manstein in den Preisen bei der Fohlenauktion als Hengstanwärter ganz vorn. Auch bei den großen Stutenschauen hat Manstein, der inzwischen zehn Jahre alt ist, schon Furore gemacht. Die Sieger-Stute bei der Zentralen Stutenschau in Rastede war eine Tochter von ihm: Toga M.

Allerbestes Leistungsblut fließt in den Adern dieses Hengstes. Väterlicherseits ist er ein Sohn des in Hannover und darüber hinaus sehr geschätzten Matrose vom Vollblüter Marcio xx, mütterlicherseits hat Manstein den notwendigen und für Ausstrahlung und Chic sorgenden Schuß Trakehner Blut über seine Mutter Heike, die eine Tochter des in Celle viele Jahre lang wirkenden Trakehners Hessenstein ist, der wiederum den Typvererber Komet zum Vater hat. Manstein hat sicherlich das Zeug, zu einem Stempelhengst zu werden. Alle Möglichkeiten, sich auf diesem Weg durchzusetzen, werden ihm in Oldenburg jedenfalls gegeben, und viel spricht dafür, daß der Hengst seine Chance nutzen wird.

Matrose	Marcio xx	Aventin xx Mainkur xx
	Adelinde	Athos Allrista
Heike	Hessenstein/Trak.	Komet/Trak. Sonett/Trak.
	St.Pr.St. Gudrun	St.Pr.H. Goldmann St.Pr.St. Arztlied

Protokoll

Geboren:	1979
Farbe:	Braun
Maße:	172 cm Stock
Besitzer:	Station Stollhammer, Ahndeich

Pik Bube
Diese Karte hat oft gestochen

Es ist nicht abzustreiten, daß ein Bube in Kreuz dem Pik Buben überlegen ist. Doch für den Grönwohld-Hof von Otto Schulte-Frohlinde, für die Zuchten in Oldenburg, Hannover, Hessen und andere, hat der Pik Bube oft gestochen. Pik Bube ist einer der inzwischen als klassisch zu nennenden Dressur-Vererber der deutschen Reitpferdezuchten. Er selbst hat überragende Gänge bei sehr viel Schwung und Schub. Der

Hengst ist ausgebildet bis zur Schweren Klasse und hat in dieser Klasse selbst auch gesiegt.
Im Pedigree dieses sehr stark benutzten Hengstes vereinigt sich mit das erfolgreichste Blut der hannoverschen Zucht. Pik Bube stammt direkt vom Hengst Pik König, der wiederum vom großen Vollblüter Pik As xx gezogen ist. Auf der Vaterseite des Pik Bube ist der Hengst Abhang II zu finden, und dadurch ist auch der

große Abglanz in dieser Abstammung verankert.

Mütterlicherseits stammt Pik Bube aus einer Stute von Frustra II, auf der linken Seite des mütterlichen Pedigrees finden wir den Hengst Domspatz und auch über die Stute Löwenherz den Vollblüter Der Löwe xx. Es fallen einem auch bei längerem Nachdenken nur noch einige Hengste und Linien der niedersächsischen Zucht ein, die große Bedeutung erlangt haben und in dieser Abstammung nicht auftauchen.

Pik Bube ist gleichermaßen in Richtung Springen und Dressur gezogen, was man bei seinen Nachkommen auch immer wieder feststellen kann. Seine Großmutter auf der mütterlichen Seite ist unter Hartwig Steenken schwere Springen erfolgreich gegangen.

Pik Bube ist inzwischen Vater einer Reihe gekörter Söhne, die in vielen deutschen Zuchtgebieten decken. Der Hengst vererbt seine dunkle Farbe in Überzahl, er gibt seinen Kindern aber auch den imponierenden Bewegungsablauf und das Kaliber mit. Durch die starke Benutzung dieses Hengstes ist es dem Besitzer möglich geworden, nur noch Hauptstammbuchstuten für Pik Bube zuzulassen.

Pik König	Pik As xx	Abendfrieden xx Pechfackel xx
	St.Pr.St. Anina	Abhang II St.Pr.St. Fahra
Franka	Frustra II	Futurist I Talwiese
	Dohlenfürstin	Domspatz Löwenherz

Protokoll

Geboren:	29. 3. 1973
Zuchtgebiet:	Hannover
Lebensnummer:	314600373
Farbe:	Schwarzbraun
Züchter und Aufzüchter:	Günter Pape, Hemmoor-Basbeck
Besitzer:	Otto Schulte-Frohlinde, Gestüt Grönwohldhof, Trittau b. Glinde
Maße:	172 cm Stock
Gekört:	1975 in Verden
HLP:	1976 in Adelheidsdorf 119,89/2

Titus
Oldenburger »Vollbluthengst«

Mitte der achtziger Jahre wurde der Anglo-Normanne Tiro von Oldenburg nach Baden-Württemberg abgegeben, wo er in der Zucht große Erfolge in jedem Jahrgang feierte. In Oldenburg allerdings hat Tiro einen Nachkommen hinterlassen, der ihm in jedem Jahr alle Ehre macht: Titus.

Dieser Hengst ist schon von seinem Pedigree her etwas ganz Besonderes, ein Paukenschlag für die neuere Oldenburger Zuchtgeschichte: Der große und in allen Partien bedeutende Vererber, der über Glanz und Ausstrahlung verfügt, ist auf allen Seiten seiner Abstammung durchweg über das englische Vollblut geprägt.

Sein Vater Tiro ist vom Vollblüter Tremolo xx aus einer anglo-normannischen Stute gezogen, die in den hinteren Generationen ebenfalls Vollblut-Vorfahren hat. Titus' Mutter ist die Stute Kateja II, die wiederum von dem in Oldenburg mit großem Erfolg eingesetzten Vollbluthengst Vollkorn xx stammt. Und auch auf der linken Seite der mütterlichen Abstammungen findet sich mit Manolete xx ein Vollbluthengst, der nicht nur in der Oldenburger Zucht einen guten Namen hat.

Titus siegte bei der Hengstleistungsprüfung 1981 in bestechender Manier. Ein Jahr später wurde er zur Prämierung der Hengste in Oldenburg gestellt und verließ den Platz als Hauptprämien-Champion, was ihm natürlich eine mehr als volle Deckliste sicherte. Im gleichen Jahr und noch einmal 1984 wurde er auf den DLG-Schauen in München und Frankfurt ausgestellt. Kein anderer Hengst in privater Hand konnte auf einer dieser beiden Schauen mit größeren Lorbeeren nach Hause fahren.

Neben den leistungsbetonten Werten, die er gleichermaßen in Richtung Dressur und Springen seinen Nachkommen weitergibt, ist Titus auch als Typ-Vererber sehr gefragt. Für Oldenburg hat er schon einige gekörte Hengste gebracht, unter anderem die beiden Siegerhengste Triumphator und Top of Class. Anerkannt ist dieser Hengst neben seinem Zuchtland Oldenburg auch für Hannover, Westfalen, Hessen und das Rheinland.

Tiro (AN)	Tremolo xx	Le Tyrol xx Chanerie xx
	Victoire	Poker Quenouille
Kateja II	Vollkorn xx	Neckar xx Vogelwarte xx
	Kateja	Manolete xx Kateste II

Protokoll

Geboren:	1978
Zuchtgebiet:	Oldenburg
Farbe:	Braun
Maße:	169 cm Stock
Besitzer:	Ludwig Kathmann, Holtrup

Walldorf
Watzmann mit Vollblut

Das Zuchtgebiet Hannover, in dem der recht »bunte« Hengst Watzmann seit vielen Jahren als herausragender Springpferde-Vererber wirkt, konnte erst 1988 den ersten gekörten Sohn dieses Hengstes (Willems Ass) im Landgestüt einstellen.

Der recht schwere und derbe Watzmann vererbt sich meistens in Richtung Typ und Eleganz etwas schwierig. In Oldenburg allerdings steht schon seit längerer Zeit ein Watzmann-Sohn – Ludwig Kathmann wußte schon vor dem Olympia-Auftritt von Walzerkönig von Watzmann

unter Franke Sloothaak, daß dieses Blut für die Zukunft zu sichern war.

Der Hengst Walldorf ist aus einer Halbblutstute vom Hengst Perser xx gezogen. Auf der linken Mutterseite findet sich der große hannoversche Hengst Wöhler. Dies macht den Watzmann-Sohn zwar zu einem der gewünschten kalibrigen und rumpfigen Beschäler, gibt ihm aber doch den Schick und die Eleganz mit, die auch heute der erfolgsgewohnte Springreiter sucht.

Von allen Seiten leistungsbezogen gezüchtet, ist Walldorf schon in der ersten großen Prüfung seines Lebens positiv aufgefallen: Mit fast 150 Punkten gewann er die Hengstleistungsprüfung. Die Hengste, die eine Punktzahl in dieser Höhe jemals erreicht haben, sind an den Fingern einer Hand abzuzählen.

Die Gesamtpunktzahl, vor allem aber die Punkte in den einzelnen Teilprüfungen, machen deutlich, daß dieser Hengst über Spitzenveranlagungen auf allen Gebieten des Reitsportes verfügt. Über seine Abstammung von Watzmann ist herausragendes Springvermögen gesichert. Nach der HLP wurde der Hengst vornehmlich in Dressurprüfungen eingesetzt und war Sieger zahlreicher Wettbewerbe bis zur Klasse M.

Die ersten Nachkommen von Walldorf sind längst unter dem Sattel und können sich schon in mittleren Prüfungen (ihrem Alter entsprechend) beweisen. Die meisten von ihnen lassen erkennen, daß der Hengst Walldorf ein Vererber für Nachwuchspferde des Spitzensportes werden wird.

Zugelassen ist dieser Hengst für Oldenburg, Hannover, Westfalen, das Rheinland und für Hessen.

Watzmann	Weingau	Weiler
		Goldfront
	Flachsinsel	Flachsmann
		Almtaube
Parodie	Perser xx	Abendfrieden xx
		Pechfackel xx
	Wotansglut	Wöhler
		*Speeri

Protokoll

Geboren:	12. 3. 1979 in Westfalen
Zuchtgebiet:	Hannover
Lebensnummer:	317013679
Farbe:	Fuchs
Züchter:	Heinrich Arning, Lübbecke
Aufzüchter:	Heinfried Böttcher, Warmsen
Besitzer:	Ludwig Kathmann, Holtrup
Maße:	168 cm Stock
Gekört:	1981 in Verden
HLP:	1982 in Münster-Handorf 149,26/1

Zeus
Springvermögen und »Gummi«

Fehlersucher haben an solch einem Hengst eine ganze Menge auszusetzen: Er ist ein wenig lang, seine Kruppe sehr steil, die Niere ist recht offen, und auch im Fundament könnte man sich etwas mehr Knochenstärke wünschen.

Doch was sollen all solche Bemerkungen, wenn man sich die Leistungs-Hitliste des Hengstes Zeus ansieht: Die Oldenburger Züchter haben auch im Jahr 1986 die zwanzig besten Springpferde aus ihrer Zucht (nach Gewinnsummen) ermittelt, und das liest sich dann so:
2. Platz Zarah v. Zeus (23305), 3. Platz Zukunft v. Zeus (22330), 4. Platz Zigeuner v. Zeus (19240), 7. Platz Zampano v. Zeus (14810), 8. Platz Zeremonie v. Zeus (13379). Es folgen weitere Nachkommen dieses Hengstes auf den

folgenden Plätzen. Unter den 20 besten Springpferden aus Oldenburger Zuchtställen sind allein im Jahr 1986 sieben Kinder des inzwischen schon zu einer Legende gewordenen französischen Hengstes. Die Siegerfamilie auf der DLG-Ausstellung in Hannover setzte sich auch aus Zeus-Kindern zusammen: Der Siegerhengst Zymbal von Zeus, die Stuten Chinchilla und Cleopatra. Zampano von Zeus hat nicht nur eine sehr hohe Gewinnsumme im Jahr 1986, er war unter Iris Bayer in den Jahren 1986 und 1985 Deutscher Meister im Springen bei den Damen.

Zeus ist 1972 in Frankreich geboren. Der stark anglo-arabisches Blut führende Fuchshengst deckte einige Jahre auf der renommierten Station von Georg Vorwerk, bevor er nach Holland verpachtet wurde. Während dieser Pachtzeit kamen seine ersten Nachkommen in den Springsport und ließen Reiter und Züchter aufhorchen. Es ist sicherlich keine Frage, daß die Station Vorwerk mit diesem Hengst einen wür-

digen Nachfolger für den großen Jahrhundert-Hengst der Oldenburger Pferdezucht, für Furioso II, gefunden hat – und das will schließlich etwas heißen.

Arlequin x	Massando x	Mardochée x Duchesse x
	Nuit Bleue x	Le Pot aux Roses xx Daüne de Nousté x
Urielle (Norm.)	Matador x	Kephir x Ombrie x
	Evelyne	Talisman Nadinette

Protokoll

Geboren:	1972
Züchter:	gezogen in Frankreich
Farbe:	Fuchs
Maße:	172 cm Stock
Besitzer:	Station Vorwerk, Cappeln

Zymbal
In den Fußstapfen des Vaters...

Der Anglo-Normanne Zeus, der mehr als 80 Prozent anglo-arabisches Blut führt, ist sicherlich kein Idealmodell in Hinblick auf sein Exterieur. Doch wegen seiner unglaublichen Vererbung in Richtung Springen ist dieser Hengst zu einem der wichtigsten Springpferde-Vererber in Europa geworden. Die Spitzen-Springreiter lecken sich die Finger nach den Nachkommen dieses Hengstes.

Doch sicherlich hätte allein die Gestellung von zwei Vollgeschwistern für die Oldenburger Zucht ausgereicht, den Hengst Zeus in die Analen der Zucht eingehen zu lassen: Zymbal und Chinchilla.

Die Stute Chinchilla wurde hochdekoriert auf einer DLG-Ausstellung und einem Bundes-Championat. Ihr Vollbruder Zymbal aber ist dabei, in die überaus erfolgreichen Fußstapfen seines großen Vaters zu treten und einer der wichtigsten Hengste in Oldenburg zu werden – in einem Zuchtgebiet mit wahrlich vielen bedeutenden Beschälern.

Bei seiner Körung im Jahr 1984 stand Zymbal schon als zweiter Reservesieger an der dritten Stelle seines Jahrganges. Der große Fuchs hat über die Mutterseite manchen kritischen Exterieur-Punkt seines Vaters ausgeglichen. Er ist gleichermaßen ein Pferd mit bestem Springvermögen und hoher Eignung für den Dressursport. Nach der Körung legte er eine ausgezeichnete Hengstleistungsprüfung in Adelheidsdorf ab und wurde in die Leistungsklasse I eingestuft.

Auch seine Vollschwester – dies ist für die Vererbungs-Dominanz eines Hengstes von Bedeutung – nahm einen weiterhin sehr erfolgreichen Weg: Mit dem Hengst First Class von Furioso II stellte sie ebenfalls einen gekörten Hengst, der in seinem Jahrgang die Ic-Prämie bekam.

Zymbals Mutter Cinderella ist eine geglückte Mischung aus Oldenburger, Holsteiner und Trakehner Blut.

Der Fuchshengst Zymbal ist in allen Partien ein sehr ausgeglichenes Pferd. Er hat seine Beschäler-Box auf der immer mehr in den Vordergrund drängenden Station der Familie Böckmann und damit alle Möglichkeiten, auch weiterhin einen erfolgreichen Weg zu gehen.

*Zeus	Arlequin x	Massando x Nuit Bleue x
	Urielle x	Matador x Evelyne
Cinderella	Armand	Amor Paulia
	Condria	Camillo Mondria

Protokoll

Geboren:	6. 1. 1982
Zuchtgebiet:	Oldenburg
Züchter und Aufzüchter:	Paul Wendeln, Garrel
Besitzer:	Fam. Böckmann, Lastrup-Hamstrup
Farbe:	Fuchs
Maße:	172 cm Stock
Gekört:	1984 in Vechta
HLP:	1985 in Adelheidsdorf

Westfalen:
Private Hengsthaltung neben dem Staat

Vielleicht kann man das Landgestüt Warendorf, das seit den sechziger Jahren auch das Rheinland mit Hengsten versorgt, als das bestgeführte Landgestüt in der Bundesrepublik bezeichnen. Der Hengstbestand ist von ausgeglichener Qualität, das Landgestüt ist in der Zuchtpolitik konsequent seinen Weg gegangen. Trotzdem hat sich in Westfalen eine recht leistungsfähige private Hengsthaltung etablieren können. Dies hat sicherlich auch mit der recht starken privaten Hengsthaltung im Rheinland zu tun. Landgestüt und private Hengsthalter

leben in Westfalen ganz gut miteinander. Man befruchtet sich gegenseitig. Es ist nicht außergewöhnlich, wenn der Landstallmeister einen gekörten Sohn eines erfolgreichen privaten Hengstes für das Landgestüt ankauft. Vor allem der Hengst Pilatus, der sich in privatem Besitz befindet, hat sich in Westfalen – auch im Landgestüt – deutlich als herausragender Vererber hervorgetan.

Eine Reihe von anderen Hengsten, die Bedeutung haben für das Zuchtgebiet, sind teilweise in anderen Zuchtgebieten erworben worden.

Agatho xx
Höchste Nachkommen-Gewinne

»Blut ist der Saft, der Wunder schafft.« Trotz dieser Binsenweisheit ist man in Westfalen eher übervorsichtig mit dem Einsatz von Vollbluthengsten. Man sieht den Blüter lieber in der zweiten denn in der ersten Generation, obwohl es auch für einen Hengst schwierig sein dürfte, Großvater zu werden, ohne Vater gewesen zu sein. In Westfalen hatte die Selektion innerhalb der eigenen Rasse schon immer einen hohen Stellenwert, und Vollblutbedeckungsziffern wie etwa in Oldenburg wären unvorstellbar gewesen. Wenn hier ein Vollblüter zur Zucht aufgestellt und auch von den Stutenbesitzern angenommen werden soll, dann muß er schon besondere Qualität haben. Nicht umsonst haben zahlreiche Sieger der Vollbluthengstschauen in Köln ihren Weg nach Westfalen gefunden, und nicht von ungefähr bedient sich das Direktorium für Vollblutzucht und Rennen regelmäßig der in Westfalen stationierten Vollblüter, wenn es um die Beschickung der DLG-Ausstellungen geht.

Als Josef Driller 1974 seinen Agatho xx aufstellte, hatte man in Westfalen gerade die Talsohle der niedrigsten Pferdebestandszahlen hinter sich, man warnte bereits bei der Umzüchtung zum modernen, vielseitigen Reitpferd vor dem Einsatz von zuviel Vollblut, und zwei Jahre später kam auch prompt die entsprechende regulative Maßnahme von Seiten des Pferdestammbuchs. Doch Josef Driller wußte, daß er seinen Züchtern mit dem Achtjährigen etwas anzubieten hatte: Schlichtes Hellbraun ohne Abzeichen, denn in Westfalen verzeiht man einem Pferd das Bunt nur ungern; das für einen so edlen Blüter ungewöhnliche Stockmaß von 1,69 m; ein über sechs treue Rennsaisons erzieltes GAG von 86,5 kg; den mehr als renommierten Züchternamen des legendären Gestüts Waldfried und ein wahrhaft exquisites Pedigree, aus dessen Blutströmen schon manch gute Veredler für die hannoversche und westfälische Zucht hervorgegangen sind.

Agathos 1952 geborener Vater Masetto gehörte jahrelang zu den gefragtesten und erfolgreichsten Deckhengsten der deutschen Zucht. Obwohl er im Derby unplaziert blieb, galt er aufgrund seiner späteren Erfolge vor allem über lange Distanzen als bestes Pferd seines Jahrgangs. Mütterlicherseits war Masetto aus der weltberühmten Macht-Stutenfamilie des Gestüts Waldfried hervorgegangen. Der Warmblutzucht brachte Masetto neben Agatho xx Hengste wie Fabulist xx, Fontanus xx, Fidalgo xx, Agami xx und Little Lion xx.

Auch Agathos Muttervater Mangon entstammte der von Macht begründeten Waldfrieder Stutenfamilie. Über seine Mutter Mainkur war Mangon, der der Vollblutzucht leider nur drei Jahre zur Verfügung stand, ein Halbbruder des großen Marcio xx und ein Vollbruder des ebenfalls in Celle erfolgreichen Maigraf xx. Agatha hatte drei Jahre vor Agatho einen ebenfalls sehr großrahmigen, abzeichenlosen Braunen von Masetto gefohlt, der als Agami xx ins Celler Landgestüt ging. Mütterlicherseits kann Agatha in ihrem Pedigree mit Janus, Oleander, Fervor und Pergolese auf eine exquisite Sammlung bester Beschäler der deutschen Vollblutzucht verweisen.

Leider bekam Agatho xx nicht allzuviele Stuten. Bis jetzt sind erst fünf seiner Töchter im westfälischen Hauptstutbuch eingetragen. Die Gewinnsumme seiner Nachkommen jedoch wird von keinem derzeit noch aktiven Vollbluthengst in Privatbesitz erreicht.

			Arjaman xx	Herold xx Aditja xx
		Olymp xx		
	Masetto xx		Olympiade xx	Oleander xx Osterfreude xx
		Mimosa xx	Indus xx	Alcantara II xx Himalaya xx
			Marliese xx	Graf Ferry xx Marie Louise xx
		Mangon xx	Gundomar xx	Alchimist xx Grossularia xx
	Agatha xx		Mainkur	Janus xx Makrone xx
		Alexia xx	Janus xx	Buchan xx Jane Plernex xx
			Alexandra xx	Oleander xx Ausnahme xx

Protokoll

Geboren:	7. 1. 1966 in Deutschland
Beschälernummer:	1939
Züchter und Aufzüchter:	Gestüt Waldfried, Altefeld
Stationen:	seit 1974 Josef Driller, Hattingen-Dumberg
Farbe u. Abzeichen:	Hellbraun o. A.
Gekört:	1974 in Münster
HLP:	GAG 86,5 kg

Grande Gold
Verbindung von Grande und Gotthard

Als Kunibert Münch Anfang der 60er Jahre im Hannoverschen eine Tochter des Duellant für seine Zucht ankaufte, ahnte er wohl noch nicht, welch einen Glücksgriff er mit diesem Pferd getan hatte. Doch gleich der Erstling der in Westfalen staatsprämierten Duela gab ihm einen Vorgeschmack auf ihre weitere Zuchtleistung. Mit Pilatus nämlich begründeten Münchs ihre heute weithin renommierte Hengststation.

Die Turnierpferde Pasio v. Perseus, Orienta v. Octavo xx und Graupelschauer v. Gold Dollar bezeugen neben anderen den züchterischen Wert der Duela-Nachkommen. Ein Gold Dollar-Sohn stellte das Spitzenpferd der Hengstnachkommenprüfung in Württemberg 1983. Den züchterischen Platz ihrer Mutter hat inzwischen Duelas beste Tochter Gibraltar v. Gold Dollar eingenommen. Die Duela-Tochter Gibraltar brachte unter anderem in gezielter Anpaarung mit dem Duela-Sohn Pilatus das Turnierpferd Pyräus. Ihr bislang bester Sohn ist jedoch der Fuchs Grande Gold, der ebenfalls Aufstellung bei seinem Züchter gefunden hat. Gibraltars Vater ist Gold Dollar, ein Hannoveraner, der ebenfalls bei Kunibert Münch auf Station steht. Der Schimmel hat den legendären Gotthard zum Vater, dessen Zuchtleistung vor allem im springsportlichen Bereich nur von ganz wenigen anderen Hengsten auf der Welt erreicht wird. Gold Dollars Mutter einte Agram- mit Marcio xx-Blut, eine weitere Gotthard-Tochter dieser Stute wurde Mutter des Celler Landbeschälers Weinstock.

Kunibert Münch führte Gibraltar bereits zweijährig dem »großen« Grande zu. Dieser Fuchs, mit deutlichen Exterieurmängeln und einer für seinen großen Namen doch recht knappen Größe gestraft, gelangte wohl zum größten Teil nur deshalb in die Zucht, weil sein Pedigree mit dem leider reichlich deckfaulen DLG-Sieger Graf und einer ebenfalls DLG-prämierten Duellant-Tochter das Exquisiteste aufwies, was Hannover seinerzeit aufzuweisen hatte. Das Vertrauen hat dieser Hengst mit seiner Nachzuchtleistung mehr als gerechtfertigt.

Immer wieder hatte man in Westfalen und in Hannover versucht, das Blut der beiden berühmtesten Goldfisch II-Abkömmlinge, des Gotthard und des Grande, zu verbinden, um die von beiden Hengsten vererbte große Springanlage im Erbgut zu festigen. Grande Gold, der Erstling der Gibraltar, ist einer der eindrucksvollsten Beweise für die Richtigkeit dieses züchterischen Konzepts. In seiner Eigenleistung unbestritten, machen sich die ersten Kinder dieses Fuchses bereits auf den Weg, ihrem Vater in die erfolgreichen Fußstapfen zu folgen. Und mittlerweile zwölf im Hauptstutbuch verzeichnete Grande Gold-Töchter stehen für die Tatsache, daß großes Springvermögen nicht zwangsweise mit negativen Exterieureigenschaften gekoppelt sein muß.

Grande Gold eint in seinem Pedigree nicht nur das Blut der herausragenden Springpferdvererber Grande und Gotthard, sondern er führt auch die Namen der DLG-Ausstellungspferde Graf und Duellfest. Noch dazu stehen in den ersten drei Generationen allein vier Staatsprä-

Grande Ldb.	Graf	Goldfisch II	Goldammer II Flugamme
		Flußspat	Flugfeuer I Neafenda
	Duellfest	Duellant	Dolman Forstweihe
		Försterfarm	Förster Jourene
Gibraltar	Gold Dollar	Gotthard	Goldfisch II Ampa
		Eugenia	Efendi Majorin
	Duela	Duellant	Dolman Forstweihe
		Formehre	Folgsam Kabanus

mienstuten, und eine Inzucht in der 3./3. Generation auf Duellant sowie in der 3./4. Ahnenreihe auf Goldfisch II geben der Abstammungstafel eine besondere Note – und wenn diese erlesene Abstammung keine Empfehlung für den etwas bunten Fuchs sein sollte!

Sie war es, denn nach Absolvierung seiner Hengstleistungsprüfung 1981 in der Prüfungsanstalt Medingen bei Eugen Wahler wurde Grande Gold neben dem Deckeinsatz systematisch für den Turniereinsatz im Springsport vorbereitet. Der heute zwölfjährige Hengst kann mittlerweile auf eine wirklich sehenswerte Schleifensammlung aus Prüfungen bis zur schweren Klasse verweisen, und noch immer verläßt sich Kunibert Münchs Schwiegersohn Volker Kraft gern auf diesen Hengst, wenn es um »dicke Klamotten« geht.

Protokoll

Geboren:	10. 4. 1977 in Westfalen
Lebensnummer:	410295877
Züchter und Aufzüchter:	Kunibert Münch, Datteln
Stationen:	seit 1980 Kunibert und Elisabeth Münch, Datteln
Farbe:	Fuchs
Abzeichen:	br. ü. l. i. r. Nüst. rchd. dchg. Bl., ute. w., l. Vfsl. unreg. w., r. Vkr. auß. w., bd. Hf. unreg. hochw.
Gekört:	1979 in Münster
HLP:	HPrA Medingen 1981

Paradox II
Im Schatten des Vollbruders

Es ist oft nicht ganz einfach, aus dem Schatten eines berühmten Verwandten herauszutreten, und für Paradox II gilt dies in ganz besonderem Maße hinsichtlich seines Vollbruders Paradox I. Er gelangte zu einer Zeit in die Zucht, als die ersten Nachkommen seines sechs Jahre älteren Bruders bereits von sich reden machten. Dabei steht der noble Fuchs seinem Bruder in nichts nach, und mancher Durchschnitts-Turnierreiter wäre sicherlich mit einem wohltemperierten Paradox II besser bedient als mit einem »heißen Ofen« von Paradox I.

Der Vater des Paradox II, der irische Vollblüter Papayer xx, hat während seiner Wirkungszeit in Westfalen deutliche Spuren im Leistungssport hinterlassen. Papayer xx, dessen Großvater Bahram die Rennbahn ungeschlagen als Triple Crown-Sieger verließ, hatte zwar zahlenmäßig nicht die ganz große Nachzucht in Westfalen, doch hat er sich mit Springpferden wie Panama (Peter Schmitz) und Dressurpferden wie Priva-

tier (Klimke), Puschkyn, Eros und Paquito (Tempelmann/Disterer) ein bleibendes Denkmal gesetzt. Alle seine Kinder, wie auch die seiner Söhne, sind durch große Härte und lange Lebensdauer gekennzeichnet, dafür sind sie gelegentlich etwas spätreif.

Die Mutter des Paradox II, Arnika von Eickenbeck, stammt aus der Zucht von Wilhelm Lakkenberg in Rinkerode bei Münster. Die 1958 geborene Fuchsstute hatte den Privathengst Almfreund zum Vater, einen in Westfalen hochgeschätzten Sohn des leider viel zu früh eingegangenen Almschütze. Ihre Mutter Schwälbin von Wolbeck war eine auf ländlichen Turnieren hocherfolgreiche Stute, die in Dressur-, Spring- und Fahrprüfungen eine ganze Schleifensammlung zusammenlief. Arnika brachte ihrem Züchter insgesamt zehn Fohlen, darunter drei Stuten.

Im Mai 1964 gebar Arnika von dem Sandhowe'schen Papayer xx einen Hengst, der dem Zucht-

Papayer xx Pb.	Persian Gulf xx	Bahram xx	Blandford xx / Friar's Daughter xx
		Double Life xx	Bachelor's Double xx / Saint Joan xx
	Seaway xx	Fairway xx	Phalaris xx / Scapa Flow xx
		Chachalot xx	Hurry On xx / Harpoon xx
Arnika St.Pr.St.	Almfreund	Almschütze	Almjäger I / Frühlingsfeier
		Diktatin	Diktator / Janne
	Schwälbin	Schwips	Schwank / Netta
		Fanny	Feurio / Gunda

gebiet Westfalen internationalen Ruhm im Springsport einbringen sollte: Paradox I. Drei Jahre später fohlte Arnika nach Bedeckung durch den Privathengst Schwarzkittel einen schwarzbraunen Sohn, der bereits bei seiner Körung 1969 als Sieger des Lots für Aufsehen sorgte. Landstallmeister Dr. Lehmann sicherte Schwangau für die westfälische Zucht, wo er sich bis zu seinem Verkauf nach Bayern 1985 verdient gemacht hat. 1970 schließlich hatte Arnika erneut einen Sohn von Papayer xx, der als Paradox II auf der Station seines Vaters zum Einsatz kam.

Paradox II wurde zunächst in Material- und Eignungsprüfungen gestartet, die der junge Hengst – wen wundert's – oft genug siegreich oder hoch plaziert beendete. Heinrich Sandhowe stellte ihn auf seiner Station auf – und das will dann doch etwas heißen. Zum einen ist nämlich die Station Sandhowe die älteste Privathengststation überhaupt in Westfalen, zum anderen standen hier immer Spitzenhengste des Zuchtgebiets. Heinrich Sandhowe also glaubte an seinen Hengst – und die ersten Kinder präsentierten sich dann als runde, patent gemachte Reitpferde für alle Zwecke; sehr viel schlichter in ihrer Zeichnung als die Kinder des großen Bruders. 1979 kam der erste gekörte Sohn, der Fuchs Postillion. Er war aus einer wirklich bodenständigen, uralten westfälischen Stutenfamilie gezogen und wechselte ins Landgestüt.

1980 folgte sein bislang bester Sohn, Parforce. Der schicke Braune, gezogen aus einer Goldlack-Tochter, war Reservesieger der Körung und ging zunächst zwei Saisons auf die Station von Vater und Großvater, bevor er 1985 auf der Station seines Züchters Ludger Knapmöller in Ascheberg zum Einsatz kam. Gleich im ersten Fohlenjahrgang präsentierte er zwei gekörte Söhne für das Zuchtgebiet, Pandero und Partylöwe. Beide Hengste bestechen durch guten Typ und beste Bewegungsmanier, wobei der aus einer Mohn xx-Stute gezogene Partylöwe mit viel Schmelz und Harmonie auffällt, der hellere Pandero ein überaus erlesenes Leistungspedigree (Paradox, Goldlack, Bariton und Der Löwe xx) sein eigen nennt.

Der bislang jüngste Paradox II in der westfälischen Zucht ist auch der mit der besten Hengstleistungsprüfung. Pianist, wieder aus einer bodenständigen Westfalenstute ohne Spezialblut gezogen, deckt bei Friedhelm Thewes in Herdecke.

Mit einer für 1988 gültigen züchterischen Bilanz von vier gekörten Söhnen (bei 13 Jahrgängen im körfähigen Alter) und 89 Hauptstutbuch-Stuten, davon vier mit der Staats- bzw. Verbandsprämie, sowie ca. 120000 DM Lebensgewinnsumme seiner Nachkommen aus zwölf Jahrgängen steht Paradox II als weit überdurchschnittlicher Vererber da. Man muß diese Zahl erst einmal in Relation zur Anzahl der Deckjahre und in Relation zur Anzahl der ihm zugeführten Stuten sehen, will man seine Zuchtleistung etwa mit der seines Bruders vergleichen – und dann gelangt man schon ins Staunen. Nicht von ungefähr war Paradox II nämlich Siegerhengst der Zentralen Hengstanerkennung 1981, das heißt praktisch, er war der beste lebende Privathengst, den Westfalen im Einsatz hatte.

Protokoll

Geboren:	2. 4. 1970 in Westfalen
Lebensnummer:	1891
Züchter und Aufzüchter:	Wilhelm Lackenberg, Rinkerode
Stationen:	seit 1973 Heinrich Sandhowe, Ascheberg
Farbe:	Fuchs
Abzeichen:	unreg. i. r. Nüst. rchd. Bl., r. Hfsl. w.
Gekört:	1972 in Münster
HLP:	Zugleistungsprüfung 1974 bestanden

Pilatus
Der »Hauptbeschäler« in Datteln

Überglücklich waren nicht nur Elisabeth und Kunibert Münch aus dem westfälischen Datteln, sondern eine ganze Reihe westfälischer Züchter, als 1983 einer der erfolgreichsten Privathengste nach 5jährigem Deckeinsatz gesund aus Holland zurückkam. Pilatus, Reservesieger der Körung 1967, sollte die so erfolgreiche Karriere in seinem Zuchtgebiet fortsetzen. Denn er und seine Nachkommen sind wohl die bedeutendste Stütze der schmalen, aber qualitätvollen Hengstlinie des Vollblüters Pluchino xx in Westfalen.

Jener trittgewaltige Braune aus naher Blutsverwandtschaft zum legendären Furioso xx muß bei seinem Ankauf in Irland ein jämmerliches Bild abgegeben haben, sonst hätte wohl die kaufinteressierte Holsteiner Zuchtleitung nicht abgelehnt. Im westfälischen Gestüt Werthmann wurden Pluchino xx Vollblut- und Warmblutstuten zugeführt. Trotz der geringen Anzahl von ihm gezeugter Warmblutfohlen hinter-

ließ er eminent wichtige Beschäler: Den Schimmel Perseus, von dem gleich noch die Rede sein wird, den Braunen Plutos, selbst ein Modellpferd besonderer Klasse und vor allem als Vater des springgewaltigen Platon (Reiter: Peter Nagel-Tornau, Kurt Gravemeier und Nelson Pessoa/Brasilien) ins Rampenlicht gerückt, und den Fuchs Penny, der nach erfolgreicher Springkarriere unter Gustav Bauer nach Württemberg abgegeben wurde.

Der noble Schimmel Perseus hat während seiner Tätigkeit in Westfalen (er wurde 19jährig nach Hessen abgegeben) beste Stuten – viele davon Hengstmütter – und gute Sportpferde hinterlassen, leider jedoch nur drei Hengste. Mütterlicherseits weist Perseus das klassische Blut des Gestüts Vornholz (Clemens Baron von Nagel-Doornick) auf. Die Mutter Adria entsprang der Verbindung der beiden großen Vornholzer Hengste Ramzes und Oxyd mit der Stutenfamilie der Hannoveranerin Altdeutsche. Eine Vollschwester des Perseus, Palette von Lühringsen, brachte für das Landgestüt Warendorf den edlen Schimmel Fröhlich v. Frühlicht I.

Pilatus' Mutter Duela hatte Kunibert Münch als Absetzer im hannoverschen Zuchtgebiet angekauft. Die Stute erhielt in Westfalen die Staatsprämie, brachte insgesamt zwölf Fohlen und war noch dazu im ländlichen Turniersport erfolgreich. Auch nach ihrem Erstlingsfohlen Pilatus fiel sie noch mit bemerkenswerter Nachzucht auf. Ein Gold Dollar-Sohn stellte 1983 das Spitzenpferd der Hengstnachkommenprüfung in Württemberg, die Gold Dollar-Tochter Gibraltar wurde Mutter des Privathengstes Grande Gold v. Grande, der ebenfalls auf der Station Münch deckt. Duelas Vollschwester Durana ist die Mutter des Privathengstes Amadeus von Adlerruf.

Man sollte vorsichtig sein mit der Qualifikation eines Hengstes als »Hauptbeschäler«, aber Pilatus ist wirklich einer. Vornehme braune Jacke, hellwaches Auge, mit 1,68 m Stockmaß im passenden Größenmaß und in allen Partien grundsolide und korrekt. Und das ist wohl auch der Grund, warum Pilatus' Nachkommen in allen Bereichen des Sports ein Wörtchen mitzureden haben. Noch fehlt ihm der ganz große »Crack« auf internationalem Parkett, doch weist das Jahrbuch der FN alljährlich zwischen 70 und 100 erfolgreich auf Turnieren gestartete Nachkommen aus, und die Lebensgewinnsumme der Pilatus-Kinder beläuft sich inzwischen auf erkleckliche 220 000 DM.

Noch dazu beweist der mehrfache Hauptkörungs-Sieger mit seiner züchterischen Bilanz von elf gekörten Söhnen und 13 Staatsprämienstuten sowie knapp 120 Hauptstutbuch-Stuten in Westfalen, daß er seiner Nachzucht begehrenswerte Exterieur- und Interieur-Eigenschaften mitgibt. Namen und Verdienste seiner Söhne sind inzwischen Legion:

Picasso stammte aus seinem ersten Fohlenjahrgang, war aus einer Vollblutstute gezogen und ging ins Landgestüt nach Warendorf. Perlkönig, der dunkelbraune Sieger von Körung und Hengstleistungsprüfung, hat züchterisch sehr auf sich aufmerksam machen können. Seine Söhne Prinz Gaylord, Klassebeschäler in Oldenburg und USA, Pelikan, einer der aufsehen-

Perseus Pb.	Pluchino xx	Niccolo dell'Arca xx	Coronach xx Nogara xx
		Flush xx	Hollywell xx Poker xx
	Adria	Ramzes	Rittersporn xx Jordi (Ar.)
		Admiralität	Oxyd (Berberb.) Altdeutsche
Duela St.Pr.St.	Duellant	Dolman	Detektiv Aussicht
		Forstweihe	Foliant Schnepfenjagd
	Formehre	Folgsam	Floral Gakilla
		Kabanus	Karl S-Stute v. Lorlot

erregendsten Aktionstraber des Landgestüts, und Prinz Goldberg, Springpferd im Stall Snoek, lassen eine lebendige Weiterführung dieser Hengstlinie erwarten. Planet war ebenfalls Siegerhengst der Körung, im bayerischen Staatsgut Achselschwang deckt Polarstern als Nachfolger des großen Komet. Sein Vollbruder Polydor, in den Diensten des Landgestüts Warendorf, landete anläßlich des Deutschen Springpferde-Championats 1984 in Iserlohn einen großen Coup, als er sowohl bei den 5jährigen als auch bei den 6jährigen Pferden den Sieger stellte. Kronprinz der väterlichen Qualitäten dürfte allerdings der apart gezeichnete Pilot sein, nach dessen Kindern sich die Springreiter derzeit alle Finger lecken. Mehrere Spitzen-Auktionspferde und -fohlen bestätigen diesen Anspruch. Der Wallach Bugatti Pedro gehörte mit seinem Besitzer Wolfgang Brinkmann zur Olympiamannschaft von Seoul 1988.

Protokoll

Geboren:	20. 1. 1965 in Westfalen
Lebensnummer:	1741
Züchter und Aufzüchter:	Kunibert Munch, Datteln
Stationen:	1968–1978 und seit 1983 Kunibert und Elisabeth Münch, Datteln
Farbe:	Braun
Abzeichen:	St., l. Vkr. gefl. w., r. Vfsl. w., bd. Hf. w.
Gekört:	1967 in Münster – Reservesieger
HLP:	Zugleistungsprüfung 1968 bestanden

Roderich
Unverwüstlich mit arabischem Erbteil

Unverwüstlich, topfit und sehr vital – all diese charakteristischen Eigenschaften hat Roderich wohl seinem arabischen Erbteil zu verdanken. Der jetzt 25jährige Schimmel gehört nämlich zu den bedeutendsten Nachkommen des legendären Vornholzers Ramzes.

Die Erfolge seines Vaters hier anzuführen, hieße Eulen nach Athen tragen, denn wer kennt den wunderschönen anglo-arabischen Halbblüter aus polnischer Zucht nicht? Es gibt heute in Deutschland keine Warmblutrasse, die sein Blut nicht führt. In seiner Nachzuchtleistung wurde Ramzes nie erreicht, bei einen Prozentsatz an Spitzennachkommen von 3,08% können selbst die so hochgepriesenen »Supervererber« wie Ferdinand, Gotthard, Agram u. v. a. nicht mithalten! Noch dazu war Ramzes selbst im besten Sinne leistungsgeprüft. Im polnischen Janow Podlaski war er Leibpferd des Gestütsleiters für die bekannt schweren Jagden dieses Stalles, und im Nachkriegsdeutschland hat Ramzes zahllose Siege und Plazierungen in Springen unter Hans-Heinrich »Micky« Brinckmann vorzuweisen. Nicht von ungefähr trägt die einzige Springprüfung für gekörte Hengste in Deutschland den Namen dieses herrlichen Angloarabers.

Roderichs braune Mutter Nachtrose aus dem Zuchtgebiet um die Deckstelle Haselau in Holstein kam 8jährig nach Vornholz und brachte dort noch vier Fohlen. Mit 1,63 m Stockmaß und 22 cm Röhrbeinumfang verkörperte sie den herben, kalibrigen Holsteiner Typ, der in der Anpaarung mit edlen Hengsten den so gesuchten Prototyp des Holsteiner Leistungspferdes hervorbrachte.

Ihr Vater Fangball, ein bei allem Respekt vor der erbrachten Vererberleistung mehr als reichlich mit Kaliber und Wucht gesegneter Traventhaler Landbeschäler, vertrat die hochgeschätzte Achill-Linie und war nahe verwandt zu dem trittgewaltigen Farnese, der im Sport vor allem durch Franke Sloothaaks Olympiapferd Farmer ein Begriff geworden ist. Nachtrose wies in der 3./3. Generation eine Inzucht auf den guten Braunen Lorbeer auf, der zu den erfolgreichsten Vertretern der Ethelbert-Linie gehörte. Auf die Kombination der Ethelbert- und Achill-Linie gründet sich die so erfolgreiche Holsteiner Springpferdezucht.

In seinen vier Decksaisons in Holstein hatte Ramzes bewiesen, daß diese rahmigen, wuchtigen Stuten durchaus in der Lage waren, seine eigene knappe Größe auszugleichen. Den von Natur vorhandenen Springanlagen des Holsteiners setzte der Angloaraber keine Grenzen. Und so war denn auch der Weg des in Vornholz gezeugten und geborenen Schimmelhengstes von Ramzes und der Nachtrose vorgezeichnet. Der ging zunächst über Holstein, denn da Baron von Nagel in Westfalen nicht mit überwältigender Begeisterung für seinen Hengst rechnen konnte, schickte er ihn zur Körung nach Elmshorn, wo er prompt erfolgreich war.

Gleich im ersten Jahr seines Deckeinsatzes auf Vornholz lieferte Roderich einen Volltreffer: Der Braunschimmel Rochus machte zunächst auf ländlichen Turnieren des Warendorfer Raums in Springprüfungen bis zur mittelschweren Klasse von sich reden. Schließlich wurden deutsche Spitzenspringreiter auf den Wallach aufmerksam, und Hendrik Snoek sicherte sich das Talent für den Stall des Gutes Berl. Zahlreiche Sa- und Sb-Siege gingen auf das Konto dieses mit kapitalem Springvermögen ausgestatteten Roderich-Sohnes. Seine Mutter Feodora, eine Fuchsstute v. Fiffikus, hatte auch nach diesem Erstlingsfohlen noch gute, im Springsport erfolgreiche Nachzucht von Roderich, außerdem wurde sie 1971 Mutter von Bayerns derzeit erfolgreichstem Vererber, Rasso v. Ramiro.

Weitere Springpferde mit großer Karriere folgten: Romadour (Mutter v. Steinpilz xx) aus der Zucht von Paul Holtgraeve, Bad Bentheim, ging unter Bernhard Lewing sehr erfolgreich; ebenso Renzov, dessen Mutter den Traberhengst Fifi Beau Gosse zum Vater hatte, unter Peter Weinberg. Schlagzeilen machte der Schimmel Puschkin (Mutter v. Ducker), den

Ramzes Pb.	Rittersporn xx	Saint Saulge xx	Le Sancy xx May Pole xx
		Molly Clarke xx	St. Angelo xx Lady Peggy xx
	Jordi	532 Shagya X-3	Shagya X Amurath 117
		139 Demeter	Bakszysz ox Astarte 51
Nachtrose	Fangball	Fanal	Favorit Trude
		Quia	Lorbeer Halle
	Nelke	Loretto	Lorbeer Zerlinde
		Bunte	Lorenz Zinne

Albrecht Stuft zu guten Erfolgen ritt. Man spricht von einer siebenstelligen Summe, für die der Wallach ins Ausland ging. Diese und zahlreiche andere erfolgreiche Nachkommen ließen Roderichs Gewinnkonto auf etwas unter 500 000 DM anschwellen, wohlbemerkt nur Inlandserfolge gezählt!

Inzwischen hat Roderich auch für männlichen Nachwuchs in der Zucht gesorgt. Mit dem Rapen Rowdy, aus einer Frühling/Organdy xx-Stute gezogen und bei Josef Driller in Hattingen aufgestellt, sowie dem erst 7jährigen Schimmel Royalist auf der Station Becker, Medebach-Langeln im Hochsauerlandkreis, läßt sich dieser Zweig der Ramzes-Linie hoffentlich erhalten. Royalist hat eine Tochter des selbst im Springsport bis Klasse S erfolgreichen Pandur v. Präfectus xx zur Mutter, er war Auktionsfohlen und ist trotz seiner springbetonten Abstammung auch dressurmäßig hochbegabt.

Protokoll

Geboren:	7. 1. 1964 in Westfalen
Lebensnummer:	1719
Züchter und Aufzüchter:	Clemens Freiherr von Nagel-Doornick, Gestüt Vornholz, Ostenfelde
Stationen:	1967/68 Gestüt Vornholz, ab 1969 Wilhelm Korte, Lengerich
Farbe:	Schimmel
Abzeichen:	St., l. Hfsl., w., r. Hbln. auß. w.
Gekört:	1966 in Elmshorn
HLP:	Zugleistungsprüfung 1967 bestanden

Rodney
Ligges' erster Zuchtversuch

Ein »Familienpferd« im besonderen Sinne ist der mittlerweile 14jährige dunkelbraune Rodney. War doch sein Vater Ramiro aus dem Gestüt Vornholz eines der erfolgreichen Springpferde von Fritz Ligges. Und hatte doch Ulrike Ligges mit seiner Mutter Usch eine ganze Reihe schöner Erfolge im Springen bis zur mittelschweren Klasse sowie in Mannschaftswettkämpfen. Noch dazu ist Rodney das erste Zuchtprodukt der Ligges'schen Pferdezucht. Und schließlich mußte der Hengst unter Fritz Ligges sein »Abitur« auf dem zweiten Bildungsweg nachholen, denn er wurde aufgrund seiner sportlichen Erfolge 1985 gekört und zur westfälischen Zucht zugelassen.

Ganz deutlich beweist Rodney mit seiner Ahnentafel die enge Verbindung und hohe Wertschätzung, die Fritz Ligges der Zucht des Baron von Nagel im Gestüt Vornholz zollt. Vater und Muttervater waren beide Vornholzer Hengste, und wohl nicht zuletzt deshalb stellte Ligges den Hengst nicht zweieinhalbjährig zur

Körung vor. In Westfalen hielt man nicht so viel von der züchterischen Linie Baron Nagels und körte solche Hengste stets vorsichtig.

Über den Vater Ramiro braucht man nichts mehr zu erzählen – Holsteiner Leistungszucht, wie sie im (Bilder)buch steht. Alte Holsteiner Stutenstämme hatten in Verbindung mit dem Angloaraber Ramzes und dem Vollblüter Cottage Son xx ein Meisterwerk geschaffen: Reservesieger der Körung in Elmshorn, Sieger der Hengstleistungsprüfung und selbst in Springprüfungen bis zu internationalem Niveau unzählige Male siegreich und plaziert. Die Namen seiner Kinder in Zucht und Sport sind inzwischen Legion: Fatinitza, Ramiro's Girl, Romina, Ramzes und Rosella G sind nur einige, die ihrem Vater in die so erfolgreichen Hufspuren folgen. Romanow, Rasso, Report I und II, Rex Fritz, Ribot, Ramiroff, Ramino, Rotarier, Rio Negro, Ronald und Rebel Z wiederum nur eine kleine Auswahl der Hengste, die das Blut ihres Vaters in der Zucht weitergeben.

Rodneys Mutter Usch hatte Ursurpator xx zum Vater, jenen braunen Röttgener, der einige gute Jahrgänge in Vornholz hinterließ und dann nach Dillenburg abgegeben wurde. Aus seiner Vornholzer Zeit stammten gute Springpferde, allen voran Uhland und Urquell. Dem westfälischen Zuchtgebiet schenkte er seinen Enkel Urofino (v. Usus), Siegerhengst der Leistungsprüfung und des Bundeschampionats. Die Usch-Mutter war in Hannover gezogen und hatte den edlen Celler Aumund zum Großvater, der mit seinem dressurbegabten Sohn Armagnac (Willi Schultheis) Furore machte.

Ramiro stand 1974 im Besitz des Springsport-Mäzens Rudolf Hischmann und ging ausschließlich im Turniersport. Gleichzeitig galt noch immer die Auflage einer Deckgenehmigung des Pferdestammbuchs für westfälische Stuten, die ihm zugeführt werden sollten. Wie gesagt, man hielt in Westfalen nicht allzuviel von dem Vornholzer mit Holsteiner Blutanteil. Beim Turnier in Mannheim hatte Ramiro ein Sb-Springen gewonnen und kehrte nachts in den heimatlichen Stall zurück. Dort traf er auf die rossige Usch. Dies war der einzige Sprung, den Ramiro in jenem Jahr als Deckhengst machte – und daraus entstand Rodney.

Getreu der Maxime, alle auf seiner Station angebotenen Hengste im Sport zu prüfen, führte der international und olympisch erfolgreiche Military- und Springreiter Fritz Ligges Rodney in den Sport, wo er zu sehenswerten Erfolgen gelangte. Zehnjährig beendete er 1985 seine Sportkarriere und wurde der westfälischen Körkommission vorgestellt. Und die konnte bei so viel Eigenleistung dann doch nicht widerstehen; Rodney stellte 1987 seinen ersten Fohlenjahrgang in Westfalen vor.

Traditionell wird in Westfalen der erste Fohlenjahrgang eines »Junghengstes« auf einem Stutenschauplatz konzentriert vorgestellt, und bei Fritz Ligges in Ascheberg-Herbern marschierten elf überaus harmonische Kinder des Hengstes auf. Etwas geringer als erwartet fiel die Zahl sicherlich auch deshalb aus, weil auf gleicher Station Rodneys holsteinisch gezogener Halbbruder Ramiro's Son (v. Ramiro/Moltke/Farnese) ebenfalls seinen ersten Jahrgang präsentierte, so daß sich insgesamt 27 Ramiro-Enkel einfanden. Warteten die Produkte von

Ramiro's Son mit überragendem Gangwerk, aber gelegentlich etwas derbem Typ auf, so bestachen Rodneys Kinder durch Eleganz und Adel, manche ließen aber im Trabe einen Deut an Geschmeidigkeit zu wünschen übrig. Wiedersehen wird man jedenfalls mit Sicherheit das Spitzenfohlen der Schau im Besitz von Fritz Ligges, dessen Mutter v. Gepard/Adlerorden stammt.

Es bleibt abzuwarten, wie sich die Kinder dieser Halbbrüder im Sport präsentieren, denn dafür sind sie sicherlich gezogen worden. Zu wünschen wäre dem Leistungssportler Rodney, daß die Züchter seine Qualität zu schätzen wissen und ihm mit entsprechendem Stutenmaterial gute Chancen einräumen.

		Ramzes	Rittersporn xx Jordi
	Raimond	Infra	Fanatiker Lining
Ramiro Pb.		Cottage Son xx	Young Lover xx Wait Not xx
	Valine	Holle	Logenschließer Ilona
		Orator xx	Athansius xx Osmunda xx
	Usurpator xx	Ungewitter xx	Wahnfried xx Unverzagt xx
Usch		Edgar	Aumund Filand
	Elfenflut	Flitterbraut	Flitzer S-Stute v. Landj.

Protokoll

Geboren:	11. 4. 1975 in Westfalen
Lebensnummer:	410180675
Züchter und Aufzüchter:	Fritz Ligges, Ascheberg-Herbern
Stationen:	seit 1986 Fritz Ligges, Ascheberg-Herbern
Farbe:	Dunkelbraun
Abzeichen:	lg. schatt. St., untere halbe, i. bd. Nüst. rchd. Bl., bd. Vfsl. u. bd. Hf. unreg. gefl. w.
Gekört:	1985 in Ascheberg – Sonderkörung
HLP:	Turniererfolge in Springprüfungen

Waidmann
Dressur- und Springtalente

Es kann einem schon gewaltig an die Nieren, oder konkreter: an die Gewinnsumme gehen, wenn man so unter seinem Namen zu leiden hat wie der schwarze Waidmann. Nachdem der Hengst noch mehrere Namensvettern in der deutschen Warmblutzucht hat, wird so manche Gewinnsumme seiner Kinder dem Summenkonto anderer »Waidmänner« gutgeschrieben. Der züchterischen Leistung dieses Hengstes tun diese Computer-Probleme allerdings keinen Abbruch.

1971 stellte Sigrid Sperling aus Lutter einen Rapphengst aus der Zucht von Eberhard Koblitz aus Meine in Verden zur Körung – mit Erfolg, denn der junge Beschäleraspirant einte mit Waidmannsdank xx und Ferdinand hervorragende Blutströme in seinen Adern.

Waidmannsdank xx entstammte der weltberühmten Wally-Stutenfamilie mit dem über Waldrun im westfälischen Gestüt Ravensberg beheimateten Zweig. Sein Vater Neckar zählt zu den erfolgreichsten Beschälern der Vollblutzucht; Söhne wie Tannenberg, Wilderer, Basalt, Windspiel, Zank und Kronzeuge galoppierten Hunderttausende von Mark zusammen und zählen zu den erfolgreichen Vererbern der Zucht. Auch in der Warmblutzucht verfügt Neckar über seine Söhne Vierzehnender xx, Vollkorn xx und Kronzeuge xx (Vater von Augustinus xx/Celle und Atlantico xx/Westfalen) über einen respektvoll gesprochenen Namen. Waidmannsdanks Mutter Waldrun gehörte zu den wertvollsten und fruchtbarsten Stuten der deutschen Vollblutzucht, sie wird häufig in ihrer Vererbungsleistung auf eine Stufe mit der legendären Festa gestellt. Zu ihren Nachkommen zählen unter anderem die Derbysieger Wilderer, Waidwerk und Waidmann. Insgesamt gewannen ihre Kinder 55 Rennen und galoppierten eine Gewinnsumme von 748 000 DM zusammen.

Unmittelbar nach der Geburt ihres letzten Fohlens ging Waldrun 16jährig ein, und Waidmannsdank xx wurde mit der Flasche aufgezogen. Nach seiner Rennlaufbahn, die mit einem 3. Platz im Schwarzgold-Rennen ihre Krönung erfuhr, erwarb ihn Landstallmeister von Stenglin für das Celler Landgestüt, wo er sich in 15 Deckjahren mit 21 gekörten Söhnen sowie einer Lebensgewinnsumme von ca. 350 000 DM seiner Nachkommen zu den besten Vollblütern des Bestands zählen durfte.

Waidmanns Mutter Fernanda hatte den legendären Ferdinand zum Vater, der der hannoverschen Zucht zu so vielen guten Springpferden verholfen hat. Wohl selten hat ein Hengst in solcher Zuverlässigkeit eine überdurchschnittliche Springanlage fast ausschließlich an seine Söhne weitergegeben wie dieser schlichte Braune. Seine Töchter kamen damit verstärkt zum züchterischen Einsatz und haben der Sportpferdezucht wichtige Impulse gegeben. Auf Waidmanns Mutterseite fallen in der weiteren Ahnentafel die Namen der guten Hengste Abendsport und Alderman I sowie der des Fling-Enkels Foliant ins Auge.

Waidmanns-dank xx Ldb.	Neckar xx	Ticino xx	Athanasius xx Terra xx
		Nixe xx	Arjaman xx Nanon xx
	Waldrun xx	Alchimist xx	Herold xx Aversion xx
		Walburga xx	Aurelius xx Wally xx
Fernanda	Ferdinand	Ferrara	Feinschnitt I Arienda
		Herzenskind	Helgoland I Irland
	Allerfrau	Alljeder	Abendsport Alber
		Forschermaid	Foliant Aspirantin

Anton Koggenhorst aus Gescher in Westfalen sicherte sich diese Pedigree-Perle auf der Verdener Körung für seine kleine Station und nannte ihn Waidmann – er wurde von seinem Rohdiamanten wahrlich nicht enttäuscht. Wenn der Hengst auch bis jetzt noch keinen Nachfolger in der Zucht stehen hat, so spricht doch ein Lot von 80 Hauptstutbuchstuten, davon vier mit der Staats- bzw. Verbandsprämie, ebenso für sich wie eine Lebensgewinnsumme seiner Nachkommen von bisher 250 000 DM. Dabei hat Waidmann erfolgreiche Nachzucht im Dressur- und im Springsport hinterlassen, stets ein Beweis für hohe Rittigkeitswerte. Gewinnreichster Nachkomme auf dem Viereck ist der Fuchs Winchester (Mutter v. Flettner) aus dem Turnierstall Lammers. Der größte Prämienjäger im Springparcours dürfte der 1976 geborene Winnetou (Mutter v. Bariton) sein.

Protokoll

Geboren:	3. 5. 1969 in Hannover
Beschäler-nummer:	1869
Züchter:	Eberhard Koblitz, Meine
Aufzüchter:	Sigrid Sperling, Lutter
Stationen:	seit 1972 Anton Koggenhorst, Gescher
Farbe:	Rappe
Abzeichen:	gr. Keilst., l. Vbln. inn. w., bd. Hfsl. unreg. w.
Gekört:	1971 Verden/Aller
HLP:	Zugleistungsprüfung 1973 bestanden

Weltcup
Gekörter Sohn im ersten Jahrgang

Wenn man für die älteste Privathengststation eines führenden deutschen Zuchtgebietes und eine der renommiertesten Stationen überhaupt einen Hengst sucht und einen großrahmigen, großlinigen, schlichten Braunen in passender Größe, mit deutlichen Reitpferdepoints, einem Mordsgangwerk, dem Vermögen, Häuser zu springen und noch dazu ein »handverlesenes« Pedigree mitbringt, dann kann man wohl be-

haupten, daß sich der Einkauf im Nachbarzuchtgebiet gelohnt hat. Weltcup ist so ein Hengst, für den man auch im selbstbewußten Westfalen gern mal zur hannoverschen Körung nach Verden fährt.

Der Vater Wendekreis zählt zu den meistbeschäftigten Beschälern des Celler Landgestüts. Als Ferdinand-Sohn und Domspatz-Enkel stellt Wendekreis den Springpferdevererber schlechthin dar – und die Nachkommengewinnsumme bestätigt diesen Anspruch. Rund 40 gekörte Söhne haben ihn zum Vater, und der Hengst aus der Zucht des hannoverschen Verbandsvorsitzenden Herwart von der Decken gilt mittlerweile als wichtigster Sohn des großen Ferdinand.

Weltcups Mutter Mirakel hat Miracolo xx zum Vater, jenen in Oldenburg so bewährten Vollblüter, der nicht unerheblichen Anteil an der Entstehung des modernen Oldenburger Sportpferdes hat. Der Braune war ein Sohn des Agio-Vaters und damit Lombard-Großvaters Tantieme und mütterlicherseits ein Halbbruder zu Volturnos Großvater Manolete xx, er stammt aus dem Gestüt Schlenderhan und hinterließ in zehnjähriger Beschälertätigkeit in Oldenburg vier gekörte Söhne und 86 Hauptstutbuchstuten, davon knapp die Hälfte mit Staats- bzw. Verbandsprämie. Die Stutenschauen in Oldenburg von 1967 bis 1969 waren von seinen Töchtern geprägt, und selbst war der Hengst Sieger der Vollbluthengstschauen Köln 1966 und 1968. Mütterlicherseits fallen bei Mirakel noch die Namen des Abendsport-Sohnes Alljeder und des großen Senator ins Auge.

Weltcup leistete sich gleich einen furiosen Einstand. Schon aus dem ersten Fohlenjahrgang entsprang ein gekörter Hengst, der sofort nach Belgien ging. Weltcup II war dort auf Anhieb Anerkennungssieger und bester im Ausland gezogener Hengst, in der Gesamtwertung aller in- und ausländischen Hengste lag er an zweiter Stelle. Seitdem hat sich zwar leider in Sachen züchterischer Nachfolger nichts mehr getan, vielmehr tut es Weltcup seinen nahen Verwandten gleich und liefert Sportpferde. Sein ältester Jahrgang ist jetzt neunjährig, und so wartet er noch nicht mit dem ganz großen Crack auf internationalem Parkett auf, doch eine wahre

Wendekreis Ldb.	Ferdinand	Ferrara	Feinschnitt I Arlanda
		Herzenskind	Helgoland I Irland
	Domgöttin	Domspatz	Dömitz I Grafenhaus
		Faschingsruhe	Faschist II Karola
Mirakel	Miracolo xx	Tantieme xx	Deux Pour Cent xx Terka xx
		Malta xx	Allgäu xx Marguerite xx
	Aristokratin	Ariovist II	Alljeder Jourba
		Semester	Senator Firnmeise

Phalanx von Kindern sind in Nachwuchsprüfungen erfolgreich. Inzwischen haben 15 Töchter dieses Hengstes Eintragung im westfälischen Hauptstutbuch gefunden.

Protokoll

Geboren:	22. 4. 1976 in Hannover
Lebensnummer:	313218576
Züchter:	Günter Groß, Wechtern
Aufzüchter:	H. G. Mahler, Neuhaus, Kreis Land Hadeln
Stationen:	1979–1987 Heinrich Sandhowe, Ascheberg, seit 1988 Paul Pass, Marl, Kreis Recklinghausen
Farbe:	Braun
Abzeichen:	l. Vbln., r. Hbln. w., l. Hf. unreg. gefl. w.
Gekört:	1978 Verden/Aller
HLP:	Prüfung unter dem Reiter 1980 bestanden

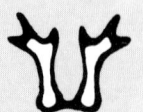

Rheinland:
Private machen starke Konkurrenz

Das Rheinland hat sein Staatsgestüt in den sechziger Jahren durch Schließung verloren. Von diesem Zeitpunkt ab wurde der Landesteil Rheinland in Nordrhein-Westfalen von Hengsten aus dem Landgestüt Warendorf mitversorgt. Ähnlich wie zwischen Hannover und Oldenburg, die gemeinsam das Bundesland Niedersachsen bilden, haben auch das Rheinland und Westfalen getrennte Zuchtverbände beibehalten. Das hat sich teilweise hemmend, in vielen Bereichen aber auch befruchtend auf die Zucht der beiden Landesteile ausgewirkt.

Im Rheinland ist eine erheblich stärkere Hengsthaltung in privater Hand entstanden, als dies in Westfalen der Fall ist. Dies hat einmal mit einer stärkeren Tradition des Rheinlands auf diesem Gebiet zu tun, aber auch natürlich mit dem Mißtrauen, von den Westfalen in der Beschickung der rheinländischen Stationen nicht immer gleich behandelt zu werden.

Gerade in jüngerer Zeit haben sich eine Reihe von teilweise sehr großen privaten Stationen im Rheinland aufgetan, die internationale Blutlinien anbieten.

Dom Perignon
Der rheinische Sieger

Mit vorderen Plazierungen bei der DLG-Ausstellung ist das Zuchtgebiet Rheinland, wenn es um Hengste geht, nicht gerade verwöhnt. Das geht den meisten Nachzuchtgebieten nicht anders.

Eine Ausnahme für das Rheinland bildet der Hengst Dom Perignon, der auf der DLG-Ausstellung 1986 Sieger seiner Klasse werden konnte und damit der erfolgreichste Hengst wurde, den das Rheinland jemals auf einer solchen Ausstellung präsentiert hatte.

Doch schon vor dieser Ausstellung war der Hengst einen erfolgreichen Weg gegangen. Gezogen worden ist Dom Perignon im Gestüt Tanneck bei Elsdorf. Sein Vater, der Braune Domfalk, der über Don Carlos und Abglanz gezogen ist, gehört zu den erfolgreichen Vererbern. Großvater Don Carlos ist mit einer Nachkommengewinnsumme um eine Million ohnehin in die erste Garnitur der Sportpferde-Vererber zu zählen.

Die hochprämierte Stute Venetia von Ascher-Asket, die im mütterlichen Pedigree den herausragenden Dressurpferdemacher Velten xx zum Großvater hat, ist die Mutter von Dom Perignon. Bei der Körung in Aachen fiel Dom Perignon sofort positiv auf und wurde mit dem Ic-Preis prämiert. Im Jahr 1985 wurde der Hengst zur Prüfung nach Warendorf gestellt. Die Körungs-Richter hatten sich nicht getäuscht: Der Hengst zeigte eine überragende Rittigkeit, sehr viel Schwung und beste Grundgangarten. Sein Springvermögen ist beachtlich. Mit über 132 Punkten wurde Dom Perignon Dritter der Prüfung – einer erfolgreichen züchterischen Karriere stand nichts mehr im Wege.

Bei der Althengst-Anerkennung im Jahr 1986 in Aachen triumphierte der patent gemachte Braune wieder: Er wurde Siegerhengst.

Die Fohlen von Dom Perignon berechtigen zu den größten Hoffnungen. Sie zeigen alle die »Handschrift« des Vaters: Fohlen mit sehr viel Linie, gut gemachten Points, besten Gängen bei großer Elastizität.

Domfalk	Don Carlos	Dominik
		Fasanenmoos
	Abenteuerin	Abglanz
		Wotanshuld
Venetia	Ascher	Asket
		Frieda
	Fee	Velten xx
		Fernblüte

Protokoll

Geboren:	1982
Züchter:	Gestüt Tanneck, Elsdorf
Farbe:	Braun
Maße:	170 cm Stock
Besitzer:	Deckstelle Dongrathshof, Andrea und Hans-Dieter Schlütter, Moers

Grosso Z
Schon sehr jung ein Vererber-Star

Natürlich wird man bei den meisten Hengsten bei den ersten Fohlenjahrgängen die Einschränkung machen müssen: »Aber unter dem Sattel müssen sie sich auch noch beweisen.« Ein paar wenige Hengste gibt es, denen man schon in sehr jungen Jahren eine gesicherte Karriere voraussagen kann. Dazu gehört sicherlich der Hengst Grosso Z.

Innerhalb weniger Jahre ist das Gestüt St. Ludwig im Rheinland zur größten und am stärksten beachteten Deckstation in diesem Zuchtgebiet geworden. Besitzer Gert Kraft hat kaum eine Anstrengung gescheut, möglichst spektakuläre Hengste mit internationaler Leistungs-Abstammung für sein Gestüt zu sichern.

Fast ein Dutzend Hengste sind inzwischen auf diesem Betrieb zuhause. Darunter sind Hengste, die die Stars der europäischen Vererber-Szene zu Vätern haben: Ramiro, Nimmerdor, Landgraf I, Watzmann oder auch Grannus.

Ein Hengst ist aber sicherlich der Star unter den vielen Sternen: Grosso Z von Goliath aus einer Tochter des Hengstes Furioso II. Obwohl Grosso erst 1983 geboren ist, hat er sich durch seine ersten Fohlenjahrgänge durchgesetzt. Gezogen ist der Hengst im belgischen Gestüt Zangersheide von Leon Melchior. Sein Vater ist ein Gotthard-Enkel aus der berühmten Leistungsstute Heureka von Ganeff (Holstein). Im mütterlichen Pedigree zeichnet neben Furioso II der Löwe-Sohn Lugano I für Leistung verantwortlich.

Nach der Körung kam Grosso Z ein Jahr später prompt als Sieger seiner Hengstleistungsprüfung nach Hause. Grosso selbst ist ein Hengst mit besten Bewegungen, ein handliches und auch reiterlich überaus patentes Pferd. Sein Leistungsvermögen harmoniert bestens mit einer kaum erlahmenden Leistungsbereitschaft.

Die Fohlen seiner ersten Jahrgänge konnten hohe Zuschlagspreise erzielen.

Goliath	Graf Gotthard	Gotthard
		Adlergöttin
	Heureka	Ganeff
		Nobida
Fuchsin	Furioso II	Furioso xx
		Dame de Ranville
	Lissabon	Lugano I
		Florette

Protokoll

Geboren:	1983
Züchter:	Leon Melchior, Zangersheide (Belgien)
Farbe:	Dunkelbraun
Maße:	168 cm Stock
Besitzer:	Gestüt St. Ludwig, Wegberg

Hämon xx
König über die Hürden

Es gibt nur wenige Vollbluthengste mit einem Generalausgleichsgewicht von über 95 Kilo, die in den Warmblutzuchten wirken. Solche Hengste sind auf der Rennbahn überaus erfolgreich gewesen und werden fast immer für die Vollblutzucht gekört – damit sind sie für den Warmblutzüchter selten noch bezahlbar.

Eine Ausnahme ist der braune Hengst Hämon xx. Dieser Marinus-Masetto-Sohn verfügt gleich in zwei Disziplinen seines Sports über das ausreichende GAG für die Warmblutzucht. Auf der flachen Bahn ist Hämon über einige Jahre ein recht erfolgreiches Pferd gewesen: er

gewann 14mal und hatte sechs Plätze. Damit verdiente er knapp 75000 Mark und hatte eine höchste GAG-Einschätzung von 88,5. Doch ein Star ist Hämon als Hürdenpferd gewesen. Über viele Jahre war er der »Hürden-König« der deutschen Vollblutzucht. Dieser Hengst war fast nicht zu schlagen. Über drei Jahre lag das GAG dieses 1973 geborenen Hengstes zwischen 97 und 98 Kilo. Mehr als 140000 Mark verdiente Hämon über den »Besen«. Sein ständiger Reiter Rolf Gassmann spricht noch heute mit großem Respekt und großer Hochachtung von diesem Pferd: »Er ist zu Lebzeiten schon eine Legende geworden.« Im Alter von fünf Jahren schien die Karriere dieses Ausnahmepferdes allerdings schon zuende – mehr noch: Das Leben des Pferdes war in höchster Gefahr. Während seines zweiten Frankreich-Aufenthaltes ist an diesem Pferd manipuliert worden. Er kam todkrank zurück in die Heimat. Es ist trotz einer Belohnung von 25 000 Mark niemals geklärt worden, ob dieser schlimme Gesundheitszustand durch eine Vergiftung oder durch Doping verursacht worden ist. Hämon kam allerdings wieder auf die Beine und setzte seine erfolgreiche Karriere – trainiert von Ossi Langer – fort.

Das Gestüt Lindenkreuz in Nörvenich konnte sich diesen herausragenden Beschäler, der neben seiner großen Leistungsfähigkeit sehr viel Adel hat und durch seine Trabbewegungen zu bestechen weiß, für die eigene Deckstation sichern. In Münster wurde der Vollbluthengst gekört. Er ist schon in der ersten Decksaison zu einem gefragten Beschäler in der Zucht geworden – anerkannt für Rheinland, Westfalen und Trakehner –, und seine ersten Fohlen zeigten, daß er seine vielen positiven Eigenschaften zu vererben weiß.

Marinus xx	Masetto xx	Olymp xx
		Mimosa xx
	Makra xx	Ticino xx
		Makrone xx
Hestia xx	Panaslipper xx	Solar Slipper xx
		Panastrid xx
	Alpenrosa xx	Chamossaire xx
		Stargrass xx

Protokoll

Geboren:	1973
Züchter:	Egon Wanke
Farbe:	Braun
Maße:	166 cm Stock
Besitzer:	Dr. Günter Gliem, Gestüt Lindenkreuz, Nörvenich

Rekord
Auf Leistung gezogen

Vor allem die achtziger Jahre haben deutlich gemacht, daß eine Verbindung von gutem Exterieur allein in der Zucht von Leistungspferden nicht ausreicht. Da die Eigenleistung eines Pferdes in der Vererblichkeit nur zu einem kleinen Prozentsatz durchschlägt, müssen gewünschte Leistungsfaktoren über mehrere Generationen in einer Linie verankert werden. Ein gutes Beispiel für solche Zucht auf Leistung ist

der Hengst Rekord von Romantiker-Ramiro aus einer Mutter von Roderich-Ramzes.

Rekord verbindet in seinem Pedigree hochbewährte Elemente des englischen und arabischen Blutes mit besten Holsteiner Leistungsstämmen. Bereits in der äußeren Erscheinung eine faszinierende Hengstpersönlichkeit, erinnert er stark an seinen legendären Urgroßvater Ramzes. Von ihm erbte er nicht nur das leuchtende

Romantiker	Ramiro	Raimond	Ramzes AA Infra	v. Rittersporn XX v. Fanatiker
		Valine	Cottage Son XX Holle	v. Cottage XX v. Logenschließer
	Dedy	Martell	Trebonius XX Marburg	v. Herold XX v. Mirza
		Hedonia	Logarithmus Peseta	v. Lotos v. Heintze
Rominte St.Pr.St.	Roderich	Ramzes AA	Rittersporn XX Jordi Ar.	v. Saint Saulge XX v. Shagya X 3
		Nachtrose	Fangball Bunte	v. Fanal v. Loretto
	Monika	Martell	Trebonius XX Marburg	v. Herold XX v. Mirza
		Sandra St.Pr.St.	Sahib Ar. Hedonia	v. Spahi Ar. v. Logarithmus

Schimmelhaarkleid, sondern ebenso die außergewöhnliche Intelligenz und das erstklassige Temperament. Auch seine Rittigkeit, vorzügliche Rückentätigkeit, Beinempfindlichkeit und Übersicht am Sprung sind typische Vorzüge der Ramzes-Kinder und werden auch von Rekord vererbt. Seine eigene exzellente Springmanier mit bester Beintechnik hat Rekord in knapp fünfmonatigem Sporteinsatz bis zur schweren Klasse überzeugend unter Beweis gestellt.

Sein enormes Galoppiervermögen auf »der schnellen Piste« sind bei Rekord sicher ein Erbteil des großen Trebonius xx. Dieser Dark Ronald-Sohn wirkte vor und nach dem 2. Weltkrieg in Holstein und lieferte Weltklassepferde in allen Disziplinen.

Besonders bemerkenswert bei Rekord ist die starke Konzentration bedeutender Leistungsträger. Er verbindet das Trebonius xx-Blut über Martell mit dem Ramzes-Blut über Ramiro und Roderich. Das dritte maßgebliche Element ist der beste, reingezogene Holsteiner Leistungsvererber überhaupt – Heintze, der im Pedigree von Rekord sogar fünfmal zu finden ist.

Rekords Vater Romantiker verkörpert in idealer Weise den züchterisch so wertvollen Schwergewichtshunter im Bluttyp. Er gibt seinen Nachkommen Substanz und Größe ebenso mit wie sein eigenes modernes Reitpferdexterieur. Mit einer vorzüglichen Hals-Schulter-Widerrist-Formation, einer idealen Oberlinie und der stark bemuskelten, groß gewinkelten Hinterhand repräsentiert er ein hohes Niveau der angestrebten Reitpferdepoints.

Die Mutter von Rekord, Rominte, eine Tochter des Ramzes-Sohnes Roderich, wurde als Absatzfohlen mit wertvollen Blutlinien für die Zuchtstätte am Lindenkreuz in Nörvenich erworben. Bereits dreijährig verbuchte sie große Schauerfolge. Bei der Stuten-Eintragung im Kreis Düren wurde sie an die Spitze gestellt und auf der nachfolgenden Eliteschau in Langenfeld mit einem 1c-Preis ausgezeichnet.

Protokoll

Geboren:	1977 im Rheinland
Züchter:	Dr. Günter Gliem, Gestüt Lindenkreuz, Nörvenich
Farbe:	Schimmel
Maße:	168 cm Stock
Besitzer:	Züchter

Rembrandt
Viel Trakehner-Blut

Anders als Westfalen hat das Nachbarzuchtgebiet Rheinland immer sehr stark auch auf den Trakehner-Blutanteil der Landespferde gesetzt. Viele private Trakehner Hengste mit sehr guter Leistungsveranlagung sind bis heute im Zuchtgebiet eingesetzt.

Eine besondere Stellung als Hengststation – vor allem in Hinsicht auf die Trakehner Hengste – nahm immer der Vogelsangshof der Familie Hoogen ein. Vater Gottfried Hoogen ist in den achtziger Jahren Vorsitzender des Trakehner Verbandes, schon kurz nach dem Krieg war er zum Trakehner Pferd gestoßen und hatte ihm die Treue gehalten. Wie viele andere bedeu-

tende Trakehner-Züchter aber auch, war Hoogen zusätzlich auch ein Züchter des Landespferdes. Natürlich führen viele dieser Pferde auf dem Vogelsangshof mit dem rheinischen Brand stark Trakehner Blut.

Einer dieser hervorragenden Hengste mit dem rheinischen Brandzeichen und der stark ostpreußisch gefärbten Ahnentafel auf dem Vogelsangshof ist der Hengst Rembrandt.

Im Jahr 1975 hatte sich der Züchter Wilhelm Bergmann aus Goch-Pfalzdorf entschlossen, seine Stute Burda mit dem Hengst Rubin zu decken. Die Burda stammte vom Anglo-Araber Burnus aus der Feuerkrone von Feuerland.

Der Hengst Burnus war ebenfalls einige Jahre bei Gottfried Hoogen stationiert. Für das Rheinland war die Stute Burda auf einer DLG-Ausstellung gezeigt und prämiert worden. Die im Stockmaß nicht allzu große, aber in den Partien groß gemachte Stute verfügte über ein vergleichsweise starkes Fundament.

Burda wurde dem Flaneur-Sohn Rubin zugeführt, der große und sehr linierte Pferde »machte«. Das Ergebnis war der Hengst Rembrandt, den die Station Hoogen vom Züchter später kaufte. Rembrandt wurde im Rheinland gekört. Der braune Hengst mit dem überaus elastischen Bewegungsablauf, der schon freilaufend bei der Körung höchste Rittigkeitswerte vermuten ließ, ging mit Vorschußlorbeeren zur Hengstleistungsprüfung nach Adelheidsdorf. Er konnte die in ihn gesetzten Erwartungen voll erfüllen: Als Sieger dieser Prüfung kam er zurück in seinen heimatlichen Stall. Rembrandt wurde danach mehrfach Sieger der Althengst-Prämierung im Rheinland. Auch er wurde, wie seine Mutter, auf einer DLG-Ausstellung für das Rheinland gezeigt und kam mit einer Prämie nach Hause. Seine Nachkommen erben seine Ausstrahlung, seine Schönheit, seine elastischen Gänge und die Rittigkeit, die dieser Hengst bei jedem Schritt deutlich macht. Rembrandt hatte bis zum Ende der achtziger Jahre rund 50 eingetragene Töchter, von denen ein Viertel die Staatsprämie erhalten konnte.

Rubin	Flaneur	Maharadscha	Famulus Marke
		Flocke IV	Gabriel Flora
	Reglinde	Poet xx	Janitor xx Priska xx
		Regina	Altan Rieta
Burda St.Pr.St.	Burnus	Lapis	Siglavy Phänomen
		Fenek	Fenek V Major
	Feuerkrone	Feuerland	Ferrara Herbstnacht H
		Hann.-St.	Schutzmann Hann.-St. v. Lonald

Protokoll

Geboren:	1976
Züchter:	Wilhelm Bergmann, Goch-Pfalzdorf
Farbe:	Braun
Maße:	168 cm Stock
Besitzer:	Georg Hoogen, Vogelsangshof, Kevelaer

Romanow
Das Erbe des Romadour II

Einer der wenigen unumstrittenen DLG-Sieger ist der Dunkelbraune Romadour II gewesen – ein Hengst mit bilderbuchhaftem Bewegungsablauf, mit großer Aufmachung und einer kaum zu überbietenden Ausstrahlung. Der 1969 geborene Romadour II ist leider verhältnismäßig früh durch Tod aus der Zucht ausgeschieden. Seine Söhne und Töchter, von denen es im Rheinland eine ganze Reihe gibt, müssen nun dieses Erbe weitertragen.

Einer der herausragenden Romadour II-Söhne ist der Hengst Romanow. Dieser dunkelbraune Hengst hat eine Beschäler-Box bei den Brüdern Rueben in Würselen gefunden. Diese Station ist züchterisch in ganz Deutschland ein Begriff. Romanow wurde 1976 beim Züchter Leo Ophey in Goch geboren. Er war ein kräftiges Fohlen mit bestem Fundament und sehr viel Vitalität. Zwei Jahre später wurde Romanow im Rheinland gekört und machte ein Jahr später seine Hengstleistungsprüfung mit gutem Erfolg.

Besonders beeindruckend an diesem Hengst ist die kurze Röhre des Vorderbeines, Ausweis für ausgezeichnete Gang-Mechanik und eine sehr gute Technik am Sprung. Das Fundament dieses Hengstes ist recht stark, trotzdem aber in allen Partien trocken. Sicherlich auch mit ein Erbteil der Mutter Fanfare, die bei einer für eine Stute selten gemessenen Röhrbein-Stärke von 22 Zentimetern Durchmesser sehr korrekt im Bewegungsablauf war. Die Fanfare stammt von Cyrus-Cyklon, einer Linie, von der man in der Zucht sicherlich noch mehr hätte erwarten können, wenn sie stärker genutzt worden wäre. Romanow ist im Rheinland stark gefragt. Er läßt in seinen Kindern den Großvater gut erkennen. Über dieses hinaus ist eine ausgezeichnete Springveranlagung bei den Nachkommen dieses Hengstes festzustellen. Bis Ende der achtziger Jahre wurden rund 80 Stuten ins Hauptstutbuch eingetragen – davon wurden rund ein Drittel mit der Staatsprämie ausgezeichnet.

Romadour II	Romulus I	Remus I	Radetzky Fidelia
		Fabriana St.Pr.St.	Fabriano Maritta
	Gunda St.Pr.St.	Grünfink	Grünspecht Almuth
		Dorette St.Pr.St.	Dorn Abendfee
Fanfare	Cyrus	Cyklon	Helikon Cyklade
		Domhütte St.Pr.St.	Dominant Allerpost
	Fantasie	Sporn	Pythagoras Sportliebe
		Fanny	Holder Famine

Protokoll

Geboren:	1976
Züchter:	Leo Ophey, Goch-Asperden
Farbe:	Dunkelbraun
Maße:	170 cm Stock
Besitzer:	Gebrüder Rueben, Würselen

Wächter
Seine Kinder können alle springen

Nur ein Kriterium gibt es, über das sich der schwere hannoversche Hengst Wächter im Rheinland durchgesetzt hat: Die Leistung! Doch hier dominiert dieser Hengst über die Maßen – in erster Linie im Springsport. Wächter ist nicht nur der Vater des international erfolgreichen Pferdes Wilster, er hat eine Reihe weiterer Nachkommen, die in jedem Jahr viele tausend Mark in den verschiedenen Springbahnen verdienen. Im Jahr 1980 sind das insgesamt fast 80 000,– DM gewesen. Die Lebens-Gewinnsumme dieses Hengstes, der erst 1976 gekört worden ist, liegt inzwischen bei annähernd 300 000,– DM.

Dabei ist Wächter sicherlich nicht mit höchstem Adel gesegnet, und auch seine Abstammung entspricht kaum den ganz modernen Linien. Sein Vater war der Hannoveraner Wicht, der eine bedeutende Rolle in der Zucht gespielt hat. Mütterlicherseits ist Wächter über eine Staatsprämienstute von Astral gezogen – auch hier gutes Blut, doch der Atem stockt einem kaum dabei. Es ist die Solidität in der Abstammung und die besondere Leistungsveranlagung für das Springen, die hier in diesem Hengst zusammengekommen sind. Sicherlich ein züchterischer Glücksfall, der sich nicht so bald wiederholen wird.

Wächter gibt eine überragende Springveranlagung seinen Nachkommen getreu mit. Die Anpaarung mit Stuten, die englisches Vollblut führen, hat sich als besonders erfolgreich erwiesen.

Protokoll

Geboren:	1970
Farbe:	Dunkelbraun
Maße:	168 cm Stock
Besitzer:	Wilhelm Rueben, Würselen

Wicht	Freischärler	Feiner Kerl
		Almenlicht
	St.Pr.St. Wüstenfee	Wüstensohn xx
		Jugendliche
St.Pr.St. Asterngrund	Astral	Ast
		Alpenschloß
	Flugruhe	Flugwind
		Altersruhe

Der Wächter-Sohn Wilster
unter Stefan Schewe.

Hessen:
Mit Riesenschritten in die Zukunft

Hessen liegt in der Mitte der Bundesrepublik. Das hat sich auch in der Pferdezucht ausgewirkt. Von Hessen aus ist es kein weiter Weg zu einem Hengst in Niedersachsen, in Oldenburg oder in Westfalen. Und auch die Strecke nach Holstein läßt sich von Hessen aus ganz gut bewältigen. Dies unter anderem hat dazu geführt, daß das Landgestüt in Dillenburg zwar eine starke Stellung innerhalb des Zuchtlandes hat, der Pferdezüchter in Hessen aber nicht auf das Staatsgestüt wie auf einen Fixstern konzentriert ist.

Vor allem in den vergangenen zehn Jahren hat sich die private Hengsthaltung in Hessen sehr stark belebt. Mehrere private Gestüte haben große Anstrengungen unternommen, international gefragte Hengste auf ihre Stationen zu bekommen. Inzwischen sind in Hessen Hengste aufgestellt, denen sogar aus den Hochzuchtgebieten des Nordens Stuten zugeführt werden. In Hessen ist eine Menge Geld, das in anderen Wirtschaftsbereichen verdient wurde, der Pferdezucht zugeflossen. Zu hoffen ist, daß der Atem lang genug ist, daß man die langen Zeiträume berücksichtigt hat, in denen in der Pferdezucht Erfolg und Mißerfolg zu messen sind. Die ersten Entwicklungen jedenfalls scheinen überaus positiv.

Chromatic xx
Überragend in Typ und Ausstrahlung

Kein Vollbluthengst hat jemals zuvor für soviel Aufsehen gesorgt, als er seine Deck-Karriere in der Warmblutzucht begann, wie der Ire Chromatic xx. Dieser 1981 geborene braune Hengst ist allerdings auch ein Pferd, das jeden Betrachter sofort für sich eingenommen macht. Selten strahlt ein Vollblüter soviel aus wie dieser Chromatic xx.

Sein erstes Jahr auf der Deckstation ist für ihn zu einem Triumph geworden: 97 Stuten wurden ihm zugeführt. Im darauffolgenden Jahr sind es noch mehr gewesen. Der erste Fohlenjahrgang läßt Großes vermuten, obwohl man auch im Falle dieses Vollblüters daran denken muß, daß nicht jede Stute einen solchen Hengst verträgt. Chromatic xx hat zweifellos seinen »Juckpunkt« in der Hinterhand – hierauf sollte bei der Anpaarung besonderes Augenmerk gerichtet werden.

Chromatic xx ist einer der wenigen Vollblüter, die ihre Leistungsprüfung nicht auf der Galopprennbahn, sondern in der Hengstleistungsprüfungsanstalt abgelegt haben. Er hat diese Prüfung in Medingen im Jahr 1985 mit Bravour bestanden. Charakter und Temperament wurden mit sehr gut bewertet, in der Teilprüfung Gelände erhielt er sogar die Wertnoten 9 und

10. Mit insgesamt über 120 Punkten wurde der Hengst in die Leistungsklasse I eingestuft. Auch im Parcours hat Chromatic xx inzwischen sein Talent bewiesen: Er hat Springpferdeprüfungen gewonnen.

Von seiner Abstammung her ist dieser Hengst auch im Vollblut-Lager »erste Sahne«: Beide Großväter und auch der Vater waren Sieger im Irischen bzw. im Englischen Derby. Der Hengst selbst war sieben Mal am Start, gewann drei Rennen und war in allen anderen weit vorn placiert.

Relkino xx	Relko xx	Tanerko xx
		Relance III xx
	Pugnacity xx	Pampered King xx
		Ballynulta xx
Red Harmony xx	Hard Ridden xx	Hard Sauce xx
		Tout Belle II xx
	Red Infiltration xx	Irani xx
		Red Sunset xx

Protokoll

Geboren:	1981
Züchter:	gezogen in Irland
Farbe:	Braun
Maße:	168 cm Stock
Besitzer:	Gestüt Tannenhof,
	Heidenrod-Watzelhain

Coriolan
Holsteiner im Hauptbeschäler-Format

Neben den großen Holsteiner Vollblütern Ladykiller xx und Marlon xx wird hin und wieder einer vergessen, ohne den die Holsteiner Zucht heute nicht absolut an der Weltspitze bei der Züchtung von Springpferden wäre: Cottage Son xx. Vor allem auf der mütterlichen Seite ist dieser Vollblüter, der Leistungsfähigkeit und bestes Temperament garantiert, in vielen Holsteiner Pedigrees zu finden und unter Kennern hochgeschätzt. Der Hengst Coriolan führt Cottage Son xx auf der Mutterseite gleich doppelt.

Er wird vermißt in Holstein, der braune Calypso II-Sohn Coriolan, der 1978 von Annegret Tammling in Fahrenstedt gezogen wurde. Und so wie ihn die Holsteiner vermissen, so freuen sich die Hessen, die diesen kapitalen Hengst im Hauptbeschälerformat seit 1983 in ihren Reihen wissen. Rund 100 Stuten kommen jedes Jahr ins Gestüt Tannenhof im Taunus, um für Nachwuchs von Coriolan zu sorgen.

Coriolan gilt nach Abstammung, Exterieur, Eigenleistung und Nachkommenleistung außerhalb Holsteins als einer der besten Vertreter seiner Rasse. Er ist Sprößling des hoch angesehenen Stammes 5739, der unter anderem zurückgeht auf die Holsteiner Stute Fee (v. Falkland), die unter Hans Günter Winkler erfolgreiches Nationalpreispferd war. Darüberhinaus ist er in der mütterlichen Linie ingezogen auf den Vollblüter Cottage Son xx, einen der wichtigsten Veredlerhengste der Holsteiner Zucht. Die optimale Blutmischung in Coriolans Pedigree wird ergänzt durch den französischen Stempelhengst Cor de la Bryère, den Anglo-Araber Ramzes und den Vollblüter Frivol xx.

Coriolans Vater Calypso II, einer von fünf Brüdern gleichen Namens, kam unter Michael Rüping zu einer Reihe von Erfolgen in Springprüfungen der Klasse S. Die imponierende Aufmachung des Coriolan, verbunden mit erstklassiger Tragkraft und höchster Geschmeidigkeit im Gang, ist vor allem auf sein Erbteil zurückzuführen. Dies sind auch die besonderen Merkmale der Coriolan-Kinder: Pferde von großer Typausstrahlung, wunderbar zu reiten, in jeder Phase frei von Spannungen und dabei gleichermaßen veranlagt für Dressur und Springen.

Obwohl Coriolan dressurmäßig ausgebildet ist bis zu den Lektionen der Klasse S, wird er im Turniersport in Springprüfungen der schweren Klasse eingesetzt. Das kennzeichnet die ganze Vielseitigkeit dieses Vererbers, der für insgesamt sechs deutsche Landeszuchten die Anerkennung besitzt. Für Oldenburg beispielsweise lieferte er 1986 das Auktionsspitzenpferd Capriccio Italien, einen imponierenden Hengst, gezogen aus einer Trakehner Mutter, der in die Schweiz zugeschlagen wurde und dort auf Anhieb die Hengstleistungsprüfung gewann. Aus seiner kurzen Decktätigkeit in Holstein fiel Coriolans gekörter Sohn Coriander, der Reservesieger der Holsteiner Körung 1984. Auch die Holsteiner Auktionsspitzenstute 1985, Corinessa, hat Coriolan zum Vater. Kein Wunder also, daß dieser Tannenhofer Spitzenhengst in Holstein vermißt wird.

Calypso II	Cor de la Bryère A.N.	Rantzau	AA
		Quenotte	A.N
	Tabelle	Heißsporn	
		Hyazinthe	
Inderin	Capitano	Corporal	
		Retina	
	Ungarin	Cottage Son	XX
		Reseda	

Protokoll

Geboren:	1978
Farbe:	Braun
Züchter:	Annegret Tammling, Fahrenstedt
Maße:	171 cm Stock
Besitzer:	Gestüt Tannenhof, Heidenrod-Watzelhain

Furioso's Sohn
DLG- und Staatsprämien-Stuten

Der Jahrhundert-Hengst im Oldenburger Zuchtgebiet, der Anglo-Normanne Furioso II, hat mehr als ein halbes Hundert gekörter Söhne hinterlassen – trotzdem kann man aber sagen, daß dieser Hengst besonders durch seine Töchter zu seiner überragenden Bedeutung gekommen ist.

Ähnlich sieht es auch bei seinem bisher erfolgreichsten Sohn (Nachkommen-Gewinnsumme) aus: Furioso's Sohn, der seit vielen Jahren in Hessen stationiert ist, verzeichnet zwar zwei gekörte Söhne, von denen der 1980 geborene Farewell aus einer Ladykiller xx-Mutter sicherlich der bedeutendere ist, doch auch er ist für die Zucht in Hessen von überragender Größe wegen seiner ausgezeichneten Töchter.

Der Hengst wurde in Oldenburg gekört, nachdem er von Georg Vorwerk aufgezogen worden war. Seine Deckkarriere ging allerdings erst in Hessen bei Rolf Meuser auf der Domäne Georgenhof richtig los. In seiner Altersklasse steht der Hengst im Jahr 1987 unter rund 700 Hengsten in der Nachkommen-Gewinn-Summe an 45. Stelle.

Der Hengst stellte wiederholt Stuten, die auf den DLG-Ausstellungen konkurrierten. Viele Töchter von ihm standen in Hessen auf Elitestutenschauen ganz vorn. Besonders erfolgreich war die Tochter Fortunata, die aus einer Lotse-Mutter gezogen wurde. Diese Stute war Siegerin der Elitestutenschau in Hessen, sie wurde prämiert auf einer DLG-Ausstellung und auf einem Bundeschampionat des Deutschen Reitpferdes. Unter ihrem Züchter erzielte sie viele Siege im Springen bis zur Klasse M und ist vierfache Mutter geworden.

Furioso's Sohn ist in Richtung Rittigkeit nicht nur von seinem Vater, sondern sicherlich auch von der Mutterseite geprägt. Er entstammt einer Tochter des großen Dressurpferde-Vererbers Dulder aus dem niedersächsischen Zuchtgebiet.

Furioso's Sohn ist in der Hengstleistungsprüfung außerordentlich erfolgreich gewesen: Er erreichte eine 9,0 im Springen (sehr gut). Diese Veranlagung konnte er selbst im Sport immer wieder beweisen. Er ist bis zur Klasse S ausgebildet und auch immer wieder erfolgreich gestartet.

*Furioso II	Furioso xx	Precipitation xx	Hurry on xx, Double Life xx
		Maureen xx	Son in Law xx, St. Prisca xx
	Dame de Ranville	Talisman	Le Royal, Créole
		Que je suis Belle	Lord Orange xx, Comédie
Dulcia	Dulder	Dollart	Dolman, Flottenauslauf
		*Astloch	Ast, Federmotte
	Amseltaufe	Amselkönig II	Anfechter, *Sanies
		Donauwappen	Dohna I, *Ahrluft

Protokoll

Geboren:	1970
Züchter:	Johann Hoolt, 2875 Ganderkesee
Farbe:	Dunkelfuchs
Maße:	169 cm Stock
Besitzer:	Rolf Meuser, 3549 Diemelstadt-Rhoden (verpachtet an E. Stroh, Loshausen)

Unter anderem Jürgen Koschel stellte die Furioso's Sohn-Tochter Furiosa (aus einer Mutter von Lotse) erfolgreich in schweren Dressuren vor.

Leander
Gekörte Söhne, beste Töchter

Auf der Körung in Holstein verließ der Ladykiller-Sohn Leander den Platz als Sieger. Diese »Vorschuß-Lorbeeren« sollten sich auch in der Hengstleistungsprüfung als gerechtfertigt erweisen: Leander wurde Reservesieger hinter dem späteren Dressurcrack und Mannschafts-Goldmedaillen-Gewinner Montevideo. Auch im Reitpferdechampionat in Bad Segeberg stand Leander ganz an der Spitze.

Acht gekörte Hengste hat Leander, der 1971 in der Nähe von Pinneberg geboren wurde, bisher verschiedenen Zuchten gestellt. Legato steht in Bayern, Lagano in Dänemark, Leon war einige Zeit in Hessen, Leanders Boy steht in der Schweiz, ebenfalls Leandoz und Le Comte. In den USA wirkte der Leander-Sohn Lover-Boy, und in Hessen geblieben ist der Sohn Leancon. Nicht nur die Zahl, auch die Qualität der Söhne des Hengstes Leander läßt den Schluß zu, daß dieser Ladykiller-Sohn in der Lage sein wird, eine eigene Hengstlinie zu begründen. Leanders Boy ist in seinem Jahrgang Körungssieger in Hessen gewesen, er vertrat die Farben dieses Zuchtlandes auch auf einer DLG-Ausstellung. Doch nicht nur die Söhne von Leander sind besonders auffällig. Gleichermaßen hat Leander herausragende Töchter für die hessische Zucht gestellt. Zwei Leander-Töchter sind besonders zu erwähnen: Bei Elitestutenschauen gewannen Leanda (1985) und Leantila (1987) jeweils das Championat der Dreijährigen, verbunden mit dem August-Lauer-Preis.

Der Vater Ladykiller xx, der aus Irland stammende Vollblüter, stellt nicht nur für Holsteins Reitpferdezucht einen bedeutsamen Leistungsimpuls dar. Leander-Halbbrüder, wie die mehrfachen Vererbungs-Siegerhengste Landgraf I und Lord, sind für den Zuchtfortschritt schon unentbehrlich geworden. Großvater Ganeff, der u. a. auch Vater der Zangersheider Hengstmutter Heureka Z ist, sowie auch Urgroßvater Gastronom führen das Blut des Traventhaler Landbeschälers Loretto, des Eckpfeilers der legendären Ethelbert-Linie. Diamant, der Großvater zum Derby-Sieger Meteor, ist weiterer Baustein im Mosaik von Leanders bedeutsamem Mutterstamm.

Ladykiller xx	Sailing Light xx	Blue Peter xx Solar Cygnet xx	Fairway xx Hyperion xx
	Lone Beech xx	Loaningdale xx Fartuch xx	Colorado xx Apron xx
Capana	Ganeff	Lopshorn Maja	Loretto Favorit
	Peruschka	Gastronom Calakute	Lockstedt Diamant

Protokoll

Geboren:	1971 in Holstein
Lebensnummer:	210404271
Züchter und Aufzüchter:	Gustav Lange, 2082 Tornesch
Farbe:	Braun
Maße:	169 cm Stock
Besitzer:	Fritz Behlen, An der Neerdar, 3542 Willingen

Luxus
Hessens Landgraf-Sohn

Ende der achtziger Jahre haben manche Söhne des Hengstes Landgraf eine andere Qualität. Es hat einem großen Hengst selten gut getan, wenn alle männlichen Nachkommen schon allein deshalb eine Körchance bekamen, weil sie eben diesen Vater im Pedigree hatten.

Ende der achtziger Jahre konnte der Hengst Landgraf I durchaus als der wahrscheinlich gefragteste Springpferde-Vererber auf der Welt bezeichnet werden. Seine Fohlen wurden zu Preisen gehandelt – sogar schon im Mutterleib – für die man auch eine Luxus-Karosse erwerben kann. Alle Welt riß sich um Landgraf-Blut, manchmal vergaß man natürlich dabei, sich auch die Pferde anzusehen.

Von dieser Qualität ist der Hengst Luxus nicht. Er ist schon im Jahr 1976 geboren, in einer Zeit, in der der Vater zwar als großer Hengst erkannt war, aber noch lange kein Überflieger-Image hatte. In dieser Zeit wurden seine körwürdigen Söhne noch mit großer Sorgfalt ausgewählt, wurde natürlich auch der Mutterseite das nötige Gewicht beigemessen. In Zeiten, in denen jeder männliche Nachkomme eines Hengstes nur nach seinem Blut von Vaterseite betrachtet und bezahlt wird, ist es auch für eine Körkommission nicht immer ganz leicht, die Spreu vom Weizen zu scheiden.

Luxus ist 1988 der einzige Landgraf I-Sohn in Hessen gewesen. Er ist von Günther Kraut aufgezogen, der in der Nähe von Hamburg und auch in Baden-Württemberg große Zuchten betreibt. Im ersten Fall handelt es sich um eine Zucht von Holsteinern, im zweiten Fall basiert diese Zucht sehr stark auf Holsteiner Blut.

Günther Kraut kannte den Hengst Landgraf sehr gut aus seiner baden-württembergischen Heimat, wo Landgraf einige Jahre gewirkt hatte. Dort war dieser Hengst kein Erfolg gewesen – er paßte nicht zu den in Baden-Württemberg vornehmlich anzutreffenden Stuten. Günther Kraut erwarb diesen »Landgraf« aus einer Vollblut-Tochter, denn er wußte: Auch von der Mutterseite braucht Landgraf I Blutanschluß, wie sich immer wieder erwiesen hat.

Der 1976 geborene Sohn Luxus ist ein deutlich erkennbarer Sohn seines Vaters, doch er ist in allem etwas schicker, etwas harmonischer proportioniert. Luxus ist ein wirkliches Zuchtprodukt: Gegenüber seinen Eltern verbessert.

Luxus selbst ist in erster Linie in der Dressur eingesetzt worden. Er hat Erfolge bis zur Klasse M. In Hessen ist er Vater von zwei gekörten Söhnen. Aus einer oldenburgischen Chronos-Tochter fiel der Schimmel Latino, und aus der Stute Laila von Lancelot der dunkelbraune Hengst Luxelot. Darüber hinaus lieferte Luxus Auktionsspitzen in Hessen wie La Noire, oder

Landgraf I	Ladykiller xx	Sailing Light xx	Blue Peter xx
		Lone Beech xx	Loanindale xx
	Warthburg	Aldato	Anblick xx
		Schneenelke	Fangball
Combina	Nautilus xx	Alizier xx	Teleférique xx
		Nixe xx	Arjaman xx
	Calore	Fafnir	Favorit
		Rechtzeitige	Lordmajor

mit Leroy den Sieger des hessischen und des süddeutschen Championats. Auch die Luxus-Mutter Combina hat sich als Vererberin von hochkarätigen Sportpferden einen Namen gemacht.

Protokoll

Geboren:	1976 in Hamburg
Lebensnummer:	210043276
Züchter:	Hermann Lohse, 2211 Neuenbrook
Aufzüchter:	Günther Kraut, Hamburg
Farbe:	Dunkelbraun
Maße:	168 cm Stock
Besitzer:	Gestüt Tannenhof, Klaus C. Plönzke, 6209 Heidenrod
Halter:	Dr. Richard Hirschhäuser, 6294 Freienfels

Philippo
Sportsmann mit bester Vererbung

Er ist ein Geburtstagsgeschenk gewesen. Als Fohlen schenkte Peter Behnsen den kleinen Philippo seiner auch damals schon in Hessen und darüberhinaus als Dressurreiterin bekannten Frau Marika.

Philippo machte seinem Käufer alle Ehre. Er entwickelte sich prächtig und war als Jungmann von großer Schönheit – so schön, daß Bekannte dazu rieten, den jungen Hengst doch einfach mal zur Körung zu stellen. Philippo wurde gekört, und danach machte er auch noch seine Hengstleistungsprüfung mit der hervorragenden Punktzahl von über 130.

Doch trotzdem: Philippo kam nun in Dressurausbildung und begann seine Laufbahn als

Sportler. Für Marika Behnsen wurde dieser Hengst das Pferd ihres Lebens: Das ausgezeichnete Temperament und die überdurchschnittliche Rittigkeit hatte der Fuchshengst schon bei seiner Leistungsprüfung erkennen lassen, im Dressurviereck sind diese Qualitäten gerade bei einem Hengst von großer Bedeutung.

Philippo machte eine große Karriere in der Dressur: Er siegte sich bis in die Schwere Klasse und bescherte seiner Reiterin eine Menge Siege und Ehrenpreise. Erst im Alter von acht Jahren wurde Philippo zum ersten Mal als Deckhengst eingesetzt – und er schlug ein wie eine Bombe. Schon sein erster Jahrgang mit nur wenigen Fohlen sah rundherum prämierte Nachkommen und viele Fohlen ganz an der Spitze der Fohlenschauen. Es gibt kaum einen besseren Gradmesser für die Qualität der Fohlen eines Hengstes als seine Deckliste im darauffolgenden Jahr: Philippo deckte annähernd 100 Stuten, nachdem es im Vorjahr knapp ein Dutzend gewesen waren.

Und auch bei dieser großen Zahl an Nachkommen hielten die großen Erfolge der Nachkommen dieses Hengstes an. Er vererbt seine ausgezeichnete Hinterhand mit starker und tief nach unten reichender Bemuskelung dominant, seine Fohlen haben eine gute Oberlinie und verfügen über herausragende Gänge. Auch das Temperament und den ausgezeichneten Charakter des Vaters scheinen die Nachkommen durchweg mitbekommen zu haben.

Im Jahr 1988 ist aus dem ersten Jahrgang des Hengstes ein Sohn gekört worden.

Weltmann	Wendekreis	Ferdinand Domgöttin
	Dohlenfichte	Domspatz Goldi
Narzisse	Novum xx	Tabriz xx Nanne xx
	Weilermarie	Wurf Antike

Protokoll

Geboren:	1977
Lebensnummer:	3101106777
Züchter:	Heinrich Pförtner, 4973 Vlotho
Farbe:	Dunkelfuchs
Maße:	167 cm Stock
Besitzer:	Marika Behnsen, Gestüt Wolfsangel, 8754 Großostheim

Tango
Ein Hesse in Hessen

Es muß nicht abwertend verstanden werden, wenn man den Nachzuchtgebieten, zu denen Hessen sicherlich zu zählen ist, naturgemäß gewisse Schwierigkeiten bei der Rekrutierung eigenen Hengstnachwuchses bescheinigt. Zu einem Zeitpunkt, an dem der größte Teil der in der Zucht verwendeten Hengste im eigenen Land gezogen werden kann, wird aus einem Nachzuchtgebiet logischerweise ein Hochzuchtgebiet. Nach rund 30 Jahren Reitpferdezucht kann das in einem der weniger traditionsreichen Pferdezuchtgebiet wie in Hessen natürlich noch nicht erreicht sein.

Doch es gibt auch in Hessen »hessische« Hengste, die auf großes Vertrauen in der Züchterschaft stoßen, die den Vergleich mit Hengsten aus anderen Zuchtgebieten nicht zu scheuen brauchen.

In Hessen zählt dazu der Privatbeschäler Tango. Er eint Trakehner, Hannoveraner und Holsteiner Blut in seinem sicherlich idealen Exterieur. Der große Trakehner Thor, der vor allem in Hessen seine Qualitäten weitergab, kann zu den wenigen Trakehner Hengsten gezählt werden, die eine deutliche Springveranlagung weitergegeben haben.

Thor ist der Vater von Tango. Neben Tango hat Thor in Hessen die Hengste Mandant (Trakehner), Hagedorn II, Fiothor und Titus hinterlassen. Die Verbindung von Trakehner Blut und Hannoveraner Blut hat sich nicht nur in Hessen als segensreich erwiesen.

Tango selbst hat in Springprüfungen bis zur Klasse M Siege und hohe Plazierungen erreicht. Er hat bisher einen gekörten Sohn geliefert. Tannwald wirkte allerdings nur kurze Zeit. Eine Reihe von prämierten Elitestuten und gewinnreiche Sportpferde haben Tango ebenfalls zum Vater. Thor hat neben hervorragenden Stammstuten-Töchtern Springpferde internationalen Formats, wie Tower, Thronfolger u. a. m., zu Söhnen, während Fiorello, der hessische Dressurchampion unter Herbert Krug, ein allbekannter Thor-Enkel ist.

Die Mutter Manila war mehrfach schauprämiert und in die FN-Leistungsbücher A und D eingetragen; sie ist auch Vollschwester des Grand Prix-Dressurpferdes Lunik, der einst unter Bruno Eidamm zu brillieren pflegte.

Die Vorväter Lützow und Donias stammten aus der hannoverschen Zucht und leisteten in Hessen segensreichen Einsatz, während Galopin und der Holsteiner Fridolin, die selbst noch im moderneren Karossiertyp standen, Tangos Mutterstamm der Frühlingsfreude die erforderliche Substanz zur Bewältigung hoher Leistungsansprüche mitgegeben haben.

Thor (Trak.)	Humboldt	Hutten Bergamotte	Ararad Paradox xx
	Toga	Totilas Sabine	Pythagoras Manfred
Manila	Lützow	Lugano Dünenflora	Der Löwe xx Dwinger
	Marina	Donias Lila	Donatus Galopin

Protokoll

Geboren:	1975 in Hessen
Lebensnummer:	610547675
Züchter und Aufzüchter:	Eckhard Geisel, 3550 Marburg
Farbe:	Braun
Maße:	170 cm Stock
Besitzer:	Züchter

Rheinland-Pfalz – Saar:
Randlage recht gut gemeistert

Rheinland-Pfalz und das Saarland hatten es wirtschaftlich immer etwas schwerer als andere Gegenden in der Bundesrepublik. Das muß sich auch auf die Pferdezucht auswirken. Das Landgestüt in Zweibrücken hat sich stets große Mühe gegeben – doch ist die Arbeit in einem Gestüt, das nur rund zwei Dutzend Staatshengste bereitstellen kann, niemals ganz einfach gewesen.

Neben diesem Staatsgestüt hat sich in den vergangenen Jahren vornehmlich in Rheinland-Pfalz eine recht muntere Schar von privaten Hengsthaltern etabliert. Immer wieder gelingt es dem einen oder anderen dieser Hengsthalter, einen spektakulären Hengst für die eigene Station zu erwerben. In dieser Hinsicht wirkt sich die Randlage des Bundeslandes in Richtung Belgien und Frankreich recht positiv aus. In Rheinland-Pfalz haben einige ausgezeichnete Hengste aus dem belgischen Gestüt Zangersheide und auch aus Frankreich eine neue Heimat gefunden – gewissermaßen im kleinen Grenzverkehr.

Im Hinblick auf den gemeinsamen Wirtschaftsmarkt in Europa ab 1992 braucht es niemandem um das Pferdezuchtgebiet Rheinland-Pfalz-Saar bange zu sein. Schon in wenigen Jahren kann aus der hinderlichen Randlage eine Mittelpunktlage in einem geeinten Europa geworden sein.

Alexis
Stuten aus vielen Zuchtgebieten

Die Abstammung des Fuchshengstes Alexis läßt alle Sportreiter-Herzen höher schlagen. Sein Vater Alme Z ist sicherlich der weltweit erfolgreichste Springpferdevererber. Die Mutter Wonne war unter Peter Schmitz selbst im internationalen Springsport erfolgreich.

Wie die Eltern, so auch der Sohn. Alexis hat sich durch seine Eigenleistung Bedeutung im Springsport verschafft.

Einschließlich der Turniersaison 1987 hat dieser Hengst 120 Siege und Placierungen in Springen der Kategorie A vorzuweisen. Auch die bisherige züchterische Bilanz im Zuchtgebiet Rheinland-Pfalz-Saar läßt für die Zukunft hoffen. Alexis hat zwar bisher nur 37 Fohlen in diesem Zuchtgebiet zu Buche stehen – doch von diesen wenigen Fohlen konnten schon vier mit höchsten Würden ausgezeichnet werden: Sie wurden gekört.

Der 1982 geborene Schimmelhengst Amaretto, aus einer Gotthard/Wolfsburg-Mutter, placiert beim Bundeschampionat des Springpferdes 1987 und Seriensieger in Springpferdeprüfungen der Klasse M, ist das erste Fohlen von Alexis und gleich ein Volltreffer.

Der Fuchshengst Alpha, aus einer Gotthard/Steinpilz xx-Mutter, war zwei Jahre als Landbeschäler im Einsatz und hinterließ zwei überragende Fohlenjahrgänge. Amaro D, braun, geb. 1984, aus einer Lord/Farnese/Cottage Son xx-Mutter, ist ein Hengst mit aufsehenerregendem Bewegungsablauf, er ist mittlerweile ebenfalls erfolgreich im Sport eingesetzt. Der erste Fohlenjahrgang scheint die hohen Erwartungen noch zu übertreffen. Die Hengste Amaro D und Amaretto sind wie Alexis auf dem Gestüt Drachenhof im Zuchteinsatz. Ein weiterer Sohn des Alexis ist der Fuchshengst Abano, der in Dien-

Almé	Ibrahim	The Last Orange	Orange Peel xx Velleda
		Vaillante	Porte Bonheur Querqueville
	Girondine	Ultimate xx	Umidwar xx No-Go xx
		J'Vins-Mars	Cyrus Mazette
Wonne	Weingau	Weiler	Feuerland St.Pr.St. Auermaid
		Goldfront	Goldfisch II Front
	St.Pr.St. Dornlupe	Dolus	Dominant St.Pr.St. Allerpost
		Felsenfee	Felix I St.Pr.St. Feudallast

Aufgrund seiner positiven Vererbung und seiner hohen Eigenleistung wurde Alexis anläßlich des Gala-Abends »Zweibrücker Frühling 1988« mit dem Titel Verbandsprämienhengst ausgezeichnet.

Protokoll

Geboren:	1977 in Belgien
Lebensnummer:	310214277 (Hann.)
Züchter und Auf- züchter:	Leon Melchior, Lanaken (Zangersheide)
Farbe:	Fuchs
Maße:	166 cm Stock
Besitzer:	Gestüt Drachenhof, 5401 Lonning, Jens Rombelsheim

sten des Landgestüts Warendorf steht. Die anfängliche Zurückhaltung der Züchter dem Ausnahmehengst Alexis gegenüber ist überwunden. Stuten aus fast allen Zuchtgebieten werden dem Hengst zugeführt, und man darf auf weitere Sportpferde der Extraklasse gespannt sein.

Champ of Class
»Corde« und Ladykiller xx

Das Zuchtgebiet Holstein, in den achtziger Jahren in Sachen Springsport mit Abstand an der Weltspitze, hat nach dem Zweiten Weltkrieg zwei Linien gehabt, die alles überstrahlten: Die Linie des kleinen Vollblüters Ladykiller xx und die des französischen Hengstes Cor de la Bryère. Über Ladykiller sind die herausragenden Springpferde-Vererber Landgraf und Lord (und andere) gezogen, »Corde«, wie er in Holstein liebevoll genannt wird, ist Vater von mehr als 50 gekörten Söhnen, von denen viele selbst auch im internationalen Springsport erfolgreich waren. Die Stuten und die Wallache, die im Sport große Erfolge hatten und diesen Corde zum Vater haben, sind Legion.

Zwei Jahrhundert-Hengste sicherlich, dieser Ladykiller und dieser Cor de la Bryère.

Bei Otto Stach in Rheinland-Pfalz steht der noch sehr junge Hengst Champ of Class. Er verbindet diese beiden großen Holsteiner Blutlinien in seinem Pedigree und dürfte damit für die Sportpferdezucht äußerst interessant sein.

Sein Vater ist der Corde-Sohn Calypso II, der unter Dr. Michael Rüping aus Breitenburg bis in die höchsten Klassen des Springens erfolgreich war. Dieser Calypso II zählt zu den begehrtesten der vielen gekörten Söhne des Corde.

Die Mutter von Champ of Class ist die Stute Recina, die vom legendären Ladykiller abstammt.

Im Jahr 1987 hat Champ of Class seine Hengstleistungsprüfung auf dem Klosterhof in Medingen abgelegt. Er hat auch hier seine herausragende Abstammung durch Leistung unterstrichen. Mit einer Punktzahl von 120,7 wurde er Vierter der gesamten Prüfung und dadurch natürlich in die Leistungsklasse I eingestuft.

Im Jahr 1988 konnte der junge dunkelbraune Hengst mit einem Stockmaß von 168 Zentimetern natürlich noch kaum Nachzucht haben. Er ist allerdings von den Züchtern sehr gut angenommen worden, und in den nächsten Jahren wird man sicherlich über die Nachkommen dieses Hengstes viel hören.

Calypso II	Cor de la Bryère	Rantzau xx Quenotte
	Tabelle	Heißsporn Hyazinthe
Recina	Ladykiller xx	Sailing Light xx Lone Beech xx
	Cecinette	Fasching Verona

Protokoll

Geboren:	1984 in Holstein
Farbe:	Dunkelbraun
Maße:	168 cm Stock
Besitzer:	Otto Stach, Bruchmühlbach-Miesau

Feu d'Amour
Bestes französisches Blut

Der Privathengsthalter Otto Stach in Bruch-mühlbach-Miesau hatte immer schon ein ganz besonderes Geschick, sich erstklassige Hengste zu sichern. In einem Nachzuchtgebiet wie in Rheinland-Pfalz kann sich kein Züchter und natürlich auch kein Hengsthalter enge Rasse-Grenzen auferlegen: Die besten Hengste aus allen Zuchten sind letztlich gut genug. Darin liegt natürlich für alle Nachzuchtgebiete eine große Chance. Nur hier ist es möglich, die besten Blutlinien der europäischen Sportpferdezucht zu verbinden.

Mit dem Hengst Feu d'Amour hat sich Otto Stach einen herausragenden Hengst aus der weltweit erfolgreichen französischen Sportpferdezucht gesichert, obwohl dieser Hengst in Belgien gezogen worden ist. Der große Braune begeistert schon, wenn man ihn einfach hinstellt: Trotz seines Kalibers und seiner Wucht hat dieser Hengst große Ausstrahlung, ist in allen Partien sehr harmonisch.

Auf der Hengstleistungsprüfung in Medingen im Jahr 1985 ließ Feu d'Amour ein weiteres Mal aufhorchen: Mit der ausgezeichneten Punktzahl von 133,04 wurde er insgesamt Zweiter und gelangte natürlich in die Leistungsklasse 1.

Feu d'Amour ist ein Sohn des braunen französischen Hengstes Lord Roussetiere, der Sieger seines Jahrgangs bei der Körung und auch bei der Hengstleistungsprüfung in Frankreich gewesen ist. Die Mutter des Vaters ist eine Vollschwester zum sicherlich immer noch erfolgreichsten Springpferde-Vererber der Welt, zu Almé.

Die Mutter von Feu d'Amour, die belgische Stute Hyasmine, war bei der Nationalschau in Brüssel auf dem dritten Platz. Diese Schau läßt sich mit dem deutschen Bundeschampionat vergleichen. Danach ist diese Stute sehr erfolgreich im Sport eingesetzt worden: Sie schaffte es wie nur wenige Pferde, erfolgreich in Springen und in der Dressur bis zur Klasse S zu sein. Der Vollblüter Cold Slipper xx ist in Frankreich überaus beliebt als Lieferant von besten Pferden für das Dressurviereck. Dieser Vollblüter ist der Vater der Mutter von Feu d'Amour.

Die ersten Fohlenjahrgänge dieses Hengstes, der in Rheinland-Pfalz und darüberhinaus sehr stark benutzt worden ist, berechtigen zu großen Hoffnungen.

Lord Roussetiere	Amour Du Bois	Quirinal	Kultimate
		Margaretta	Herquemoulin
	Berceuse	Ibrahim	The Last Orange
		Girondine	Ultimate xx
Hyasmine	Cold Slipper xx	Artic-Time xx	Artic-Star xx
		Blaith-Na-Greine xx	Straight-Deal xx
	Touraine	Ibrahim	The Last Orange
		Nouvelle-Touraine	Ultimate xx

Protokoll

Geboren:	1983 in Belgien
Zuchtgebiet:	Anglo-Normanne
Farbe:	Braun
Maße:	176 cm Stock
Besitzer:	Otto Stach,
	6793 Bruchmühlbach-
	Miesau

Pikant
Von Anfang an gut gefragt

Als im Januar 1982 der damals fünfjährige braune Hengst Pikant zur Anerkennung vorgestellt wurde, fand dieser nicht nur bei der Anerkennungskommission Gefallen. Die Züchter sorgten dafür, daß dieser Pik König-Sohn gleich im ersten Jahr eine volle Deckliste hatte.

Im gleichen Jahr startete er auch seine Sportlaufbahn. Das Springvermögen bei sehr guter Beintechnik ermöglichte dem Hengst beständige Erfolge in Springen der Klasse S. Sein ständiger Reiter ist Bernd Wilmsmann, der Sohn des Hengsthalters.

Überdurchschnittliche Fohlenjahrgänge ließen schon bald die Vererberqualitäten des Pikant erkennen. Viele Fohlen hatten außergewöhnlich gute Bewegungen.

Sein gekörter Sohn, der Fuchshengst Puma, geb. 1984 bei Heinz Rech in Bad Neuenahr aus einer Laertes/Cornett-Mutter, absolvierte im Herbst 1987 eine gute Hengstleistungsprüfung. Aufgestellt ist dieser Junghengst ebenfalls auf dem Albrechtshof.

Von dem heute zwölfjährigen Hengst darf man im Hinblick auf die Zucht von veranlagten Reitpferden wohl noch weitere positive Akzente erwarten. Die ersten Nachkommen können mittlerweile Erfolge in Material- und Springpferdeprüfungen aufweisen. Aufgrund der guten Vererbung und der Eigenleistung im Springsport wurde der Hengst anläßlich des Gala-Abends »Zweibrücker Frühling 1988« mit dem Titel Verbandsprämienhengst ausgezeichnet.

			Abendfrieden xx	Ferro xx
Pik König	Pik As xx		Abendfrieden xx	Antonia xx
			Pechfackel xx	Mirza II xx Perlenschnur xx
	St.Pr.St. Anina		Abhang II	Abglanz (Trak.) St.Pr.St. Ankerhirtin
			St.Pr.St. Fahra	Faruk St.Pr.St. Pike
Wolfssippe	Wolfsburg		Florentiner II	Flügeladjutant St.Pr.St. Jora
			Trude	Tropenwald Lanzermädel
	Dollarblatt		Dollart	Dolman Flottenauslauf
			Florapalme	Floral Fliederpalme

Protokoll

Geboren:	1977 in Niedersachsen
Lebensnummer:	314604777
Züchter und Aufzüchter:	Klaus Ludzuweit, 2171 Bentwisch
Farbe:	Dunkelbraun
Maße:	169 cm Stock
Besitzer:	Ferdinand Wilmsmann, Albrechtshof, 5413 Bendorf

Rubicon xx
Tritt, Chic und Größe

Die Suche nach für die Reitpferdezucht geeigneten Vollbluthengsten wird oftmals zu einem reinen Glücksspiel. Zum Einen haben die Warmblutzüchter meistens wenig Einblick in die Vollblutzucht, zum Anderen besteht immer wieder das Problem, daß Vollbluthengste verwendet werden, die selbst schon einem Warmblüter gleichen. Dies führt in vielen Fällen in der Vererbung natürlich nicht dazu, daß die Vorteile, die die Reitpferdezucht von einem

solchen Hengst erhofft, auch wirklich eingebracht werden.

In Rheinland-Pfalz ist seit einigen Jahren einer der besten Vollbluthengste im Einsatz, die der gesamten deutschen Reitpferdezucht zur Verfügung stehen.

Durch einen glücklichen Umstand gelang es dem privaten Hengsthalter Otto Stach, aus Skandinavien den Hengst Rubicon xx zu erwerben. Vollblutpferde in Skandinavien sind meistens englischen Ursprungs. Der Rennsport in den Ländern Dänemark, Norwegen und Schweden rekrutiert in erster Linie Pferde aus dem Mutterland des englischen Vollblutes, natürlich auch aus Irland. Auch Rubicon ist in England gezogen worden und als junger Hengst nach Dänemark gekommen.

23mal war dieser schwarzbraune Hengst in Skandinavien am Start – er beendete seine Rennlaufbahn ohne jeden Schaden. In elf dieser 23 Rennen verließ der Hengst die Bahn als Sieger, neun Mal war er im Geld placiert. Nur in drei Rennen kam der Hengst im Feld ein. Diese Rennleistungen brachten ihm in Dänemark ein (umgerechnetes) Generalausgleichsgewicht von 102 Kilo ein. Dieses GAG ist auch in Deutschland anerkannt. Dadurch ist der Hengst Rubicon nicht nur für die Warmblutzucht (Mindest-GAG 80 Kilo, in Bayern 85 Kilo) anerkannt, sondern darf auch Vollblutstuten decken. Für diese Stuten wird ein GAG von 95 Kilo gefordert. In Dänemark war Rubicon in seinem Jahrgang das Pferd mit der zweithöchsten Gewinnsumme.

Rubicon stammt aus einem sehr starken väterlichen und einem sehr starken mütterlichen Zweig der Vollblutzucht. Sein Vater siegte in England in sechs Rennen, seine Mutter war schon zweijährig überaus erfolgreich.

Siliconn xx	Princely Gift xx	Nasrullah xx Blue Gem xx
	Fair Share xx	Tantieme xx Fair Linda xx
Allicés Ruby xx	Road House II xx	Hasty Road xx Love Game xx
	Brenodian xx	Denovian xx Shannon Star xx

Rubicon selbst ist ein sogenannter »Flieger« gewesen, also ein Pferd für die kurzen Distanzen mit schnellem und energischem Antrittsvermögen. Auch seine Vorfahren waren erfolgreich auf kurzen Distanzen. Das macht diesen Hengst für die Warmblutzucht so wichtig, wo meistens sogenannte »Steher«, also Pferde, die über längere Distanzen erfolgreich waren, Verwendung finden. Die Nachkommen von Rubicon zeichnen sich durch sehr viel Schwung und Tritt aus, sie sind äußerst elegant bei sehr guter Größe.

Protokoll

Geboren:	1973 in England
Farbe:	Schwarzbraun
Maße:	171 cm Stock
Besitzer:	Otto Stach, 6793 Bruchmühlbach-Miesau

⫽⫽⫽ Baden-Württemberg: ⫽⫽⫽
Leistung wird ganz groß geschrieben

In keinem der Nachzuchtgebiete ist die Umzüchtungsphase so konsequent durchgeführt worden wie in Baden-Württemberg. Über nahezu zwanzig Jahre haben die Züchter in diesem Land fast ausschließlich die vorhandene Stutenbasis mit zum großen Teil sehr qualitätvollen Trakehner Hengsten in Richtung auf das moderne Reitpferd verbessert.

In dieser Zeit spielte die private Hengsthaltung eine marginale Rolle – das Haupt- und Landgestüt in Marbach stellte auf damals noch annähernd drei Dutzend Deckstationen im ganzen Land ausreichend Trakehner Hengste aus besten Blutlinien zur Verfügung. Qualitätsmäßig und auch in preislicher Hinsicht konnten private Hengsthalter damals kaum mithalten.

Inzwischen hat sich das Bild gewandelt. Baden-Württemberg befindet sich in einer Hochleistungszucht-Phase, die mit Hengsten aus Hannover, Westfalen, Holstein und Frankreich bewältigt werden soll. Den Vorreiter auf diesem Weg haben private Hengsthalter gemacht, die sich vor zehn, fünfzehn Jahren nicht mit ausreichend guten Hengsten dieser Blutführungen aus dem Staatsgestüt versorgt fanden. Inzwischen werden etwas mehr private als staatliche Hengste im Lande gehalten. Auch das Landgestüt hat natürlich nachgezogen und die gefragten Hengste aufgestellt. Nach ersten Phasen der Verunsicherung arbeiten private und staatliche Hengsthaltung heute weitestgehend harmonisch zusammen.

Goldpilz
Der Springpferde-Macher

Von erlesener hannoverscher Abstammung ist der Schimmelhengst Goldpilz, der über das Zuchtgebiet Oldenburg nach Baden-Württemberg gekommen ist. Dieser Gotthard-Sohn ist der in Baden-Württemberg aufgestellte Hengst, der in der ewigen Rangliste nach Nachkommengewinnleistung am höchsten eingestuft ist. Allein im Jahr 1986 gewannen seine vielen Nachkommen, die im Springsport eingesetzt sind, fast 90 000,– DM. Auffallend ist, daß alle Pferde, die mehr als 1000,– DM gewonnen haben, ausschließlich im Springen erfolgreich sind. Dies ist allerdings bei der Abstammung dieses schicken Schimmels auch kein Wunder: Er gilt als einer der erfolgreichsten Gotthard-Nachkommen. Mütterlicherseits stammt er aus einer Steinpilz xx-Stute.

Goldpilz hat in der Zucht in Baden-Württemberg eine große Zahl von erfolgreichen Nachkommen. In Oldenburg und in seinem neuen Zuchtgebiet ist er Vater von gekörten Söhnen.

Es gibt kaum Championate in Baden-Württemberg, an denen Goldpilz-Nachkommen nicht ein gewichtiges Wort mitreden.

Goldpilz hat seine Hengstleistungsprüfung in Adelheidsdorf abgelegt: Er wurde von 65 Hengsten 22. 1980 wurde er in Marbach für das baden-württembergische Zuchtgebiet anerkannt.

Man kann ihn heute als den »Hauptbeschäler« auf dem renommierten privaten Gestüt Höri der Familie Porten betrachten, obwohl der Hengst in jüngerer Zeit auf einer Beschälstation in Herrenberg steht.

Protokoll

Gotthard	Goldfisch II	Goldammer II Flugamme
	Ampa	Amateur I Ameline
Starlet	Steinpilz xx	Blasius xx Stiefmütterchen xx
	Domgräfin	Dominus St.Pr.St. Elfenlaune

Geboren:	1972 in Niedersachsen
Züchter:	H. Schmidt, Hänigsen
Farbe:	Schimmel
Maße:	167 cm Stock
Besitzer:	Gestüt Höri, B. Porten (Hemmenhofen)
Station:	Bräuning, Herrenberg

Latus II
Mit allerbester Manier

Der Ladykiller xx-Sohn Landgraf I zählt neben den Hengsten Almé, Nimmerdor und Lucky Boy xx zu den wichtigsten Springpferde-Vererbern unserer Zeit weltweit. In Baden-Württemberg war dieser Landgraf I in seiner Jugend nicht sonderlich beliebt – einige Jahre hatte er dort eine Beschälerbox.

Doch zu der damaligen Zeit war die Zucht in Baden-Württemberg noch nicht weit genug. In der Umzüchtungsphase vom kleinen, gedrungenen Wirtschaftspferd, vor allem vorgenommen durch Trakehner Hengste, paßte dieser Landgraf nur in einigen Fällen auf vorhandene Stuten.

Landgraf ging zurück nach Holstein und begann dort seine atemberaubende Karriere.

1989 ist einer seiner besten Söhne wieder nach Baden-Württemberg gekommen – inzwischen war die Stutenbasis in der Breite so deutlich verbessert, daß ein Einsatz des Landgraf-Blutes erfolgversprechend schien. Landgraf I verbindet zwei hervorragende Hengstlinien der Holsteiner Zucht – die des herausragenden Ladykiller xx mit der des Anblick xx. Landgrafs Muttervater Aldato war selbst ein internationales Vielseitigkeitspferd.

Wenn man die mütterliche Linie des Hengstes Latus II betrachtet, kann man auch die Mutterlinie des überragenden Hengstes Capitol beschreiben: Beide haben die gleiche Mutter. Auch der Hengst Latus I (ein Jahr älter als sein Vollbruder) ist aus der Stute Folia gefallen – er steht auf der Station von Paul Schockemöhle.

Latus II kam aufgrund seiner exquisiten Abstammung und der drei Fohlenjahrgänge, die er in Holstein geliefert hatte, in der baden-württembergischen Zucht sofort in die »gezielte Paarung«, wurde also Besitzern von herausragenden Stuten besonders ans Herz gelegt.

Der Hengst besticht durch sehr viel Kaliber, ein herausragendes Springvermögen und ein ausgezeichnetes Temperament. Sein Vollbruder war bis zu einer schweren Verletzung unter Franke Sloothaak erfolgreich in Springpferde-Prüfungen bis zur Klasse M. Auf dem Turnier in Breitenberg verließ der Hengst mit der kaum vergebenen Note 9,5 eine Springpferde-Prüfung M als Sieger.

Die Mutter dieser beiden Hengste stammt vom Springpferde-Vererber Maximus, der, selbst ein turniererfolgreiches Springpferd, das wertvolle Blut des herausragenden Vollblüters Manometer xx in der Holsteiner Zucht verankerte. Ihre Mutter ist die Stute Vase, eine Vollschwester des Springpferdes Romanus, das unter Hans-Günter Winkler in den sechziger Jahren zur Weltelite zählte. Die Vase ist von Ramzes, der in diesen Jahren wieder einmal ein kurzes Gastspiel in Holstein gab, aus der damals schon 21jährigen Rappel. In dieser Stutenfamilie scheint sich die Langlebigkeit durchschlagend vererbt zu haben, denn Vase zählte zu den letzten noch in der Zucht aktiven Ramzes-Töchtern überhaupt.

Landgraf I	Ladykiller XX	Sailing Light	XX
		Lone Beech	XX
	Warthburg	Aldato	
		Schneenelke	
Folia	Maximus	Manometer	XX
		Stör	
	Vase	Ramzes	AA
		Rappel	

Latus II legte seine Hengstleistungsprüfung in Medingen ab. Er kam nur auf 87,5 Punkte. Vor allem die Note 3 im Trabe drückte die Gesamtpunktzahl, was wohl das Geheimnis des Trainingsleiters und der Prüfungskommission bleiben wird. Wenn der Hengst lahm gewesen sein sollte, hätte er die Prüfung nicht machen dürfen – andernfalls stellt sich der Trab dieses Hengstes zwischen einer 6 und einer 7 dar. Sicherlich ist auch dies ein Beweis für die Relativierungsbedürftigkeit von HLP-Ergebnissen. Glücklicherweise relativieren manche Hengste solche Ergebnisse durch ihre Leistungen in der Zucht allein – nicht nur Latus II, auch Grannus ist ein gutes Beispiel dafür.

Protokoll

Geboren:	1981
Züchter:	Harm Thormählen, Kollmar
Farbe:	Braun
Maße:	172 cm Stock
Besitzer:	Maas J. Hell, Klein-Offenseth
Standort:	Haupt- und Landgestüt Marbach (angepachtet vom Pferdezuchtverband Baden-Württemberg)

Pageno xx
Ein Fohlen wie das andere

Manchmal nützt einem Vollbluthengst auch die Tatsache, daß er immer besonders gut aus der Starter-Box gekommen ist, nichts, wenn es um den Anfang als Beschäler in der Warmblutzucht geht. Leider versuchen immer noch zuviele Züchter, in einem Vollblüter den Warmblüter zu sehen, bedenken zu wenig die großen Vorteile des sogenannten Kreuzungs-Effektes.

Im Turf kannte ihn jeder Interessierte. Der Hengst Pageno xx war zwei Jahre auf der Rennbahn – zwei überaus erfolgreiche Jahre. Er war Fünfter im »Preis von Europa«, Sieger in zahl-reichen hochdotierten Rennen, erster Teilnehmer in deutschen Farben am höchstdotierten Rennen der Welt, dem Japan-Cup in Tokio.

Doch danach wurde es erst einmal still um diesen Luciano-Sohn aus der berühmten Stute Penza vom Herbager. In der Warmblutzucht wollte es nicht so richtig losgehen. Nur wenige Stuten wurden ihm in Hessen zugeführt. Es mag daran gelegen haben, daß der Hengst ein wenig flach wirkt, in der Kruppenpartie und auch im Hinterbein ein wenig besser »gemacht« sein könnte.

Die große Beschälerkarriere von Pageno xx begann in Baden-Württemberg, nachdem er in Hessen aus wenigen und sehr unterschiedlichen Stuten herausragende Fohlen geliefert hatte.

Im Gegensatz zu Hessen standen bei Pagenos Beginn in Baden-Württemberg nur sehr wenige herausragende Vollbluthengste. Im ersten Jahrgang wurden dem Hengst annähernd 50 Stuten zugeführt – sein erster Fohlenjahrgang war einer der besten, die Baden-Württemberg bei einem Hengst bis zu diesem Zeitpunkt gesehen hatte. Pageno xx hatte sich durchweg nicht nur als Veredler, sondern auch als Verstärker erwiesen. Er stellte ausnahmslos große Fohlen mit sehr viel Linie, bester Kruppenformation und ausgezeichneten Gängen.

Kein Wunder, daß dieser Hengst vom Zuchtverband für das darauffolgende Jahr (1989) in die »gezielte Paarung« aufgenommen wurde. In dieser »gezielten Paarung« werden wenige herausragende Hengste des Zuchtgebietes vor allem den Züchtern mit Staatsprämienstuten und Hengstmüttern besonders empfohlen. Pageno xx selbst überzeugt neben den guten Grundgangarten und dem guten temperierten Charakter auch mit einem Springvermögen und einer natürlichen Springtechnik, die wenige in dieser Disziplin untrainierte Vollblüter vorweisen können.

Der Hengst verfügt über ein GAG von 91 Kilo, seine Gewinnsumme in zwei Jahren lag bei fast 100 000 Mark. Sein Vater Luciano zählt zu den wichtigsten Vollbluthengsten in Deutschland nach dem Zweiten Weltkrieg, seine Mutter lieferte eine Reihe von überaus erfolgreichen Rennpferden.

Luciano xx	Henry the Seventh xx	King of the Tudors xx	Tudor Minstrel xx Glen Line xx
		Vestal Girl xx	Fairy Prince xx Vestalia xx
	Light Arctic xx	Arctic Prince xx	Prince Chevalier xx Arctic Sun xx
		Incandescent xx	Pont l'Eveque xx Invisible xx
Penza xx	Herbager xx	Vandale xx	Plassy xx Vanille xx
		Flagette xx	Escamillo xx Fidgette xx
	Phaenna xx	Honeyway xx	Fairway xx Honey Buzzard xx
		Princess Charming xx	Djebel xx Ciris xx

Protokoll

Geboren:	1978
Zuchtgebiet:	Vollblut
Farbe:	Schwarzbraun
Maße:	168 cm Stock
Besitzer:	Gestüt Birkhof, Familie Casper, Donzdorf

Quick Star xx
Vollblut-Hauptbeschäler im Südwesten

Viele Jahre lang war Baden-Württemberg nicht gerade mit guten Vollbluthengsten in der Warmblutzucht gesegnet. Das lag einmal daran, daß nur wenige aufgestellt und auch nachgefragt wurden, aber sicherlich auch daran, daß man dort oftmals nicht gerade ein glückliches Händchen bei der Auswahl solcher Hengste hatte.

Es gibt allerdings eine Ausnahme: Den schwarzbraunen Hengst Quick Star xx, der 1974 nach einer sehr erfolgreichen Rennlaufbahn (91 kg GAG) seine Beschäler-Tätigkeit auf dem Gestüt des Ehepaares Götze in Markgröningen-Talhausen aufnahm. Dieser Hengst war *der* Vollblüter im Lande für viele Jahre. Auch in Zeiten, in denen der Einsatz des englischen Vollblutes nur zögernd betrieben wurde, hatte Quick Star eine volle Deckliste.

Der Hengst ist verantwortlich für eine lange Reihe ausgezeichneter Mutterstuten, für überproportional viele Sportpferde in allen Disziplinen und für manche Preisspitze der baden-württembergischen Reitpferde-Auktionen. Beim baden-württembergischen Reitpferdechampionat und in der Abordnung dieses Zuchtgebietes zum Bundeschampionat waren meist Quick Star-Nachkommen fast wie selbstverständlich mit in der Spitze vertreten.

Der Hengst hat eine international äußerst interessante Abstammung. Er führt Blut, das in der internationalen Vollblutzucht, aber auch in der Warmblutzucht der Welt von höchstem Rang ist.

Sein Vater ist der Hengst Vierzehnender xx, der über Neckar und Ticino in die wohl erfolgreichste väterliche Vollblutlinie in Deutschland gehört. Vierzehnender und auch Neckar haben direkt oder über Nachkommen in einer Reihe von Warmblutzuchten Stempel hinterlassen.

Nicht weniger bedeutend die mütterliche Linie des Quick Star. Seine Mutter ist von Precipitation xx, einem Hengst, der zur allerersten Sahne der Vollblutzucht zählt. Nachkommen von ihm gewannen 431 bedeutende Rennen auf der ganzen Welt. Er ist auch Vater des Vollblü-

Vierzehnender xx	Neckar xx	Ticino xx
		Nixe xx
	Vogelweide xx	Widerhall xx
		Vockerode xx
Quick Stitch xx	Precipitation xx	Hurry On xx
		Double Life xx
	Woolwork xx	Loaningdale xx
		Tapestry II xx

ters Furioso xx, den wir immer noch als den wichtigsten Springpferde-Vererber überhaupt bezeichnen müssen. Furioso xx hat sich über Furioso II nachhaltig in den deutschen Reitpferdezuchten verankert.

Quick Star selbst ist dressurlich bis auf höchstes Niveau ausgebildet. Er vererbt gleichermaßen Adel, Härte und Leistungsvermögen. Sein starkes Fundament und sein gutes Kaliber bringen darüberhinaus Knochenstärke und Größe.

Lange Jahre mußte allerdings auf den ersten gekörten Nachkommen von Quick Star gewartet werden. Im Jahr 1988 glückte ihm dann ein großer Wurf: Zwei seiner Nachkommen wurden in diesem Jahr gekört und können die väterliche Linie in der Landeszucht erfolgreich weiterführen.

Protokoll

Geboren:	1966
Züchter:	Gestüt Heidehof, Marklendorf
Farbe:	Schwarzbraun
Maße:	167 cm Stock
Besitzer:	Gestüt Schlüsselberg,
	Rolf und Inge Götze,
	Markgröningen

Tiro
Der Vater von Titus

Neben dem bewährten Blut aus Hannover, Westfalen und auch Holstein hat die Zucht in Baden-Württemberg Mitte der achtziger Jahre mit einigen Hengsten auch französisches Blut eingesetzt. Gleichermaßen in der staatlichen und der privaten Hengsthaltung sind französisch gezogene Hengste aufgestellt worden.

Einem Glücksfall ist es sicher gleichgekommen, daß es einem rührigen Privathengsthalter in Baden-Württemberg gelang, den renommierten Vererber Tiro in das südliche Bundesland zu holen. Tiro ist über einige Jahre in Oldenburg, das zweifellos wie kaum ein anderes Zuchtgebiet in Deutschland mit französischem

Blut verwöhnt ist, einer der gefragten Beschäler gewesen.

Wahrscheinlich in erster Linie, weil er mit seinem herausragenden Sohn Titus einen würdigen Nachfolger stellen konnte, ist dieser Hengst abgegeben worden. In Baden-Württemberg ist Tiro mit offenen Züchterarmen empfangen worden. Gleich im ersten Jahr wurden ihm vergleichsweise viele Stuten zugeführt. In den Jahren, in denen Tiro in Baden-Württemberg aufgestellt wurde, begann in dieser Zucht der Einfluß französischen Blutes. Tiro wurde im Jahr 1983 für die baden-württembergische Zucht anerkannt. Bisher hat Tiro die Erwartungen, die auch für dieses Zuchtgebiet in ihn gesetzt wurden, ausgezeichnet erfüllt. Seine Fohlen sind rundherum gegenüber den Müttern verbessert, vor allem gefallen sie wegen ihres federnden Ganges mit sehr viel Schub aus der Hinterhand. Tiro ist 1972 in Frankreich geboren und wurde 1975 in Oldenburg zur Körung gestellt. Im hannoverschen Adelheidsdorf bestand er ein Jahr später seine Hengstleistungsprüfung mit der ausgezeichneten Punktzahl von 119 Punkten.

Auf der Nachkörung im Januar 1989 konnte Tiro auch in Baden-Württemberg seinen zweiten gekörten Sohn stellen. Mit den Hengsten »Top Gun« und »Tirius« ist seine Linie auch in Baden-Württemberg gesichert.

Tremolo xx	Le Tyrol xx	Verso III xx Princesse Lointaine II xx
	Charnerie xx	Chamach xx La Mousson IV xx
Victoire	Poker	Kultimate Toconde
	Quenouille	Yellowstone xx Madone

Protokoll

Geboren:	1972 in Frankreich
Farbe:	Braun
Maße:	169 cm Stock
Besitzer:	Manfred Welte, Ehingen-Rißtissen

Im besten Alter:
Hengst Tiro mit 17 Jahren.

Wanninger
In Bayern geboren – in Hannover gesiegt

Wie kommt der Reservesieger von Verden in den Besitz eines bayerischen Schwaben? Diese Frage haben sich schon viele Stutenbesitzer gestellt. Denn: Der Landstallmeister von Celle hat bei der Körung die erste Wahl – er kann sich die Hengste aussuchen, die er haben möchte. Erst danach können private Hengsthalter für den Rest der Hengste ihr Kaufangebot unterbreiten. Und einen Reservesieger hat sich der Landstallmeister noch niemals durch die Lappen gehen lassen.

Das hat es selten gegeben: Ein hannoversch gezogener Hengst, der in Bayern zur Welt gekommen und aufgewachsen ist, wird in Verden zur Körung gestellt – und Reserve-Sieger! Dem Wenzel-Sohn Wanninger ist das geglückt.
Dieser Hengst ist sicherlich der bisher größte Erfolg des Hannoveraner-Gestütes im bayerischen Schwaben, ganz in der Nähe von Krumbach. Hier werden ausschließlich Hannoveraner gezüchtet, die zum Brennen auch ins Zuchtgebiet nach Hannover gefahren werden,

also nicht den bayerischen Landeszucht-Brand erhalten.

Der Gestütsinhaber Dr. Hermann Sallinger ist ein Freund des in Hannover sehr erfolgreichen Vollbluthengstes Shogun xx. Im Jahr 1982 kaufte er in Niedersachsen die Stute Sheila von Shogun, sie war gerade tragend von Wenzel I, der zu dieser Zeit ein überaus gefragter Beschäler in Hannover war. Wenzel I hatte die Hengstleistungsprüfung seines Jahrganges gewonnen, war damals schon Vater einiger gekörter Hengste und zahlreicher Schausieger-Stuten. Knapp ein Jahr später kam dieses Fohlen zur Welt und bekam den Namen Wanninger.

Die Sheila von Shogun xx stammt aus der Gladiole von Glander (Grande Giso!), der ebenfalls Hengstleistungsprüfungs-Sieger gewesen war. Die Gladiole hatte neben der Sheila auch gekörte Hengste geboren.

Nach der Körung hätte Dr. Sallinger den Hengst vielfach verkaufen können. Doch er behielt diesen edlen und überaus gangstarken Beschäler in der eigenen Hand. In der ersten Decksaison verpachtete er ihn an das Haupt- und Landgestüt Marbach. Da er erst verhältnismäßig spät eingesetzt wurde, deckte er nur einige Stuten. Die Fohlen, die aus diesem Jahrgang gefallen waren, gefielen aber so gut, daß Wanninger in der Decksaison 1988 zum am meisten eingesetzten Hengst des staatlichen Gestüts wurde.

Wenzel I	Woermann	Wöhler Mandat
	Mon Cheri	Matador Diola
Sheila	Shogun xx	Tamerlane xx Suleika xx
	Gladiole	Glander Dorchen

Nach der Goldmedaille des Shogun-Nachkommen Shamrock in der Vielseitigkeits-Mannschaft von Seoul ist Wanninger wegen seiner mütterlichen Abstammung natürlich noch deutlicher ins Blickfeld geraten.

Protokoll

Geboren:	1983
Zuchtgebiet:	Hannover
Farbe:	Dunkelbraun
Maße:	168 cm Stock
Besitzer:	Hannoveranerhof Dr. Sallinger, Krumbach
Standort:	Haupt- und Landgestüt Marbach

Wettstreit
Größe und Springvermögen

In Baden-Württemberg hat sich das Gewicht zwischen Staats- und Privathengsthaltung in den vergangenen Jahren leicht verlagert. Die private Hengsthaltung mit rund der Hälfte der Hengste im Lande hat gegenüber dem Haupt- und Landgestüt deutlich aufgeholt. Inzwischen kooperieren private und staatliche Hengsthaltung mit dem Ziel einer weiteren Verbesserung der Landeszucht.

Besonders durch spektakuläre Hengste ist die private Hengsthaltung in den Vordergrund getreten.

In all den Jahren seit seiner Aufstellung in Baden-Württemberg eine volle Deckliste hatte der von Werner Schockemöhle übernommene Hengst Wettstreit. Dieser überaus kalibrige Hengst, der mit großem Springvermögen ausgestattet ist, schien sehr geeignet, in der Ver-

Wedekind	Ferdinand	Ferrara
		St.Pr.St. Herzenskind
	Atlasmädel	Athos
		Königsliebe
St.Pr.St. Fernruhe	Fernruf	Fermor III
		Fernröschen
	Achsenmaid	Axel
		Dolwetter

größerungsphase der baden-württembergischen Zucht eine entscheidende Rolle zu spielen. Diesen Part hat der Hengst seit 1981 mit Bravour übernommen und gelöst.

Seine Nachkommen haben sehr viel Wuchs, dabei aber auch Ausdruck, gute Halsungen und beste Schultern. Die Bemuskelung der Nachkommen ist sehr gut, die Kruppen sind gut gelagert. Wettstreit gibt seinen Nachkommen kräftige Fundamente mit gut markierten Gelenken mit. Die Pferde haben meist eine gute Aufrichtung, federnde Gänge und genügend Schub aus der Hinterhand.

Die Zuchtleitung sieht in diesem Hengst einen wichtigen Vertreter aus hannoverscher Zucht auf dem Weg zu etwas mehr Rahmen und Größe in der Zucht. In dieser Hinsicht ist die Nachzucht dieses Hengstes sehr einheitlich, Wettstreit kann deshalb als einer der bedeutendsten Vertreter der in einer Zucht so wichtigen »Erhalterhengste« gelten. Ein Beweis dafür sind die inzwischen gekörten Söhne Wettruf und Wilano, die von der Züchterschaft sofort angenommen worden sind.

Besonders sticht die große Persönlichkeit dieses Hengstes hervor, der väterlicherseits über Wedekind auf Ferdinand gezogen ist und mit einer Fernruf-Mutter auch auf der anderen Seite des Pedigrees bestes Blut erkennen läßt.

Protokoll

Geboren:	24. 4. 1972
Zuchtgebiet:	Hannover
Lebensnummer:	310074072
Züchter:	Klaus Krönke, Engelschoff
Aufzüchter:	Werner Schockemöhle, Lohne-Hopen
Besitzer:	Gestüt Birkenhof, Familie Casper, 7322 Donzdorf
Farbe:	Braun
Maße:	172 cm Stock
Gekört:	1974 in Vechta
HLP:	1975 in Adelheidsdorf
Deckeinsatz:	1975–80 Gisela Schockemöhle, Mühlen seit 1981 Gestüt Birkhof

Bayern:
Staatshengste immer mehr in der Defensive

Lange Jahre bestimmten in Bayern die staatlich aufgestellten Hengste deutlich das Bild. Nach einer kurzen Zeit, in der vornehmlich Trakehner Hengste aufgestellt waren, wurden in Bayern auch im Staatsgestüt sehr schnell Hengste aus Hannover, Westfalen und anderen Hochzuchtgebieten zur Bedeckung der Landesstuten empfohlen.

Doch die privaten Hengsthalter sind in Bayern besonders aufmerksam gewesen. In den vergangenen Jahren haben sich eine Reihe von wichtigen privaten Stationen etabliert und machen den Staatshengsten erheblich Konkurrenz. Von Anfang an haben sich die privaten Hengsthalter auf das beste Blut verlassen, das es in Europa in Hinsicht auf Leistung gegeben hat.

Aus den Hochzuchtgebieten, auch aus Frankreich, sind die Blutlinien in Bayern mit meistens herausragenden Exemplaren vertreten, die jeweils an der Spitze stehen.

Dies hat sich auf das ganze Zuchtgebiet äußerst segensreich ausgewirkt. Pferde mit dem Bayernbrand sind in der Breite gefragt, in manchen Exemplaren sind solche Pferde auch international erfolgreich. Da muß nicht unbedingt nur der Bronzemedaillen-Gewinner Nepomuk von Nathusius herhalten.

Diabolino
Mit der Manier der ganz Großen

Zuerst kommt er recht »bunt« daher – man möchte ihn für ein Dressur-Pferd halten. Große Partien, sehr viel Aufriß und ein enormes Gangvermögen. Es beweist sich wieder die Tatsache, daß Pferde mit besten Gängen auch springen können.

Es gibt Pferde, die in jungen Jahren mit sehr viel Aufmerksamkeit und in guter Manier gegen Sprünge gehen und sie fehlerlos überwinden. Die Pferde aber, die mit der ganz »großen« Manier schon in jungen Jahren auftreten, kann man deutlich unterscheiden. Ihnen fehlt manchmal die letzte Aufmerksamkeit bei kleinen Höhen, doch sie nehmen sich vor dem Sprung ohne Reitereinfluß deutlich zurück und lassen die Manier der »Weltmeister« erkennen. Dabei ist es bei kleinen Höhen vollkommen unerheblich, ob mal eine Stange fällt.

Ein solcher Hengst ist der Fuchs Diabolino. Er ließ durch die Art, an einen Sprung heranzugehen, schon mit drei und vier Jahren deutlich erkennen, daß er zu den Großen im Parcours zu rechnen sein würde. Das hat er schon im Alter von sechs, sieben und acht Jahren gehalten. Der Hengst geht S-Springen mit guten Erfolgen, nachdem er in M/A-Springen überaus erfolgreich vorgestellt worden war.

Der große und bestens linierte Fuchs ist ein Sohn des Westfalen Drilling von Direx. Drilling war lange Jahre für die bayerische Warmblutzucht nicht anerkannt. Erst seine Nachkommenleistung – wobei Diabolino ein wichtiger Trumpf ist – hat seine Anerkennung in jüngster Zeit durchgesetzt.

Diabolino ist aus einer Stute vom Hannoveraner Laterit gezogen, mütterlicherseits führt diese Stute das Blut des Trakehner Typvererbers Komet. Nach der ersten Fohlenschau wurde Diabolino für die Warmblutzucht im Lande anerkannt.

Neben seiner hohen Qualität als Springpferd verfügt der Hengst über drei ausgezeichnete Grundgangarten, er kann auch in der Dressur bis zur Klasse M vorgestellt werden.
In Münster-Handorf hat Diabolino 1983 seine Hengstleistungsprüfung abgelegt – er beendete diese Prüfung mit weit über 100 Punkten.

Protokoll

Geboren:	15. 4. 1980
Zuchtgebiet:	Bayern
Lebensnummer:	411100480
Züchter,	Gestüt Fleinhausen,
Aufzüchter,	Dr. Georg und Monika
Besitzer:	Oeppert,
	8901 Dinkelscherben
Farbe:	Fuchs
Maße:	171 cm Stock/180 cm
	Band/21 cm Röhre
Gekört:	1984 in München-Riem
HLP:	1983 in Münster-
	Handorf
Deckeinsatz:	seit 1984
	Gestüt Fleinhausen

Drilling	Direx	Dirigent St.Pr.St. Flora
	Schloßkind	Schalter Falkendohle
L	Laterit	Lateran Fernblüte
	Koncha	Komet Eichkatze

Flamenco
Bester Vater, beste Mutter

»Nur mit allerbesten Beschälern kann man zum einen eine Reitpferdezucht vorwärtsbewegen, zum anderen eine Deckstation lukrativ betreiben.« Das ist das Motto von Editha und Wolfgang Magiera vom Gestüt Bergwiese in Rennertshofen an der bayerisch/württembergischen Grenze. Für ihre Station waren sie vor gut fünf Jahren auf der Suche nach einem Frühlingstraum II-Sohn, denn das Blut dieses hervorragenden westfälischen Vererbers war noch nirgendwo in Süddeutschland vertreten. Im Westfälischen Pferdestammbuch konnte man zu diesem Zeitpunkt nichts Passendes anbieten, denn solche Hengste gehen »weg wie warme Semmeln«, und so verwies man die Suchenden an Franz Schnitker Pöhling.

Der große westfälische Züchter, im 85. Lebensjahr stehend, hielt zunächst nicht viel von dem angekündigten Besuch, ließ sich dann aber schnell von der Ernsthaftigkeit der Kaufabsicht überzeugen – und er hatte sehr wohl etwas anzubieten: Einen braunen Frühlingstraum II aus seiner staats- und DLG-prämierten Stute Ronda. Der Hengst deckte damals bei Wilhelm Plaas Böse in Lippstadt-Brambauer und sollte eventuell abgegeben werden. Dem westfälischen Zuchtgebiet hatte er bis dahin 33 Hauptstutbuch-Stuten, davon fünf prämierte Töchter, gestellt. Ausstrahlung, Auftreten, Gangvermögen und Sprungkraft des Hengstes begeisterten, die Ahnentafel ließ absolut keine Wünsche offen – und Magieras griffen zu.

Flamenco enttäuschte seine neuen Besitzer nicht. Bereits im ersten bayerischen Fohlenjahrgang fiel ein gekörter Sohn, der Fuchs Feuergeist. Im Januar 1989 erhielt mit dem topschicken Brauen Flanceur ein weiterer Sohn die Körwürde, der sich zwischenzeitlich mit spektakulären Materialerfolgen gut in Szene gesetzt hat.

Über Flamencos Vater Frühlingstraum II erübrigt sich eine breitere Abhandlung, sie würde wohl jeden Rahmen sprengen. Sein Vater Frühling war einer der herausragenden Stempelhengste Westfalens, seine Mutter Abendkind entstammt einer der erfolgreichsten westfälischen Stutenfamilien aus dem Hochzuchtgebiet um die Deckstation Varl.

Aus dem hier beheimateten Stutenstamm der Addi entsprangen das Springpferd Minister (N. Koof), das Dressurpferd Freiherr (H. Lammers), die Beschäler Frühlingstraum I und II, Dramaturg und Referent sowie zahllose staats- und DLG-prämierte Stuten. Frühlingstraum II gehört nicht erst seit Fire zu Westfalens erfolgreichsten Vererbern. Zwölf gekörte Söhne, 174 Hauptstutbuchstuten, davon 25 mit der Staats- bzw. Verbandsprämie, und eine Lebensgewinnsumme von knapp unter einer Million DM sprechen eine deutliche Sprache und beweisen, daß die Vererbung dieses Hengstes gleichmäßig gut in Zucht und Sport ist.

Flamencos Mutter Ronda entstammt Westfalens wohl berühmtester Stutenfamilie, der vom Züchterhof Franz Schnitker Pöhling ausgehenden Familie der Helferin. Dieser Stutenfamilie hat Westfalen in den 50er Jahren einen nie gekannten Preisregen auf DLG-Ausstellungen zu verdanken. Unter anderem erhielten Pferde dieses Stammes 1950 alle zu vergebenden Ia Preise der DLG – wenn das keine Empfehlung ist! Ronda selbst stammte vom »Bahnbrecher« der modernen westfälischen Reitpferdezucht, dem in Vornholz vom Angloaraber Ramzes und der hochverdienten Malta vom Beberbecker Oxyd gezogenen Schimmel Radetzky. Die Großmutter Fidelia war dreijährig Reservesiegerstute der DLG-Ausstellung und gewann im gleichen Jahr mit ihrem Züchter im Sattel das »Blaue Band« von Westfalen, ein Reitpferdechampionat. Schon damals die ideale Verbindung von Exterieurschönheit und Reitqualität!

Frühlingstraum II Ldb.	Frühling	Frühschein	Frühsport Feinau
		Fechta	Fesch Fulda
	Abendkind	Altist	Altmärker Aporina
		Addi	Abgott Ambrosia
Ronda St.Pr.St.	Radetzky	Ramzes	Rittersporn xx Jordi
		Malta	Oxyd Meerfahrt
	Astoria	Astrachan	Astral Flugalfa
		Fidelia	Friedländer Feta

Die mittlerweile 21jährige Ronda, eine dreifache Hengstmutter, und ihre 27jährige Mutter Astoria sind überaus fruchtbare Stuten. Noch heute grasen diese beiden Stuten, tragend bzw. mit Fohlen bei Fuß, friedlich auf den Koppeln im Lippstädter Overhagen.

So kombiniert Flamenco in seiner Ahnentafel nicht nur zwei der erfolgreichsten westfälischen Stutenfamilien, auch die in den ersten Generationen vertretenen Hengste zählen zur absoluten Elite in Deutschland. Frühlingstraum II, Frühling, Radetzky, der große Stutenmacher Astrachan und der bedeutende und verdienstvolle Fesch geben dem Pedigree eine ganz besondere Note. Die Eigenleistung – Dressurlektionen bis zur schweren Klasse beherrscht Flamenco aus dem ff und Sprünge mit Sb-Abmessungen sind für ihn absolut kein Hindernis – und seine Vererbung mit durchwegs gut linierten und bewegungsgewaltigen Kindern spiegeln seine hervorragende Abstammung wider.

Protokoll

Geboren:	26. 4. 1974 in Westfalen
Lebensnummer:	410275474
Züchter und Aufzüchter:	Franz Schnitker Pöhling, Lippstadt-Overhagen
Stationen:	seit 1983 Editha und Wolfgang Magiera, Gestüt Bergwiese, Buch-Rennertshofen
Farbe:	Braun
Gekört:	1976 in Münster, 1983 in München-Riem
HLP:	Prüfung unter dem Reiter 1977 bestanden

Landwind I und II
Die Vollbrüder in Bayern

Anfang Mai 1983 und Anfang Mai 1985 wurde im Stall des Züchters Heinrich Harms in Bad Oldesloe jeweils ein Hengstfohlen geboren. Heinrich Harms hatte seine große, braune Stute Pamir in beiden Fällen vorher von dem international berühmten Springpferde-Vererber Landgraf I decken lassen.

Die Stute Pamir, mit einem Stockmaß von 170 Zentimetern, war noch recht jung: Sie ist 1978 von dem Farnese-Sohn Fasolt geboren. Mit einer zufriedenstellenden Bewertung war die Pa-

mir 1981 im Alter von drei Jahren in das Stutbuch des Holsteiner Verbandes eingetragen worden.

1986 und 1987 war für den Züchter nach der Körung des Holsteiner Verbandes jedesmal viel Grund zum feiern: Beide Hengstfohlen aus der Stute Pamir waren auf den Körveranstaltungen in der Holstenhalle in Neumünster gekört worden.

Und beide Hengste traten danach den Weg nach Bayern an. Landwind I, der inzwischen den Zusatz J (für Jennissen) trägt, kam auf die Station der Familie Jennissen in der Nähe des bayerischen Friedberg, Landwind II wurde von Josef Bachl erworben. Er erhielt den Zusatz B (für Bachl) zu seinem Namen.

Äußerlich unterschieden sich die Hengste sehr einfach: Landwind I ist ohne Abzeichen braun, sein Vollbruder trägt weiße Abzeichen an drei Beinen und auf der Stirn.

Beide Hengste können die väterliche wie die mütterliche Abstammung nicht verleugnen. Wenn man nur nach dem äußeren Erscheinungsbild geht, muß man sie als klare Söhne ihres Vaters Landgraf I bezeichnen. Der »Guck«, den der Vollblüter Ladykiller vererbt hat, ist beiden Hengsten eigen. Im Exterieur sind beide Hengste allerdings gegenüber dem schweren und in einigen Partien auch recht grob gemachten Landgraf I um Klassen verbessert. Beide Hengste zeigen sich harmonisch in den Körperpartien und haben ein korrektes Fundament.

Für die Zucht in Bayern sind diese beiden Vollbrüder mit der Mutter aus der gar nicht hoch genug einzuschätzenden Holsteiner F-Linie (Farnese) zweifellos ein großer Gewinn.

Landgraf I	Ladykiller XX	Sailing Light	XX
		Lone Beech	XX
	Warthburg	Aldato	
		Schneenelke	
Pamir	Fasolt	Farnese	
		Konradine	
	Dulia	Felipe	
		Zutat	

Protokoll

Geboren:	Landwind I 9. Mai 1983, Landwind II 13. Mai 1985
Züchter:	Heinrich Harms, Bad Oldesloe
Farbe:	Braun
Maße:	170 cm Stock
Besitzer:	Landwind I – Gestüt Jennissen, Landwind II – Gestüt Josef Bachl

Landwind II bei der Körung in München-Riem

Landwind II aus dem Gestüt Bachl

Ramé Z
Ramiro und Almé

Mitte bis Ende der achtziger Jahre ist der Be-
schäler-Bestand in privatem Besitz in Bayern
durch eine lange Reihe spektakulärer Zukäufe
gewissermaßen auf internationales Niveau an-
gehoben worden. Vor allem die privaten
Hengststationen haben sich in dieser Hinsicht
verdient gemacht. Dies bedingt natürlich, daß
die meisten dieser herausragenden Hengste erst
wenige Jahrgänge im Zuchtgebiet vorweisen
können oder auch noch so jung sind, daß man

über ihre endgültige Bedeutung in der Zucht
noch keine Aussage machen kann.
Zu diesen Hengsten gehört der Braune Ramé
Z, den sich der bekannte Hengsthalter Josef
Bachl schon vor der Körung sicherte.
Dieser Hengst verbindet zwei international erfolgreiche Springpferde-Linien in seinem Pedigree. Sein Vater ist der braune Ramiro, über
dessen Bedeutung für die Springpferdezucht
der Welt nicht mehr viele Worte gemacht wer-

den müssen. Mütterlicherseits ist Ramé Z fast noch interessanter gezogen. Seine Mutter ist die Stute Alouette Z, eine Tochter des großen Almé, bei dem man sich nicht streiten muß, ob er nun der bedeutendste oder der zweitbedeutendste Springpferde-Vererber international ist.

Ramé ist im Gestüt Zangersheide von Leon Melchior gezogen worden. Das Hengstfohlen erhielt den Brand des Zuchtgebietes Hannover. Josef Bachl erwarb diesen Jung-Hengst und stellte ihn in München 1987 zur Körung. Im gleichen Jahr wurde Ramé zur Hengstleistungsprüfung in Medingen gestellt und konnte sie mit gutem Erfolg ablegen. Der Braune lag am Ende mit knapp 104 Punkten zwar nur im Mittelfeld des Prüfungslotes, doch mit 125 Punkten und der Note 9 im Teilindex Springen ragte er heraus. Erfolgreich ist Ramé bisher in Materialprüfungen und in Springpferdeprüfungen der Klassen A und L eingesetzt worden.

Der Hengst ist im äußeren Erscheinungsbild ein deutlicher Sohn seines Vaters Ramiro. Er ist im Ganzen harmonischer und ausgeglichener als der Vater; das wird dem Einfluß der sehr harmonischen und edlen Mutter zuzuschreiben sein.

Ramiro	Raimond	Ramzes	Rittersporn xx Jordi
		Infra	Fanatiker Lining
	Valine	Cottage Son xx	Young Lover xx Wait Not xx
		Holle	Logenschließer Ilona
Alouette	Almé	Ibrahim	The Last Orange xx Vaillante
		Girondine	Ultimate xx J'Vins-Mars
	St.Pr.St. Falkenehre	Feiertag III	Feiner Kerl Alpenwache
		Gotenfarbe	Gotland Iduna

Protokoll

Geboren:	25. Juli 1984
Züchter:	Leon Melchior, Gestüt Zangersheide
Farbe:	Braun
Größe:	170 cm Stockmaß
Besitzer:	Josef Bachl, Gut Fasselberg, Postmünster

Rio Negro
Willis Liebling

Als Höhepunkt des Schauprogrammes anläßlich der Bayern Pferd 1988 war »Dressurkunst mit Willi Schultheis« angesagt. Und er präsentierte dem begeisterten Publikum die Krönung reitsportlicher Ästhetik. Seine Darbietungen lockten so manchen Zuschauer vom wenige hundert Meter weiter gelegenen Dressurviereck weg, an dem eine Sankt-Georgs-Prüfung lief. Tänzer unter dem Sattel war der 18jährige Privathengst Rio Negro aus dem Fohlenhof Ritterswörth von Gerd und Peter Breitner.

Der Schwarzbraune wurde 1970 im Gestüt Vornholz des Baron von Nagel in Ostenfelde/Westfalen gezogen. Sein Vater Ramiro dürfte jedem sportlich und züchterisch Interessierten ein Begriff sein. Der Ramzes-Enkel aus Holsteiner Zucht war unter Fritz Ligges im Springsport bis zu internationalem Niveau erfolgreich. Seine züchterische und sportliche Nachkommenleistung in Holstein und Westfalen sucht ihresgleichen. Seine Kinder machen in nationalen und internationalen Springprüfungen Furore, seine Söhne begründeten neue blühende Zweige der Ramzes-Linie in allen deutschen Zuchtgebieten, und seine Töchter wurden Mütter erfolgreicher Pferde.

Rio Negros Mutter Fiona gehörte zur erfolgreichsten Stutenfamilie der Vornholzer Zucht, die sich auf die Hannoveranerstute Finnländerin von Intschede v. Flirt/Kirkland gründete. Aus dieser Stutenfamilie gingen u. a. hervor: Der »Bahnbrecher« der modernen westfälischen Reitpferdezucht, Radetzky; die Dressurpferde Mariano (Weltmeister unter Josef Neckermann) und Macbeth (Walter »Bubi« Günther) sowie das Springpferd Feuerdorn (Hans-Günter Winkler). Fiona selbst ist außerdem Großmutter des Beschälers Aldato v. Almé. Die schwarzbraune Stute des Geburtsjahrgangs 1958, Halbschwester des Feuerdorn und Vollschwester zu Willi Schultheis' gutem Turnierpferd Persico, ging erst elfjährig in die Vornholzer Zucht, wo sie in sechs Zuchtjahren drei schwarzbraune Hengste von Ramiro fohlte.

Ihr Vater war Pernod xx, jener erfolgreiche Vollblüter aus Vornholzer Zucht, der wohl ein einmaliges Leben im Dienste des Menschen hinter sich hat. Als Rennpferd gewann der gelegentlich recht eigensinnige Hengst über 44000 Reichsmark; nach dem Krieg kam er – von einem englischen Veterinär völlig lahmgeritten – in jämmerlichem Zustand zurück nach Vornholz und unter die Fittiche von Otto Lörke. Der machte aus ihm und Willi Schultheis ein Siegerpaar in über 75 M- und S-Dressuren. 15jährig begann Pernod xx eine dritte erfolgreiche Karriere als Deckhengst und Vererber von Dressurpferden.

Von seiner Mutterseite also hat Rio Negro die Dressurbegabung. Und bei allem Respekt vor Ramiros Vererberleistung: Der Charme, die Ausstrahlung, das Feuer, sein Adel, der herrliche Typ, das ist Pernods Erbe. Obwohl also dieser Vollblüter keinen Sohn in der Zucht hatte, wird sein Blut doch von diesem von ihm so sehr geprägten Enkel weitergetragen.

Rio Negro wurde in Holstein gekört und legte als Zweiter im Prüfungslot eine sehr gute Hengstleistungsprüfung ab. 1973/74 pachtete der Holsteiner Verband den Hengst an. Unter den 50 gefallenen Fohlen dieser beiden Saisons waren der Zuchthengst Rapallo, u. a. Vater der erfolgreichen Militarystute Roxana, sehr typvolle Mutterstuten, u. a. auch die Mutter des gekörten Hengstes und Bundeschampionats-Teilnehmers Fleming, und gute Sportpferde, u. a. Sabine Kneppers DM-Pferd von 1984, Rio Grande.

Nach Beendigung der Verbands-Pachtzeit ging Rio Negro in den Militarysport und wurde von seinem Besitzer in Prüfungen bis zur Klasse M vorgestellt. 1978 gelangte der Hengst für zwei Jahre in die Dressurausbildung von Willi Schultheis, der ihn bis zur Grand Prix-Reife führte. Anschließend ging er mit Peter Heinz Kern im Dressursport auf Turnieren. Durch Willi Schultheis' gute Verbindungen nach Bayern war Rio Negro den Gebrüdern

Breitner schon länger aufgefallen. Springreiter Peter Breitner reizte natürlich Ramiro als Vater, und Gerd Breitner, der für die züchterischen Belange des Fohlenhofs verantwortlich zeichnet, hatte wegen seiner Vornholzer Abstammung und seiner überragenden Eigenleistung schon lange ein Auge auf den schicken Schwarzbraunen geworfen. Immer wieder erkundigten sich Breitners bei Kern nach dem Hengst, doch der erklärte nur lachend, sein Hengst sei unverkäuflich. 1986 schließlich kam der erlösende Anruf aus Großmaischeid, Rio Negro solle für einen guten Preis in die Zucht gehen.

Aber der Hengst sah schlecht aus, und nicht nur der langjährige, harte Einsatz im Sport hatte seine Spuren hinterlassen. Breitners zögerten, doch Willi Schultheis riet zum Ankauf des Hengstes – und er hatte recht. Im Fohlenhof blühte der noble Ramiro-Sohn wieder auf, mit heute 19 Jahren ist er fit wie eh und je.

1988 präsentierte sich ein glanzvoller erster Fohlenjahrgang in Bayern. Trotz unterschiedlicher Mütter waren alle Fohlen deutlich von Rio Negro geprägt. Trittvermögen, Adel, Trockenheit und ein unwiderstehlicher Charme weisen deutlich auf den Vater hin.

Ramiro Pb.	Raimond	Ramzes	Rittersporn xx Jordi
		Infra	Fanatiker Lining
	Valine	Cottage Son xx	Young Lover xx Wait Not xx
		Holle	Logenschließer Ilona
Fiona	Pernod xx	Marcellus xx	Pergolese xx Moire xx
		Perlenreihe xx	Anakreon xx Postenkette xx
	Fischerin	Zew (Polen)	Horoskop xx Oza II (Beberb.)
		Finnländerin	Flirt Kebandina

Protokoll

Geboren:	26. 2. 1970 in Westfalen
Züchter und Aufzüchter:	Clemens Freiherr von Nagel-Doornick, Gestüt Vornholz, Ostenfelde/Westfalen
Stationen:	seit 1986 Gerd u. Peter Breitner, Fohlenhof Ritterswörth, Geisenfeld
Farbe:	Schwarzbraun
Abzeichen:	Stern
Gekört:	1972 in Elmshorn, 1986 in Schwaiganger
HLP:	1973 in Elmshorn

⚜⚜ Trakehner: ⚜⚜
Auch in den Landeszuchten wieder gefragt

Rund 300 Trakehner Hengste sind im Zuchtbuch des Trakehner Verbandes eingetragen. Die Trakehnerzucht wird als Bundeszucht ohne staatliche Unterstützung betrieben – es handelt sich also ausschließlich um Hengste in privatem Besitz. Inzwischen kann dies nicht mehr ohne Einschränkung so stehenbleiben: In jüngeren Jahren halten immer mehr Trakehner Hengste wieder Einzug in verschiedene Staatsgestüte. Nach einer staatlichen Trakehner-Abstinenz von rund 15 Jahren ist der Trakehner Hengst nun wieder gefragt.

Daneben erfreuen sich viele Trakehner Hengste in privatem Besitz großer Beliebtheit in den Landeszuchten. In Hannover, in Oldenburg, im Rheinland und auch in anderen Zuchtgebieten werden Trakehner Hengste wieder erheblich stärker von den Züchtern der Landeszucht benutzt.

Der Trakehner hat eine Verbesserung in Hinsicht auf Größe, Kaliber, Springveranlagung und Tritt mit etwas Aktion in den vergangenen Jahren unbeschadet bei Erhaltung des unverwechselbaren Typs hinter sich gebracht. In einer Pferdezucht-Phase, in der Wert auf das elegante, intelligente und ausdrucksstarke Pferd gelegt wird, sieht der »moderne« Trakehner einer guten Zukunft entgegen.

Anduc
Nicht nur ein Strahlemann

Hengste mit sehr viel Ausstrahlung, mit sehr viel Eleganz gibt es in der Trakehner-Zucht eine Menge. Doch mancher Strahlemann hält in der Leistung nicht, was er in der Optik verspricht – ein Gegenbeispiel dafür ist der dunkelbraune Strahlemann Anduc.

Seit seiner Körung ist der Trakehnerschimmel Marduc zu den wichtigsten Beschälern der Zucht gerechnet worden. Der Hengst lieferte in jedem Jahr herausragende Pferde, von denen viele im Sport erfolgreich waren. Mit der Stellung von gekörten Nachkommen tat sich Marduc allerdings immer etwas schwer.

Im Jahr 1981 ist ihm dann ein Volltreffer gelungen: Der schwarzbraune Anduc aus der Ibikus-Tochter Angelique, mütterlicherseits über Impuls gezogen. Im Jahr 1988 stellte Marduc einen weiteren gekörten Sohn, der sicherlich in seiner Gesamtqualität an Anduc heranreicht – den braunen Lehndorff.

Anduc wurde 1983 in Neumünster gekört. Er bezog danach seine Hengst-Box auf dem Rüdigheimer Hof in der Nähe von Hanau. Im Jahr seiner Hengstleistungsprüfung belegte Anduc, der während der Körungs-Tage noch etwas jungenhaft wirkte, nur sieben Stuten. Erst nach seiner ausgezeichneten Prüfung in Adelheidsdorf ließ der Hengst die Züchter aufhorchen: 122 Punkte, Leistungsklasse 1!

Natürlich wurde der Hengst für die hessische Warmblutzucht anerkannt, auf der 1. Bundesschau für Trakehner Zuchthengste wurde er prämiert. Neben seiner Beschäler-Tätigkeit wird der Hengst unter dem Dressursattel gearbeitet und hat inzwischen aufsehenerregende Erfolge zu verzeichnen. Siegreich in Wiesbaden im Championat, siegreich auf vielen Dressurprüfungen bis in die hohen Klassen.

Anduc ist überall, wo er auftritt, der Publikumsliebling: Ein großer Hengst mit faszinierender Ausstrahlung bei bestem Temperament und herausragenden Gängen, vor allem im Trabe – ein Strahlemann durch und durch, auch von der Leistung her.

Inzwischen gehört der Hengst zu den gefragtesten Beschälern in der Trakehner Zucht und auch in Hessen. Stuten werden viele hundert Kilometer weit gefahren, um von Anduc belegt zu werden.

Anduc verkörpert sicherlich über die Trakehnerzucht hinaus den Hengsttyp der achtziger Jahre, er ist der Prototyp des rahmigen, substanzvollen Edelpferdes mit großer Leistungsfähigkeit und Leistungsmöglichkeit, wie es überall auf der Welt heute von den Reitern aller Disziplinen gesucht wird.

Protokoll

Geboren:	1981
Züchter:	Hannelore Igstadt, Wiesbaden
Farbe:	Braun
Maße:	169 cm Stock
Besitzer:	Peter Langmann, Klaus Wittlich, Domäne Rüdigheimer Hof, Neuberg 2

Marduc	Halali	Gabriel	Gigant	Guido Gemse
			Erbin	Hanno Erdkunde
		Historia	Herbstwind	Perserfürst Herbstzeit
			Hymne	Sporn Halensee
	Madeira II	Ferlin	Maharadscha	Famulus Marke
			Feh	Altan Feodora
		Malvenblüte	Hansakapitän	Bussard Hansastadt
			Märchen	Altan Mascotte
Angelique	Ibikus	Hertilas	Loretto	Pindar xx Lorica
			Herbstgold	Totilas Herbstzeit
		Isolda	Impuls	Humboldt Italia
			Isola Madre	Pythagoras Isola Longa
	Angerapp III	Impuls	Humboldt	Hutten Bergamotte
			Italia	Eichendorf Ita
		Attacke	Komet	Goldregen Kokette
			Atlantis	Humboldt Atlanta

Arogno
Rittigkeit, Elastizität und gutes Temperament

Kaum ein anderer Trakehnerhengst ist in den achtziger Jahren von verschiedenen Landeszuchten so umworben worden wie der Braune Arogno. Schon jetzt kann festgestellt werden, daß dieser Hengst, der sicherlich dem Idealbild des »modernen« Trakehners entspricht, Zuchtgeschichte geschrieben hat.

Die in Irland gezogene englische Vollblutstute Arcticonius xx hat gemeinsam mit dem Trakehner Stempelhengst Flaneur eine Reihe von herausragenden Hengsten für die Zucht gestellt. Fraglos ist diese tiefe Stute mit bestem Gangwerk die erfolgreichste Vollblutstute, die in der Trakehnerzucht nach dem Zweiten Weltkrieg eingesetzt wurde.

Einen großen Anteil an dieser Bedeutung hat ihr Sohn Arogno von Flaneur. Der braune Hengst mit besten Proportionen im Körperbau, einem überaus klugen Gesicht und überragenden Reitpferdeeigenschaften ist bis heute im Besitz seiner Züchterin.

Arogno hat in Niedersachsen gedeckt (unter anderem auf einer Hannoveraner-Station), er steht 1989 in Hessen auf dem renommierten Gestüt Tannenhof.

In der Trakehnerzucht hat der Hengst eine Reihe von wichtigen Beschälern gestellt, die in ihrer Bedeutung dem Vater kaum nachstehen. Der Hengst Traumdeuter ist im Oldenburger Zuchtgebiet einer der gefragtesten Hengste und hat selbst in dieser Zucht schon eine Reihe

Flaneur	Maharadscha	Famulus	Fetysz ox	Bakszysz ox Sigl. Bagd. ox
			Faschingsnacht	Pretal xx Faschoda
		Marke	Marktvogt	Marke Sirene
			J. Feldrose	Hexenschuß Feldrose
	Flocke IV	Gabriel	Gigant	Guido Gemse
			Erbin	Hanno Erdkunde
		Flora	Go-Go xx	F. du Vent xx Goldynga xx
			Flamme	Tauentzien Flut
Arcticonius xx	Apollonius xx	Archive xx	Nearco xx	Pharos xx Nogara xx
			Book Law xx	Buchan xx Popingao I xx
		Preen xx	Pretorius xx	Son in Law xx Glenabatr. xx
			Toreen xx	Torlore xx Shiteen xx
	Arctic Gail xx	Hill Gail xx	Bull Lea xx	Bull Dog xx R. Leaves xx
			Jane Gail xx	Blenheim xx L. Higlass xx
		Arctic Path xx	Arctic Star xx	Nearco xx Serena xx
			Merry Path xx	Ballyogan xx Iverley Way xx

herausragender Söhne. Die Hengste Karon, Louidor und Schwadroneur gehörten in ihren Jahrgängen zu den Spitzenhengsten und weisen alle eine volle Deckliste auf.

Arogno selbst war auf dem zweiten Platz bei den Dreijährigen auf dem Bundeschampionat in Münster-Handorf im Jahre 1979, er belegte in Adelheidsdorf im gleichen Jahr bei der Hengstleistungsprüfung den hervorragenden vierten Platz.

Protokoll

Geboren:	1976
Züchter:	Ilona Wenzel, Hückeswagen
Besitzer:	Ilona Wenzel, Hückeswagen
Farbe:	Braun
Maße:	166 cm Stock
Standort:	Gestüt Tannenhof, Heidenrod 15 (Hessen)

Consul
Trakehner Sportpferdemacher

Zu einer sicheren »Bank« für die auch auf den sportlichen Feldern wieder aufstrebende Trakehnerzucht ist inzwischen der Halbblüter Consul geworden.

Consul hatte im Jahr 1986 seinen ersten Körjahrgang. Elf seiner Söhne waren zur Körung zugelassen. Er stellte den Siegerhengst (Seigneur), den Reserve-Sieger (Rockefeller), und

zwei weitere Söhne von ihm wurden gekört und zu hohen Preisen verkauft. Consul verspricht, der bedeutendste Stempelhengst der Trakehnerzucht nach dem Zweiten Weltkrieg zu werden – vor allem in Richtung Reiteigenschaften.

Consul ist ein Blitz-Starter gewesen: Er hatte in den ersten drei Jahren, die er als Deckhengst aufgestellt war, die meisten Stuten von allen

Trakehner Hengsten in Deutschland gedeckt. Zusätzlich war er eine kurze Zeit nach seiner Körung auch vom Hannoveranerverband anerkannt worden und gehört zu den wenigen Trakehner Hengsten in der jüngeren Zeit, die auch hier eine volle Deckliste haben. Teilweise wurden ihm weit mehr als 100 Hannoveraner Stuten zugeführt. Zusätzlich Stuten aus Westfalen, aus Hessen, aus Baden-Württemberg, aus Bayern, aus Oldenburg... Mit der Zahl der Stuten, die in einer Saison gedeckt wurden, kann der Trakehner Hengst Consul konkurrieren mit den Zahlen der weltweit berühmten Hengste auf den Stationen in Oldenburg, Westfalen, Hannover oder Holstein. Dies hat es in solchem Ausmaß in der Trakehner Zucht in jüngerer Zeit nicht mehr gegeben.

Mit einer ausgezeichneten Punktzahl war Consul Achter seines Prüfungsjahrgangs in der Hengstprüfungsanstalt Adelheidsdorf geworden. Danach wurde er in mehreren Material-Prüfungen erfolgreich gestartet. Die Championate in Wiesbaden gewann er gegen starke Konkurrenz in den Jahren 1983 und 1984 unter seiner Reiterin Katrin Poll, die den Hengst gemeinsam mit ihrem Mann Hubertus besitzt.

1984 wurde Consul Sieger-Hengst auf der DLG-Ausstellung in Frankfurt.

Consul ist wohl der moderne Hengst schlechthin. Obwohl er guten Trakehner Typ verkörpert, ist er der Veredler und Sportpferdemacher, der in allen Zuchten in Deutschland und sicherlich auch darüberhinaus heute gefragt sein muß. In seiner Vererbung – so wie das nach den ersten Fohlenjahrgängen zu beurteilen ist – hat er sich nicht aufgespalten.

In der Trakehner Zucht hat er sich auch nicht in erster Linie – was zu erwarten gewesen wäre –

Swazi xx	Herero xx	Borealis xx	Brumeaux xx / Aurora xx
		Horstia xx	Rockefella xx / Fair Emma xx
	Sayonara xx	Birkhahn xx	Alchimist xx / Bramouse xx
		Suleika xx	Ticino xx / Schw.-Bl.-Rot xx
Cornau	Lothar	Julmond	Julianus / Pady
		Loge	Löwentin / Lore
	Corry	Altan	Hirtensang / Alicante
		Corrida	Bussard / Corinna

als Veredler und Verfeinerer erwiesen, sondern im Gegenteil als Verstärker. Seine Fohlen sind typvoll, mit großen Linien ausgestattet, haben Kaliber, Größe, und fast durchweg sind die Fundamente verstärkt.

In anderen Zuchten, wo ihm auch überaus schwere und kalibrige Stuten zugeführt wurden, hat Consul seine Veredler-Qualitäten voll ausgespielt.

Die Verstärker-Rolle hat Consul sicherlich über seine Mutter Cornau geerbt, die eine fast ideale Verbindung von Kaliber und Typ darstellt.

Protokoll

Geboren:	1980 in Nordrhein-Westfalen
Züchter:	Trakehner-Gestüt Hunnesrück (Trakehner-Verband)
Farbe:	Dunkelbraun
Maße:	171 cm Stock
Besitzer:	Hubertus Poll, 3031 Hörem (Gilten)

Karon
Der Vater von Caprimond

Otto Langels auf dem Gestüt Hämelschenburg in der Nähe von Hameln ist als Aussteller bei den jährlichen zentralen Körungen des Trakehner Verbandes im holsteinischen Neumünster erfolgreich wie kaum ein anderer. In fast jedem Jahr ist der Züchter, der auch selbst ein erfolgreicher Dressurreiter ist, mit gekörten Hengsten dabei.

Die Besonderheit bei Langels ist die Tatsache, daß die meisten Hengste, die er zur Körung stellt, aus seiner eigenen Zucht stammen. So auch der Hengst Karon, der im Jahr 1983 – wie Traumdeuter – in Neumünster gekört und auch prämiert wurde. Karon stammt mütterlicherseits aus der Stutenfamilie der Kassette, einem Stutenstamm, den gerade Otto Langels besonders gepflegt hat.

Karons Vater ist der Flaneur-Sohn Arogno, den Otto Langels als herausragend für die Trakehnerzucht lange vor vielen anderen erkannt hatte und für eine gewisse Zeit als Pachthengst auf seine Station holte. Die Stute Karben stammt vom Hengst Ibikus, den ebenfalls Otto Langels viele Jahre aufgestellt hatte und der unter seinem Sattel eine Reihe von großen Erfolgen in »Rittigkeits-Prüfungen« hatte.

Schon als Zweieinhalbjähriger war Karon ein mächtiger Hengst: 168 Zentimeter Stockmaß, ein Röhrbeinumfang von 21,5 Zentimeter und ein Brustumfang von 202 Zentimeter. Trotzdem bestach dieser viel Blut führende Hengst durch außerordentlichen Trakehner Adel und sehr viel Ausstrahlung. Karon wurde zwei Jahre später auf der ersten Trakehner Hengstschau in

Arogno	Flaneur	Maharadscha*	Famulus	Fetysz ox Faschingsnacht
			Marke	Marktvogt J. Feldrose
		Flocke IV	Gabriel	Gigant Erbin
			Flora	Go-Go xx Flamme
	Arcticonius xx	Apollonius xx	Archive xx	Nearco xx Book Law xx
			Preen xx	Pretorius xx Toreen xx
		Arctic Gail xx	Hill Gail xx	Bull Lea xx Jane Gail xx
			Arctic Path xx	Arctic Star xx Merry Path xx
Karben	Ibikus*	Hertilas	Loretto	Pindar xx Lorica
			Herbstgold	Totilas Herbstzeit*
		Isolda	Impuls	Humboldt* Italia
			Isola Madre	Pythagoras Isola Longa
	Pr.St. Kaprice II	Impuls	Humboldt*	Hutten Bergamotte
			Italia	Eichendorf Ita
		Kassandra VI	Sporn	Pythagoras Sportliebe
			Kassette	Harun al Raschid ox Kasematte

Verden wieder mit einer Prämie ausgestattet. Seine Hengstleistungsprüfung machte Karon mit viereinhalb Jahren, also ein Jahr später als die meisten Hengste. Trotz des dadurch notwendigen Altersabzuges bestand der Hengst die Prüfung in Adelheidsdorf mit Bravour. Er kam mit fast 130 Punkten in die Leistungsklasse I.

Schon aus seinem ersten Deckjahr stellte Karon zwei gekörte Hengste. Neben dem Hengst Souvenir stellte Karon den Vererber Caprimond, der auf der Körung im Jahr 1987 Reservesieger wurde. Im Besitz von Burkhard Wahler wurde Caprimond später nur ganz knapp im Bundeschampionat 1988 in Hamburg-Schenefeld vom Sieger geschlagen. Er wurde danach unbeschränkt auch für Stuten des Hannoveraner Verbandes anerkannt.

Karon wechselte in der Saison 1989 seine Beschäler-Box von Hämelschenburg nach Cappeln bei Gudula Vorwerk-Happ. Sicherlich wird dieser herausragende Sohn des Hengstes Arogno eine ähnlich wichtige Rolle in der Oldenburger Zucht spielen wie sein Halbbruder Traumdeuter auf der Station Kathmann.

Protokoll

Geboren:	1981
Züchter:	Otto Langels, Emmerthal
Farbe:	Braun
Maße:	168 cm Stock
Standort:	Gudula Vorwerk-Happ, Cappeln

Matador
Donauwind zum Vater

Der Hengst Donauwind, der Vater des Ausnahmespringpferdes Abdullah geworden ist, war auch vorher schon in der Trakehnerzucht ein gefragter und erfolgreicher Beschäler. Nicht nur, weil er Vater eines der erfolgreichsten Vererber, des Hengstes Matador, ist – aber unter anderem auch deshalb.

Der braune Matador vereinigt in sich Kaliber, Größe und den ganz besonderen Trakehner Adel. Das machte ihn unter anderem zum Sieger bei der DLG-Ausstellung 1982 in München.

Matador vereinigt zwei sehr wichtige und gerade in den jüngeren Jahren sehr erfolgreiche Trakehner Blutlinien in seiner Abstammung. Mütterlicherseits ist Matador ein Sohn der DLG-Stute Maritza, die man sicherlich als die wichtigste Nachfahrin der sagenumwobenen Stute Marke bezeichnen kann.

Diese Stute Marke ist es gewesen, die den heutigen Vorsitzenden des Trakehner Verbandes, Gottfried Hoogen, an diese Rasse fesselte. Hoogen kam wenige Jahre nach dem Krieg zu dieser Stute. Ihr Temperament und ihr Charakter ließen Hoogen, einen rheinischen Pferdezüchter, zum Trakehner Züchter werden. Die Stute Maritza, nicht nur auf der DLG, sondern auch auf vielen anderen überregionalen Schauen hochdekoriert, ist die Enkelin der Marke.

Matador ist in jungen Jahren bei zwölf Materialprüfungen gestartet worden – er verließ in allen zwölf Fällen den Platz als Sieger, bei seiner Ausstrahlung und dem Exterieur kein Wunder. Der Hengst hatte seine gute Springveranlagung schon bei der Prüfung der Hengste bewiesen. Reiterlich wurde er – obwohl wegen des starken Deckeinsatzes nicht mehr auf Turnieren vorgestellt – bis zur Dressur-Klasse M gefördert.

Matador besticht in seiner Nachzucht durch Rahmen und erstklassigen Charakter. Er gibt sein Gangvermögen und auch seine Rittigkeit in hohem Maße seinen Kindern mit. Viele Matador-Kinder gehen im Turniersport. Nach der Gewinnsumme seiner Nachkommen ist Matador der beste Trakehner Hengst in der Gruppe der seit 1977 deckenden Hengste.

Im Jahre 1983 wurde Matador im Zuge der Auflösung des Verbands-Gestüts in Birkhausen an das Gestüt Jägerhof in Aschaffenburg verkauft. In Konkurrenz mit einer Reihe von Hengsten anderer Rassen bewies dieser hochnoble und starke Trakehner Hengst seine besondere Klasse durch hohe Deckzahlen.

Donauwind	Pregel	Tropenwald	Termit	Hyperion / Technik
			Tropenglut	Poseidon / Tropenzone
		Peraea	Hirtensang	Parsival / Hirnschale
			Per Adresse	Fetysz ox / Pergamon
	Donaulied vom Schimmelhof	Boris	Gabriel	Gigant / Erbin
			Bea	Indra / Beate
		Donau v. Schimmelhof	Hansakapitän	Bussard / Hansastadt
			Donna	Cancara / Dongola ox
Pr.St. Maritza	Gobelin	Stern xx	Berggeist xx	Aventin xx / Blaue Donau xx
			Signoretta xx	Ebro xx / Serenade xx
		Godiva	Hansakapitän	Bussard / Hansastadt
			Goldelse	Polarstern / Gondel
	Mata Hari	Absalon	Poseidon	Pirat / Polanka
			Abfahrt	Pirol / Appam
		Marke	Marktvogt	Marke / Sirene
			J. Feldrose	Hexenschuß / Feldrose

Protokoll

Geboren:	1974
Züchter:	G. Sauerbeck, Dannkerode
Farbe:	Schwarzbraun
Maße:	171 cm Stock
Besitzer:	Gest. Jägerhof, Aschaffenburg

Marduc
Viel Schwung und Elastizität

Der Hengst Marduc, neben der S-Dressur-Stute Kleopatra sicherlich der wichtigste Nachkomme des erst spät »entdeckten« Vaters Halali, ist ein feinfühliges Pferd, das seinem Reiter kaum etwas verzeiht, mehr noch, das erst eine wirkliche Partnerschaft mit diesem Reiter eingehen muß, bevor es zu großen Leistungen kommen kann.

Marduc ist mütterlicherseits über Maharadscha und Hansakapitän gezogen. Aus der Maharadscha-Richtung ist sicherlich auch seine Schimmelfarbe vererbt worden.

Geboren ist Marduc im Saarland. Im Gestüt von Guido Petry, dem das Verdienst anzurechnen ist, den Gabriel-Sohn Halali in späten Jahren in der Zucht zu großen Ehren gebracht zu haben. 1979 war Marduc auf der Körung in Neumünster der Reservesieger. Er hat sich sein ganzes bisheriges Leben dieser hohen Plazierung für würdig erwiesen. Schon auf dieser Körung ragte dieser Hengst mit seinen großen Gängen, vor allem aber wegen der enormen Elastizität des Bewegungsablaufes heraus. Er verbindet das, was auch seinen Großvater Ma-

158

haradscha auszeichnete: Adel mit größtmöglicher Aufmachung und Knochenstärke.

Marduc hat seinen Kindern große Rittigkeit, die Elastizität der Gänge und seinen bedeutenden Rahmen fast immer mitgegeben.

Über seinen Sohn Anduc, einen schicken, braunen Hengst, der absolut den Typ des modernen Hengstes der achtziger Jahre verkörpert, hat sich Marduc einen Nachfolger in der männlichen Linie geschaffen, der möglicherweise seinen Vater noch übertreffen kann. Anduc hat auf den großen Materialprüfungen und den Championaten, auf denen er gestartet wurde, immer und ausnahmslos begeistert. Als Materialpferd ist Anduc hoch dekoriert, und auch seine ersten Fohlenjahrgänge (er wird stark benutzt) lassen zu großen Hoffnungen Raum. Neben den guten Erfolgen in der Trakehner Zucht hat Marduc auch einige Jahre in der hessischen Landeszucht gewirkt (er war an das Landgestüt Dillenburg ausgeliehen).

Halali	Gabriel	Gigant	Guido Gemse
		Erbin	Hanno Erdkunde
	Historia	Herbstwind	Perserfürst Herbstzeit
		Hymne	Sporn Halensee
Madeira	Ferlin	Maharadscha	Famulus Marke
		Feh	Altan Feodora
	Malvenblüte	Hansakapitän	Bussard Hansastadt
		Märchen	Altan Mascotte

Protokoll

Geboren:	1977 im Saarland
Züchter:	Guido Petry, Saarburg
Farbe:	Schimmel
Maße:	170 cm Stock
Besitzer:	Familie Marggraf, Gestüt Wörme, Harburg

Patron
Der Leistungs-Trakehner

Die Trakehnerzucht ist in den vergangenen zwanzig Jahren sicherlich nicht reich an Hengsten gewesen, die über den Trakehner Typ hinaus auch sichere Leistungsvererber gewesen sind. Aus Polen ist ein Hengst eingeführt worden, dessen Nachkommen fast durchweg sehr gute Springpferde und vielfach auch gute Dressurpferde waren. Dieser Hengst trägt den Namen Patron und ist seit vielen Jahren auf der Station Vogelsangshof der Familie Hoogen zuhause.

Es hat im Rheinland eine Reihe bedeutender Trakehner Hengste gegeben. Im Gegensatz zu Westfalen ist das rheinische Zuchtgebiet dem ostpreußischen Pferd gegenüber immer sehr aufgeschlossen gewesen.
Der auch heute noch wichtigste Trakehner für die rheinische Pferdezucht ist ein Rappe, der in Polen aus Restbeständen Trakehner Pferde gezogen worden ist und vom heutigen Vorsitzenden des Trakehner Verbandes in die Bundesrepublik geholt wurde.

Dieser Patron hat allerdings nicht nur in der Zucht des Rheinlandes große Bedeutung – auch die heutige Trakehnerzucht ist ohne diesen Hengst kaum denkbar. Er hat in beiden Zuchten eine größere Zahl gekörter Hengste geliefert, und wenn es in diesen Zuchten um Leistungsfähigkeit und Leistungswillen geht, spielt dieser Rappe meistens auch im Pedigree mit.

Patron ist ein Trakehner mit großem Rahmen und schöner Linienführung. Besonders gut sind Kopf, Hals, Schulter und Oberlinie. Patron vererbt seinen Nachkommen gleichermaßen viel Gang und gewaltiges Springvermögen. Die Nachkommen dieses Hengstes sind durchweg groß und verfügen über ein gutes Fundament. Patron steht seit 1970 auf der renommierten Privatstation von Gottfried Hoogen in Kervenheim, was zweifellos auch für die Qualität eines Hengstes spricht.

Der Patron-Sohn Mackensen legte eine ausgezeichnete Hengstleistungsprüfung ab

Tranzyt	Akcjonariusz	Sandor	Tempelhüter Sanduhr
		Akcja	Polarstern Dryrekcja
	Tramontana	Pulverturm	Pack an Sina
		Tralala	Abstammung infolge Kriegsereignissen nicht feststellbar, linker Hinterschenkel doppelte Elchschaufel
Palatka	Traum	Tyrann	Pilger Thyra
		Allmende	Cent Alster
	Pociecha		Abstammung infolge Kriegsereignissen nicht feststellbar, linker Hinterschenkel doppelte Elchschaufel

Protokoll

Geboren:	1966 in Polen
Züchter:	Staatsgestüt Kadyny (Polen)
Farbe:	Rappe
Maße:	171 cm Stock
Besitzer:	Gestüt Vogelsangshof, Familie Hoogen, Kervenheim

Rockefeller
Trakehner Adel und Kaliber

Die ganz großen Vererber brauchen keine 10, 12 oder 15 Jahre, um sich für eine Zucht als überaus wichtig zu erweisen – sie sind es heute schon in jungen Jahren. Die Prognose sei gewagt: Von dem Ende der achtziger Jahre gerade fünfjährigen Hengst Rockefeller wird man in einigen Jahren als Stempelhengst sprechen, als Beginn einer neuen Phase in der Trakehner-Zucht – vielleicht nicht nur in dieser Zucht.

Auf dem Bundeschampionat 1988 in Hamburg-Schenefeld war er der Publikumsliebling und auch der Favorit der bekannten Fremdreiter. Allgemein konnte davon ausgegangen werden, daß Rockefeller den Triumph seiner Halbschwester Corna wiederholen würde. Doch unter dem Strich wurde der Hengst, nur um ein paar Stellen hinter dem Komma geschlagen, Zweiter des Bundeschampionats bei den Vierjährigen. Bei der zentralen Hengstkörung des Trakehner-Verbandes im Jahr 1986 war Rockefeller ebenfalls Reservesieger gewesen. Vor ihm stand ein Halbbruder, der später für den sensationellen Preis von 195000 Mark in die USA verkaufte Hengst Seigneur. Ein Jahr später ist Seigneur in den USA eingegangen, was die Frage erledigt hat, ob nicht doch Rockefeller der eigentliche Sieger dieses Jahrgangs hätte sein müssen.

Nach seiner Körung machte Rockefeller eine ausgezeichnete Prüfung in Adelheidsdorf. Er steht heute bei Katrin und Hubertus Poll auf dem Gestüt Hörem in Niedersachsen, wo er

162

schon als Absatzfohlen eine Heimat gefunden hatte.

Rockefeller hat seine Beschäler-Box auf dem gleichen Gestüt, auf dem auch sein so überaus erfolgreicher Vater Consul vom Vollblüter Swazi xx und der Prämienstute Cornau zuhause ist.

Die Mutter von Rockefeller ist die Stute Rauhe. Sie stammt aus der berühmten Trakehnerstute Rastenburg von Isländer und vom Hengst Donauwind, der auch Vater von Abdullah ist. Die Rauhe hatte vorher schon den Hengst Ravel von Mahagoni gebracht, der ebenfalls auf Hörem aufgezogen worden war und heute dort ein vielbeschäftigter Hengst ist.

Der überaus handliche Ravel besticht durch drei herausragende Grundgangarten und ein überragendes Springvermögen. Im Kaliber ist er eher mit seinem Großvater Donauwind vergleichbar.

Mit Rockefeller ist durch die Anpaarung der Rauhe mit dem typvollen, aber insgesamt größeren und substanzvolleren Consul sicherlich das Zuchtziel des Trakehners für unsere Zeit nahezu hundertprozentig erreicht. Rockefeller ist ein kalibriges Pferd mit viel Ausstrahlung, großem Adel, bestem Temperament, drei herausragenden Grundgangarten und sehr gutem Springvermögen. Nach zwei großen Fohlen-

Consul	Swazi xx	Herero xx	Borealis xx Horatia xx
		Sayonara xx	Birkhahn xx Suleika xx
	Pr.St. Cornau*	Lothar	Julmond Loge
		Corry	Altan Corrida
Rauhe	Donauwind	Pregel	Tropenwald Peraea
		Donaulied v. Sch.	Boris Donau v. Sch.
	Pr.St. Rastenburg	Isländer	Stern xx Island
		Regina	Lausbub Reni

jahrgängen läßt sich sagen, daß dieser Hengst seinen Kindern seine eigenen Vorzüge mitgibt, er macht rahmige, abgedrehte Fohlen, die ihn selbst in ihrer Typausstrahlung oft noch übertreffen.

Protokoll

Geboren:	1984
Züchter:	Hartmut Sylla, Großburgwedel
Farbe:	Braun
Maße:	170 cm Stock
Besitzer:	Hubertus Poll, Hörem, Gilten (Niedersachsen)

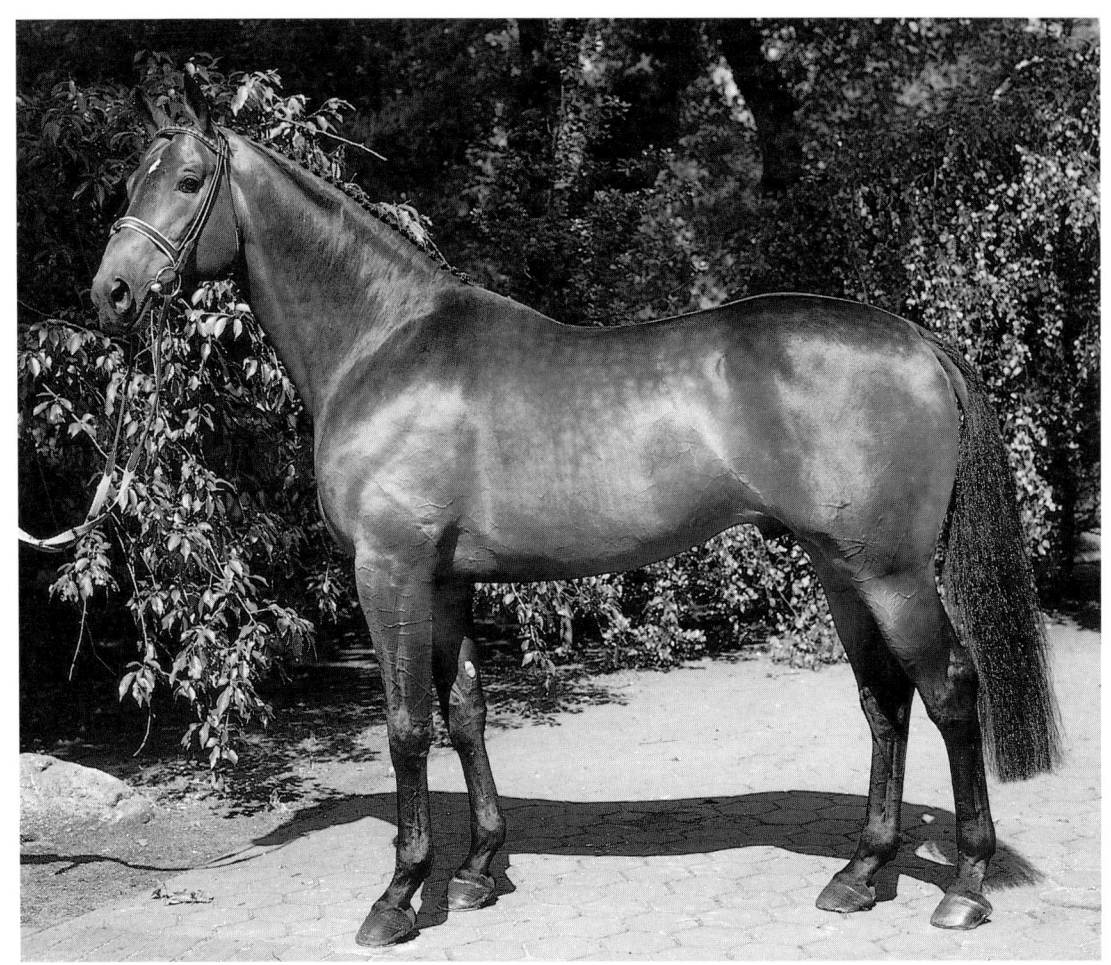

Traumdeuter
Noblesse für Oldenburg

Es war keine Sensation – doch es erregte erhebliches Aufsehen, als Ludwig Kathmann auf dem Trakehner Hengstmarkt 1983 in Neumünster auf einen dunkelbraunen Hengst steigerte, der noch etwas schlaksig wirkte, so ganz in seinen großen Rahmen noch nicht hineingewachsen war.

Ludwig Kathmann, der große Hengsthalter aus Oldenburg, wird diesen Traumdeuter auch vor der Körung schon gekannt haben: Der Hengst ist ganz in seiner Nähe, bei Züchter Alfred Lingnau in Bremen-Tenever, geboren. Mit viel Vorschußlorbeeren kam dieser Traumdeuter

auf die große Station Kathmann in Holtrup und wurde nun den Oldenburger Züchtern als Spezialhengst angeboten: Noblesse und Eleganz sollte er in die nun wahrlich nicht typlose Oldenburger Zucht zu bringen helfen.

Traumdeuter hat seine Vorschuß-Lorbeeren gerechtfertigt. Mehr als das: Schon aus seinem ersten Jahrgang standen fünf Hengste in Oldenburg im Körungslot, drei davon erhielten das Prädikat gekört. Ein Hengst mit Oldenburger Brandzeichen wurde nach Baden-Württemberg abgegeben und in diesem Zuchtland gekört. Der große, dunkelbraune Traum-Boy erfreute sich von Anfang an der Zuneigung der Züchter in Baden-Württemberg und deckte schon in seinem ersten Jahrgang rund ein halbes Hundert Stuten.

Auch das Interesse an seinem Vater in Oldenburg hat niemals nachgelassen. Traumdeuter hat immer eine volle Deckliste. Sicherlich ist dieser Hengst der Grund dafür, daß sich andere Stationen in Oldenburg weitere Trakehner Hengste sicherten, die ebenfalls mit gutem Erfolg in der Zucht eingesetzt werden.

Traumdeuter ist ein Sohn des Hengstes Arogno, der das Blut des Maharadscha über seinen Vater Flaneur und englisches Vollblut über seine herausragende Mutter Arcticonius xx in sich vereint. Dieser Arogno, der selbst von verschiedenen Stationen in Oldenburg immer wieder umworben wurde, den Weg in dieses Zuchtland bisher aber noch nicht fand, besticht durch Trakehner Ausstrahlung, durch Rittigkeit und Elastizität in den Gängen.

Auf der Mutterseite führt Traumdeuter Trakehner Leistungsblut über seinen Muttervater Patron und den Vollblüter Stern xx, der nicht nur in der Trakehnerzucht große Bedeutung hat. Patron ist sicherlich ein etwas herberer Trakehner, doch seine Nachkommen haben sich in erster Linie im Sport hervorgetan. Er zählt in der Trakehnerzucht und auch in der Zucht im Rheinland zu den Leistungsträgern,

Arogno	Flaneur	Maharadscha Flocke IV
	Arcticonius xx	Apollonius xx Arctic Gail xx
Traumwolke	Patron	Tranzyt Palatka
	Traumlied	Stern xx Trautste

gleichermaßen in der Dressur wie im Springen. Mancher Patron-Nachkomme geht auch sehr erfolgreich in der Vielseitigkeit.

Traumdeuter ist das Modell des modernen Trakehners mit langen Linien, sehr viel Rahmen und herausragenden Gängen. Bei aller Größe und bei dem vorhandenen Kaliber hat dieser Hengst die unverwechselbare Trakehner Ausstrahlung nicht verloren.

Protokoll

Geboren:	1981
Züchter:	Alfred Lingnau, Bremen
Farbe:	Braun
Maße:	170 cm Stock
Besitzer:	Ludwig Kathmann, Holtrup

Unesco
Springen bis Klasse S

Die Trakehnerzucht verfügt nur über wenige Hengste, sie sich als Springpferde-Vererber einen Namen gemacht haben. Leider werden viele von ihnen nicht sonderlich stark benutzt, weil die Mehrzahl der Trakehnerzüchter deutlich auf den Typ fixiert ist.

Der Hengst Kassius vom Stempelhengst der Trakehnerzucht, dem mächtigen Impuls, hat in der Zucht nach dem Zweiten Weltkrieg deutliche Spuren hinterlassen. Ohne Frage gehört er zu den wenigen wichtigen Hengsten innerhalb dieser Zucht in Bayern. In Verbindung mit einer Tochter des Leistungs-Vererbers Herbststurm, der lange Jahre auf dem Gestüt Hörstein bei Aschaffenburg zuhause gewesen ist, hat Kassius den 1977 gekörten Fuchs Unesco hervorgebracht.

Unesco wurde auf der Auktion dieser Körung vom damals bedeutenden Gestüt Karthäuserhof bei Trier gekauft. Der Hengst kam von Anfang an in eine gute reiterliche Hand und konnte sich seinen Möglichkeiten entsprechend entfalten. Leider wurden ihm in den ersten Jahren seiner Beschäler-Karriere verhältnismäßig fremde Stuten zugeführt.

Im Alter von fünf Jahren hatte Unesco die ersten Erfolge in A- und L-Dressuren und auch in Springen der Anfängerklasse. Sein Reiter und Ausbilder, Hans-Peter Karp, förderte ihn in Richtung Vielseitigkeit und konnte zwei Jahre später mit diesem Hengst den dritten Platz in der Vielseitigkeit bei den Landesmeisterschaften von Rheinland-Pfalz belegen. Nach der Auflösung des Karthäuserhofes als Trakehner Gestüt ging Unesco in die Hand des bekannten Springreiters Gerd Olze, der das ehemalige Trakehner Verbandsgestüt Birkhausen als Pächter übernommen hatte.

Olze förderte den Hengst vornehmlich im Springen und konnte mit ihm erfolgreich bis in die schwerste Klasse reiten. Das Team Olze-Unesco erreichte bis Ende 1988 29 Siege und Plazierungen in der Kategorie B und ebenfalls 29 Siege und Plazierungen in der Kategorie A. Der Hengst gewann zwei Springen der Klasse S und konnte sich in dieser höchsten Springklasse fast ein Dutzend Mal plazieren. Auch bei der Landesmeisterschaft im Springen landete Unesco im Spitzenfeld. Die Springanlage gibt Unesco an seine Nachkommen weiter. Er zeichnet für große und großrahmige Fohlen, die deutlich das Leistungspferd erkennen lassen.

Kassius	Impuls	Humboldt
		Italia
	Kassandra	Sporn xx
		Kassette
Udine	Herbststurm	Komet
		Herbstgold
	Uschi	Apfelkern
		Ute

Protokoll

Geboren:	1975
Züchter:	Dr. H. Stadler, Ering/Inn
Farbe:	Fuchs
Maße:	168 cm Stock
Besitzer:	Annegret und Gerd Olze, Trakehner Gestüt Birkhausen (Zweibrücken)

Im Überblick
Private Hengste
in Deutschland

Knapp 2000 Hengste sind in der Bundesrepublik auf privaten Stationen aufgestellt. Auf den nächsten Seiten sind diese Hengste vollständig aufgeführt. Auch in diesem Anhang wird von Norden nach Süden vorgegangen. Die Hengste sind in alphabetischer Reihenfolge aufgeführt.
Abkürzungen:
St.: Station   B.: Besitzer
Der Name des jeweiligen Hengstes ist fett gedruckt, das Zuchtgebiet ist in Klammern dahinter angegeben, es folgen die Namen des Vaters und des Muttervaters sowie die Farbe und das Jahr der Geburt.

Holstein

Ahorn (Holst.)
Almé/Ganeff
Braun/79

St.: Lothar Völz
Meldorfer Str. 5
2241 Wöhrden
(04839) 315
B.: Maas J. Hell
Horster Landstr. 42
2206 Klein Offenseth
(04126) 435

Athlet (Holst.)
Almé/Gotthard
Schimmel/79

St.: Lothar Völz
Meldorfer Str. 5
2241 Wöhrden
(04839) 315
B.: Maas J. Hell
Horster Landstr. 42
2206 Klein Offenseth
(04126) 435

Cabinett II (Holst.)
Calypso I/Colt
Braun/82

Gestüt Wahl & Co.
Hageresch 80
4800 Bielefeld
(0521) 884226

Calvados I (Holst.)
Cor de la Bryère/Raimond
Schimmel/74

Peter Manzke
2359 Hasenmoor
(04195) 1090

Cansas (Holst.)
Cor de la Bryère/Raimond
Schimmel/75

Claus Heinrich Peters
2383 Jübek
(04625) 203

Cantus (Holst.)
Caletto I/Roman
Schimmel/81

Maas J. Hell
Horster Landstr. 42
2206 Klein Offenseth
(04126) 435

Chirac (Holst.)
Waldenser xx/
Marlon xx
Dunkelbraun/76

Friedrich Otto jun.
Landrüh
2371 Tetenhusen
(04624) 2261

Corleone (Holst.)
Caletto II/Farnese
Braun/83

Lothar Völz
Meldorfer Str. 5
2241 Wöhrden
(04839) 315

Famos (Holst.)
Fähnrich/
Pink Pearl xx
Dunkelbraun/71

Fritz Jansen
2309 Schloß Bredeneck
(04342) 82382

Flacon (Holst.)
Farnese/Marder
Braun/65

Claus Heinrich Peters
2383 Jübek
(04625) 203

Labrador (Holst.)
Landgraf I/
Ramzes AA
Braun/76

St.: Tierklinik
Wiesenweg 2–8
2362 Wahlstadt
(04554) 2227
B.: Uwe Ketelsen
Hollingstedt

Landmeister (Holst.)
Liguster/Marlon xx
Braun/74

Reimer Witt
Koogstr. 69
2228 Friedrichskoog
(04854) 240

Landvogt (Holst.)
Ladykiller xx/Marder
Braun/66

Otto Theus
Gestüt Briegel
Flurweg 20
5628 Heiligenhaus
(02056) 6241

Latus (Holst.)
Landgraf I/Maximus
Braun/81

St.: Haupt- und Landgestüt
Marbach (Baden-Württemberg)
B.: Maas J. Hell
2206 Klein Offenseth
Horster Landstr. 42
(04126) 435

Lord Calando (Holst.)
Lord/Calando
Braun/85

St.: Lothar Völz
Meldorfer Str. 5
2241 Wöhrden
(04839) 315
B.: Maas J. Hell
2206 Klein Offenseth
Horster Landstr. 42
(04126) 435

Losander (Holst.)
Lord/Aldato
Braun/77

Lorenz Hoffmann
2286 Keitum
(04651) 31563

Maracaibo (Holst.)
Maestose xx/
Magister
Schimmel/75

Dr. Gert Herrmann
2301 Felmerholz
(04346) 1343

Midas (Holst.)
Maximus/Colibri
Schimmel/69

Beate Dude
2081 Hasloh
(040) 5225936

Montanus (Holst.)
Moltke I/Colt
Schimmel/72

Bernd Mohr
Thiensener Weg 28
2201 Ellerhoop
(04120) 577

Rocco (Holst.)
Rigoletto/Marlon xx
Schimmel/72

Lothar Völz
Meldorfer Str. 5
2241 Wöhrden
(04839) 315

Rolling Stone (Holst.)
Rushing Water xx/
Lateran
Fuchs/70

Thomas Rüder
2448 Blieschendorf
(04371) 3206

Romino (Holst.)
Ramiro/Moltke I
Dunkelbraun/79

St.: Dr. Dieter Thumann
Neue Burger Str. 54
2213 Wilster
(04823) 1614
B.: Reimer Witt
Koogstr. 69
2228 Friedrichskoog
(04854) 240

Ronald (Holst.)
Ramiro/Heilbutt
Braun/70

Hans Decker
2279 Norddorf
(04682) 2003

Sandro (Holst.)
Silvester/Marlon xx
Braun/83

Fritz Jansen
2309 Schloß Bredeneck
(04342) 82382

Zünftiger xx
Frontal/Nebelwerfer
Braun/78

Claus Heinrich Peters
2382 Jübek
(04625) 203

⋊ Hannover ⋉

Admiral II (Hann.)
Absatz/Pregel
Fuchs/71

Heinrich Menne
Dammstr. 18
3017 Pattensen

Almero (Hann.)
Absatz/Duden I
Fuchs/82

Rosemarie Langemeyer
Krache 4–5
3070 Nienburg

**Almé Star
(Rhl. Pf. S.)**
Almé/Gotthard
Fuchs/81

Erika Kuwert
An der roten Säule
4575 Hahnenmoor

Alpius (Hann.)
Akzent I/Adlerfarn I
Fuchs/84

Ludwig Fortmüller
Gut Rixförde 7
3107 Hambühren

Biagiotti (Hann.)
Bolero/Don Carlos
Braun/85

Gestüt Lieningshof
4458 Neuenhaus

Bonaparte (Hann.)
Bolero/Wendekreis
Fuchs/84

Jürgen Sandbrink
Brinkstr. 23
3176 Meinersen

Dorian (Hann.)
Don Carlos/
Domspatz
Rappe/69

Norbert Bramlage
Haus 42
2843 Dinklage

Exquisit (Hann.)
Ecuador xx/Joachim
Fuchs/75

Jörn Merzdorf
Reiterweg 4
3171 Ettenbüttel

Fridericus Rex (Hann.)
Furioso II/Endflug
Fuchs/78

Lothar Bentz
Gestüt Höhbeckhof
3131 Brunkendorf

**Frühlingstraum
(Westf.)**
Frühling/Altist
Braun/64

Gerhard Diekhaus
Hauptstraße
2849 Visbeck

Fugger (Hann.)
Frustra II/Wintersport
Fuchs/66

Gerhard Diekhaus
Hauptstraße
2849 Visbeck

Furinos (Hann.)
Furioso II/Waldhorn
Braun/84

Günter Kahle
Calenbergstr. 18
3050 Wunstorf

**Gardegeneral
(Hann.)**
Gardeulan/Winkel
Braun/80

Ludwig Kathmann
Holtruper Str. 36
2843 Holtrup

Gloster (Hann.)
Graphit/Watzmann
Dunkelbraun/84

Johann Löhden
Steddorfer Str. 6
2730 Heeslingen

Golden Sky (Hann.)
Grundstein/Black
Sky xx
Braun/84

Gisela Schockemöhle
Hebbelstr. 4
2842 Lohne

Graf Lehndorff (Hann.)
Graf Dagobert/
Lehnsherr
Schimmel/84

Ernst-August Scharfetter
Am Weinberg 25
2863 Ritterhude

Harnisch (Hann.)
Hassan/Anfechter
Braun/59

Oskar Heimbuch
Bahnhofstr. 3–11
3422 Bad Lauterberg

Impressario (Hann.)
Imperator/Darling
Dunkelbraun/85

Jürgen Sandbrink
Brinkstr. 23
3176 Meinersen

Interpol (Hann.)
Inschallah x/
Weinstern
Fuchs/85

Norbert Bramlage
Haus 42
2843 Dinklage

Lombardo (Hann.)
Lombard/Servus
Fuchs/84

Günter Kahle
Calenbergstr. 18
3050 Wunstorf

Luciano (Hann.)
Lukas/Eindruck II
Dunkelbraun/71

Gudula Vorwerk-Happ
4598 Cappeln
(04478) 233

Lukant (Hann.)
Lugano/Dwinger
Fuchs/68

Friedel Schüler
Wurpstr. 2
2887 Elsfleth

Magnum (Hann.)
Matrose/Gralsritter
Braun/82

U.+J. Armbrust
Gestüt Eichengrund
3040 Timmerloh-Soltau

Merlino (Hann.)
Maat/Pik König
Dunkelbraun/85

Günter Pape
Stader Str. 108
2170 Hemmoor-Basbeck

**Passepartout
(ZVfdPf.)**
Patras/Absatz
Dunkelbraun/84

H.-J. Köhler
Borsteler Dorfstr. 72
2810 Verden

**Pygmalion
(ZVdfPf.)**
Patras/Absatz
Schimmel/81

H.-J. Köhler
Borsteler Dorfstr. 72
2810 Verden

Raphael (Westf.)
Ramiro/Abhang I
Braun/79

Heinrich Sturke
Diekhof
2161 Wischhafen

Roncalli xx
Priamos/Masetto
Dunkelbraun/78

Norbert Bramlage
Haus 42
2843 Dinklage

Thronfolger (Hann.)
Traumdeuter/Aktuell
Braun/85

U. u. J. Armbrust
Gestüt Eichengrund
3040 Timmerloh-Soltau

Varus (Hann.)
Vollkorn xx/Weiler
Braun/75

H.-J. Köhler
Borsteler Dorfstr. 72
2810 Verden

Welgrano (Hann.)
Weltmeister/Grande
Braun/83

Günter Kahle
Calenbergstr. 18
3050 Wunstorf

Wendengott (Hann.)
Wendekreis/Gotthard
Schimmel/85

Horst Erxleben
Burgstr. 12
3119 Bienenbüttel

Wertschatz (Hann.)
Werther/Waldhorn
Braun/83

Thomas Philipps
4514 Bissendorf

Westminster (Hann.)
Weltmeister/
Inschallah x
Rappe/80

Gudula Vorwerk-Happ
4598 Cappeln
(04478) 233

Wittenberg (Hann.)
Woermann/
Pinturischio xx
Fuchs/78

U. u. J. Armbrust
Gestüt Eichengrund
3040 Timmerloh-Soltau

Absinth (Hann.)
Absatz/Iwan
Dunkelfuchs/73

G. Vorwerk-Happ
Cappeln
(04478) 233

Adriano (Hann.)
Admiral I/Wrede
Fuchs/75

Dr. Schüler
Elsfleth
(04404) 750

Akzent II (Hann.)
Absatz/
Waidmannsdank xx
Braun/74

L. Kathmann
Holtrup
(04447) 474

Akzentus (Hann.)
Akzent/Dezember
Fuchs/78

H. Ahlers
Oldenburg-Bümmerstede
(0441) 41921

Almeo (Old.)
Almé/Cold Slipper xx
Braun/81

G. Vorwerk-Happ
Cappeln
(04478) 233

Ampezzo (Old.)
Almé Star/
Wallenstein
Fuchs/85

H. Bührmann
Döhlen
(04487) 452

Andrew (Old.)
Admiral/
More Magic xx
Fuchs/75

H. Dirks
Maisidden
(04463) 240

Angelino (Hann.)
Aderlass/Novum xx
Braun/82

H. Schweers
Stollhammerwisch
(04735) 448

Argentinus (Hann.)
Argentan/Duden II
Braun/80

H. Klatte
Kl. Roscharden
(04472) 307

Beach Boy (Holl.)
Zeus/Lucky Boy xx
Dunkelbraun/83

L. Kathmann
Holtrup
(04447) 474

Belmondo xx
Botticelli/Neckar
Dunkelbraun/70

H. Bührmann
Döhlen
(04487) 452

Blue Grenadier xx
Grundy/Town
Crier

L. Kathmann
Holtrup
(04447) 474

Bombay (Old.)
Bonjour/Futuro
Dunkelbraun/85

B. Duen
Thüle
(04495) 315

Carprilli (Holst.)
Calypso I/Aldato
Rappe/83

H. Klatte
Kl. Roscharden
(04472) 307

Castro (Holst.)
Calypso I/Landgraf I
Fuchs/81

G. Vorwerk-Happ
Cappeln
(04478) 233

Cognac x (AA)
Taylor xx/
Mr. Jinks xx
Fuchs/72

H. Rüschendorf
Rüschendorf
(05491) 7867

Contender (Holst.)
Calypso II/Ramiro
Dunkelbraun/84

H. Bührmann
Döhlen
(04487) 452

Corlando (Holst.)
Calypso II
Braun/85

G. Vorwerk-Happ
Cappeln
(04478) 233

Cosinus (Holst.)
Cor de la Bryère
Braun/82

E. Willms
Esensh.-Oberdeich
(04732) 1465

Domino (Hann.)
Domspatz/
Archimedes
Braun/76

P. Schockemöhle
Mühlen
(05492) 1465

Domvogt (Hann.)
Diskus/Lombard
Rappe/84

G. Vorwerk-Happ
Cappeln
(04478) 233

Donnerhall (Old.)
Donnerwetter/Markus
Dunkelfuchs/81

Gestüt Grönwohldhof
O. Schulte-Frohlinde
2071 Grönwohld
(04154) 5202

Donnerkiel (Old.)
Donnerwetter/Lucado
Dunkelfuchs/83

Gestüt Grönwohldhof
O. Schulte-Frohlinde
2071 Grönwohld
(04154) 5202

Don Primero (Old.)
Donnerhall/Pik Bube
Dunkelbraun/85

Gestüt Grönwohldhof
O. Schulte-Frohlinde
2071 Grönwohld
(04154) 5202

Dorint (Hann.)
Damnatz/Seelöwe
Braun/81

Dr. Albert Schmidt
4554 Ankum

Falkonet (Old.)
Falkner/Futuro
Braun/83

H. Schweers
Stollhammerwisch
(04735) 448

Feinblick (Old.)
Feingau/Weltmeister
Fuchs/84

G. Vorwerk-Happ
Cappeln
(04478) 233

Feiner Stern (Hann.)
Freiherr/Goldstern
Dunkelbraun/83

L. Kathmann
Holtrup
(04447) 474

Feingau (Hann.)
Furioso II/Weingau
Fuchs/80

G. Vorwerk-Happ
Cappeln
(04478) 233

Feuerwerk (Old.)
First Gotthard/Futuro
Schimmel/85

G. Vorwerk-Happ
Cappeln
(04478) 233

Figaro (Old.)
Futuro/Götz
Fuchs/72

H. Ahlers
Oldenburg-Bümmerstede
(0441) 41921

Fingal (Old.)
Furioso II/Magister
Fuchs/78

W. Elbers
Garrel

Fiorello (Holst.)
Farnese/Cottage
Son xx
Dunkelbraun/75

L. Kathmann
Holtrup
(04447) 474

First Class I (Old.)
Furioso II/Zeus
Dunkelfuchs/83

St.: Dr. Albert Schmidt
4554 Ankum
B.: Bernie Traurig, USA

Flambeau (Hann.)
Furioso II
Braun/85

St.: J. D. Heidkross
Gieselhorst
(04488) 2298
B.: G. Vorwerk-Happ
Cappeln
(04478) 233

Freiherr (Old.)
Furioso II/Agram
Fuchs/76

L. Kathmann
Holtrup
(04447) 474

Freisturm (Hann.)
Freiherr/Duden I
Fuchs/82

H. Rüschendorf
Rüschendorf
(05491) 7867

Futuro (A.N.)
Furioso xx/
Hedjaz od. Galant
Fuchs/66

L. Kathmann
Holtrup
(04447) 474

Fürstenstolz (Old.)
Furioso II/Gotthard
Braun/85

G. Vorwerk-Happ
Cappeln
(04478) 233

Ganymed (Hann.)
Grundstein/Söldner
Fuchs/81

G. Schockemöhle
Mühlen
(05492) 1430

Gecko (Old.)
Gepard/Fürst Ferdinand
Braun/84

P. Schockemöhle
Mühlen
(05492) 1465

Glorieux (Old.)
Goldstern/Paladin
Rappe/85

L. Kathmann
Holtrup
(04447) 474

Godehard (Hann.)
Gotthard/Artur
Schimmel/76

G. Schockemöhle
Mühlen
(05492) 1430

Going for Gold (Old.)
Goldstern/
Ballyboy xx
Rappe/85

L. Kathmann
Holtrup
(04447) 474

Goldlöwe (Hann.)
Gotthard/Der Löwe
Schimmel/77

L. Kathmann
Holtrup
(04447) 474

Goldstern (Hann.)
Gotthard/
Waidmannsdank xx
Braun/72

L. Kathmann
Holtrup
(04447) 474

Grafenstein (Old.)
Grundstein/
San Fernando
Fuchs/85

G. Schockemöhle
Mühlen
(05492) 1430

Grand Canyon (Hann.)
Grannus/Adlersturm
Fuchs/83

P. Schockemöhle
Mühlen
(05492) 1465

Grannus (Hann.)
Graphit/Ozean
Rappe/72

H. Klatte
Kl. Roscharden
(04472) 307

Gratianus (Old.)
Grundstein II/Volturno
Braun/84

A. Böckmann
Hamstrup
(04472) 1211

Großglockner (Hann.)
Goldpilz/Kaspar
Schimmel/77

H. Rüschendorf
Rüschendorf
(05491) 7867

Grundstein II (Hann.)
Graphit/Sermon
Braun/79

A. Böckmann
Hamstrup
(04472) 1211

Harlekin (Old.)
Harnisch/Senator
Braun/71

H. Bührmann
Döhlen
(04487) 452

Hill Hawk xx
Sea Hawk/
Sallymount
Schimmel/72

Dr. Albert Schmidt
4554 Ankum

Ibn Saud (Old.)
Imperator/Wendekreis
Rappe/85

H. Klatte
Kl. Roscharden
(04472) 307

Inschallach x (AA)
Israel x/Nithard x
Schimmel/68

G. Vorwerk-Happ
Cappeln
(04478) 233

Inuki (Old.)
Inschallah x/Wirbel II
Schimmel/74

H. Rüschendorf
Rüschendorf
(05491) 7867

Jet Set (Hann.)
Jet Stream xx/Davos
Rappe/81

A. Staufenbiel
Klein Scharrel
(04486) 524

Katamaran xx
Priamos/Frontal
Braun/81

U. Focken
Immerwarfen-Friesenhörn
(04463) 307

Königstreuer xx
Frontal/Neckar
Dunkelbraun/77

G. Vorwerk-Happ
Cappeln
(04478) 233

Landadel (Holst.)
Landgraf/Farnese
Braun/81

A. Böckmann
Hamstrup
(04472) 1211

Landfrieden (Holst.)
Landgraf I/Calypso I
Braun/84

H. Rüschendorf
Rüschendorf
(05491) 7867

Landfürst (Old.)
Landgraf I/Gepard
Braun/85

P. Schockemöhle
Mühlen
(05492) 1465

Landsdown (Old.)
Landgraf/Fra Diavolo
Braun/82

P. Schockemöhle
Mühlen
(05492) 1465

Larinero (Holst.)
Ladalco/Farnese
Braun/85

H. Klatte
Kl. Roscharden
(04472) 307

Latent (Hann.)
Lanthan/Argentan
Rappe/85

Dr. Schüler
Elsfleth
(04404) 750

Laudatus (A.N.)
Laudanum xx/
Pot d´Or xx
Fuchs/85

H. Rüschendorf
Rüschendorf
(05491) 7867

Lavallo (Holst.)
Lord/Marengo
Schimmel/79

P. Schockemöhle
Mühlen
(05492) 1465

Livresco (A.N.)
Livarot/Uriel
Fuchs/84

A. Böckmann
Hamstrup
(04472) 1211

Lord Liberty (Holst.)
Lord/Convent
Dunkelbraun/85

A. Böckmann
Hamstrup
(04472) 1211

Lord Nelson (Old.)
Luciano/Furioso II
Rappe/75

Gestüt Albrechtshof
(04452) 1728

Manstein (Hann.)
Matrose/Hessenstein
Braun/79

St.: B. Meinardus
Stollh.-Ahndeich
(04735) 1335
B.: B. Meinardus und
H. Osterloh

Matador (Hann.)
Matrose/Cid
Braun/77

B. Duen
Thüle
(04495) 315

Mont Blanc (Old.)
Manstein/Luxus
Dunkelbraun/84

A. Böckmann
Hamstrup
(04472) 1211

Mortimer (Old.)
More Magic xx/
Miracolo xx
Schimmel/68

Dr. Schüler
Elsfleth
(04404) 750

Mythos (Old.)
Manstein/Vollkorn xx
Braun/85

B. Meinardus
Stollh.-Ahndeich
(04735) 1335

Noble Roi xx
Windwurf/Chief
Braun/82

St.: L. Schelling
Bettingbühren
(04406) 6423
B.: B. Meinardus
H. Osterloh

Panama (Old.)
Picasso/Pik Bube
Schimmel/84

O. Schulte-Frohlinde
2071 Grönwohld

Parabol (Westf.)
Paradox I/Waldschütz
Fuchs/83

G. Vorwerk-Happ
Cappeln
(04478) 233

Pernod (Old.)
Pikkolo/Sender
Schimmel/84

G. Vorwerk-Happ
Cappeln
(04478) 233

Picasso (Hann.)
Pokal/Inschallah x
Schimmel/79

O. Schulte-Frohlinde
2071 Grönwohld

Pik Bube (Hann.)
Pik König/Frustra II
Schwarzbraun/73

O. Schulte-Frohlinde
2071 Grönwohld

Pik Ramiro (Hann.)
Pik Bube/Grandioso
Braun/81

O. Schulte-Frohlinde
2071 Grönwohld

Pik Royal (Hann.)
Pik Bube/Diolen
Schwarzbraun/83

O. Schulte-Frohlinde
2071 Grönwohld

Pink Floyd (Old.)
Pik Bube/Duellschutz
Dunkelbraun/81

St.: H. Backhaus
Schweiburg
(04455) 268
B.: A. Böckmann
Hamstrup

Poliac (Old.)
Prinz Miro/
Miracolo xx
Braun/85

P. Schockemöhle
Mühlen
(05492) 1465

Ponticello xx
Rarity/So Blessed
Braun/81

H. Ahlers
Oldenburg-Bümmerstede
(0441) 41921

Prinz Karneval (Hann.)
Pik Bube/Wendepunkt
Schwarzbraun/85

O. Schulte-Frohlinde
2071 Grönwohld
(04154) 5202

Prinz Miro (Old.)
Pik Bube/Ramiro
Braun/78

L. Kathmann
Holtrup
(04447) 474

Prinz Oldenburg (Old.)
Picasso/Pik Bube
Schimmel/85

H. Klatte
Kl. Roscharden
(04472) 307

Quo Vadis (A.N.)
Garitchou x/Brilloso
Fuchs/83

G. Vorwerk-Happ
Cappeln
(04478) 233

Ramiro As (Old.)
Ramiro/Graphit
Dunkelbraun/81

H. Rüschendorf
Rüschendorf
(05491) 7867

Rigorosus (Holst.)
Rinaldo/Lamoux
Dunkelbraun/83

St.: H. Backhaus
Schweiburg
(04455) 268
B.: A. Böckmann
Hamstrup

Rio Zeus (Old.)
Ramino/Zeus
Braun/85

B. Duen
Thüle
(04495) 315

Rolando (Holl.)
Ramiro/Abgar xx
Schimmel/83

A. Böckmann
Hamstrup
(04472) 1211

Salut (Hann.)
Sender/Gong
Rappe/65

Dr. Albert Schmidt
4554 Ankum

San Carlos (Hann.)
San Fernando/
Don Carlos
Fuchs/82

G. Schockemöhle
Mühlen
(05492) 1430

Sandro (Holst.)
Sacramento Song xx/
Wahnfried
Dunkelbraun/74

P. Schockemöhle
Mühlen
(05492) 1465

Seydlitz (Westf.)
Sinatra/Damhirsch
Rappe/76

H. Rüschendorf
Rüschendorf
(05491) 7867

Sidney (Holst.)
Silvester/
Cor de la Bryère
Dunkelbraun/83

G. Schockemöhle
Mühlen
(05492) 1430

Sion (Holl.)
Sultan
Braun/84

H. Bührmann
Döhlen
(04487) 452

Strohmann xx
Manado/Aramis
Braun/81

A. Böckmann
Hamstrup
(04472) 1211

Thannhäuser (Old.)
Tiro/Admiral
Braun/78

Ph. Kronhardt
Ganderkesee
(04222) 2585

Titus (Old.)
Tiro/Vollkorn xx
Braun/78

L. Kathmann
Holtrup
(04447) 474

Top of Class (Old.)
Titus/Waldschütz
Braun/84

St.: L. Schelling
Bettingbühren
(04406) 6423
B.: B. Meinardus
H. Osterloh

Torero (Old.)
Tin Rocco/
Vollkorn xx
Rappe/82

Dr. Albert Schmidt
4554 Ankum

Ulan (Old.)
Usurpator xx/
Burghard
Dunkelbraun/66

H. H. Woltmann
Querenstede
(04403) 2550

Veritas x
Vidoc x/Rio Negro x
Braun/82

St.: J. D. Heidkross
Gieselhorst
(04488) 2298
B.: G. Vorwerk-Happ
Cappeln
(04478) 233

Waidglanz (Hann.)
Waidmannsheil/
Argentan
Dunkelbraun/83

H. Dirks
Maisidden
(04463) 240

Waikato (Old.)
Weinstern/Adonis xx
Fuchs/78

H. Ahlers
Oldenburg-Bümmerstede
(0441) 41921

Waldeck (Old.)
Watzmann/Löwen As
Fuchs/84

G. Schockemöhle
Mühlen
(05492) 1430

Walentino (Old.)
Weltmeister/Inschallah x
Braun/81

U. Focken
Immerwarfen-Friesenhörn
(04463) 307

Walldorf (Hann.)
Watzmann/Perser xx
Fuchs/79

L. Kathmann
Holtrup
(04447) 474

Walldorf II (Hann.)
Watzmann/Perser xx
Fuchs/85

A. Böckmann
Hamstrup
(04472) 1211

Wanderfalk (Old.)
Weltmeister/
Furioso II
Rappe/80

H. Rüschendorf
Rüschendorf
(05491) 7867

Wattenau (Old.)
Welt As/Usus
Rappe/82

G. Vorwerk-Happ
Cappeln
(04478) 233

Weltcup (Old.)
Weltmeister/
Praefectus xx
Rappe/77

A. Staufenbiel
Klein Scharrel
(04486) 524

Winston (Hann.)
Wettstreit/
Go Tobann xx
Braun/77

Dr. Albert Schmidt
4554 Ankum

Wolgatraum (Old.)
Woronesch/Bilbao x
Braun/85

E. Willms
Esensh.-Oberdeich
(04732) 1465

Zeus (A.N.)
Arlequin/Matador
Fuchs/72

G. Vorwerk-Happ
Cappeln
(04478) 233

Zymbal (Old.)
Zeus/Armand
Fuchs/82

A. Böckmann
Hamstrup
(04472) 1211

Argentinus

Abendprinz (Hann.)
Absatz/Perser xx
Dunkelbraun/77

Ludger Knapmöller
Ascheberg
(02593) 7434

Adlerflug (Westf.)
Adlerfels/Report
Dunkelbraun/80

M. Wellkamp
Gestüt Pröbsting
Borken-Hoxfeld
(02861) 2950 o. 1525

Agatho xx
Masetto/Mangon
Hellbraun/66

Josef Driller
Hattingen-Dumberg
(02324) 40898

Ahorn (Westf.)
Agent/Freitag
Fuchs/70

M. Wellkamp
Gestüt Pröbsting
Borken-Hoxfeld
(02861) 2950 o. 1525

Astronaut (Westf.)
Argwohn/Radetzky
Braun/79

Cosack'sche Gutsverwaltung
Lippstadt-Menzelsfelde
(02941) 8416

Atlantico xx
Kronzeuge/Shantung
Dunkelbraun/75

Hans Bockholt
Steinfurt-Borghorst
(02552) 2152

Attila (Hann.)
Arsenik/Waidmannsdank xx
Braun/78

Wilhelm Selle
Porta-Westfalica-Eisbergen
(05751) 7292

Brutus (Hann.)
Bolero/Grande
Fuchs/81

Hubert Hesker-Lengermann
Gestüt Hünenburg
Münster-Hiltrup
(02501) 3696

Cartusch (Westf.)
Caletto/Romanow
Braun/79

Ludolf Meier-Westhoff
Beckum-Neubeckum
(02525) 7203

Damenheld II (Westf.)
Damenstolz/Romadour II
Fuchs/85

Wilhelm Holkenbrink
Münster-Albachten
(02536) 1098

Denberg (Westf.)
Donnersberg/Sulla
Dunkelfuchs/83

Hubert Schmiemann-Luster
Hopsten
(05458) 7100

Dialog (Westf.)
Dilettant/Frühling
Braun/73

Cosack'sche Gutsverwaltung
Lippstadt-Mentzelsfelde
(02941) 8416

Diktatus (Westf.)
Diskret/Grünberg
Fuchs/79

Alfons Geuting-Wesselbaas
Bocholt-Spork
(02871) 43599

Dirnitz (Westf.)
Dilettant/Gurt
Fuchs/74

Josef Driller
Hattingen-Dumberg
(02324) 40898

Disco Boy (Westf.)
Disco-Star/Perlkönig I
Schimmel/81

Hans-Karl Kettner
Siegen 1
(0271) 52176

Exakt (Westf.)
Exponent/Direx
Fuchs/81

Josef Bone-Winkel
Velen-Ramsdorf
(02862) 2505

Fernandez (Westf.)
Frühlingsball/Adlerfarn II
Fuchs/79

Günter Stegemann
Gestüt Eichenhof
Datteln-Natrop
(02363) 2923 o. 52939

Feuerpfeil (Westf.)
Feuerschein I/Perseus
Fuchs/79

Dr. Hartmut Suppert
Hagen 7
(02331) 45777

Feuerstern (Westf.)
Frühlingsstern/Hirschberg
Fuchs/83

Gerd Wassmann
Siegen
(0271) 63977 o. 65841

Fidux (Westf.)
Filter/Burnus
Braun/68

Paul Pass
Marl-Frentop
(02365) 18312

Freudentänzer (Westf.)
Frühlingstraum II/Sioux
Braun/84

Heinrich Kühlmann
Rietberg 4 – Westerwiehe
(05244) 5061

Frühlingsstern (Westf.)
Frühlingstraum II/Angelo xx
Braun/77

Gut Holtmann
Billerbeck-Dörholt
(02543) 645

Fugato (Old.)
Furioso II/Papayer xx
Braun/73

Wolfgang Domhöfer
Reitanlage an der Loemühle
(02305) 84033

Fürstenstein (Westf.)
Flügel/Grünspecht
Braun/65

Wilhelm Selle
Porta Westfalica-Eisbergen
(05751) 7292

Gameton (Westf.)
Gonfaron/Ramiro
Dunkelbraun/84

Fritz Ligges
Ascheberg-Herbern
(02599) 1534 o. 2147

Gardestar (Hann.)
Gardestern/Wendekreis
Schimmel/84

Christa Dahlkamp
Selm-Bork
(02592) 61235

Glacier (Hann.)
Gletscher/Weingau
Braun/85

Hubert Vornholt
Münster-Angelmodde
(02506) 1244

Glamour (Hann.)
Graphit/Gotthard
Fuchs/84

Josef Schulze Elfringhoff
Ochtrup-Weiner
(02553) 1234

Gloucester (Hann.)
Garibaldi II/Marmor
Fuchs/83

Hubert Vornholt
Münster-Angelmodde
(02506) 1244

Gold-Dollar (Hann.)
Gotthard/Efendi
Schimmel/70

Kunibert Münch
Datteln-Natrop
(02363) 2224

Golden Sky (Hann.)
Grundstein I/
Black Sky xx
Braun/84

R. u. E. Hagemann
Hof Große Höckesfeld
Nottuln-Appelhülsen
(02509) 8269

Gonfaron (Westf.)
Goldlack/Remus I
Braun/79

Fritz Ligges
Ascheberg-Herbern
(02599) 1534 o. 2147

Gonzo I (Hann.)
Gepard/Diskant
Dunkelbraun/80

Willi Korte
Lengerich
(05484) 577

Götz (Hann.)
Götz/Lugano I
Fuchs/74

Hilde Rohmann
Marl
(02365) 15365

Grachus (Hann.)
Graphit/Gotthard
Schimmel/76

Heinrich Sandhowe jun.
Ascheberg
(02593) 243

Graf Aramis (Westf.)
Graf Spee/Aar
Fuchs/81

Gerhard Selter
Dortmund-Brechten
(0231) 802127

Gran Canon (Westf.)
Großadmiral/Bariton
Dunkelbraun/83

Hubert Vornholt
Münster-Angelmodde
(02506) 1244

Grande Gold (Westf.)
Grande/Gold-Dollar
Fuchs/77

Kunibert Münch
Datteln-Natrop
(02363) 2224

Grünhorn II (Westf.)
Grünschnabel/Ducker
Braun/62

Ernst-August Hülsenbeck
Breckerfeld-Filde

Grünling (Westf.)
Grünhorn II/Radetzky
Braun/68

Wilhelm Speckbrock
Datteln-Bockum
(02363) 4218

Kallistos (AA)
Djerba Qua ox/
Cor de Chasse xx
Dunkelbraun/70

Karl-Ludwig Lackner
Borgholzhausen
(05425) 6570

Lago Navaro (Hann.)
Lanthan/Adlerfarn II
Schwarzbraun/84

R. u. E. Hagemann
Hof Große Höckesfeld
Nottuln-Appelhülsen
(02509) 8269

Lanthan (Westf.)
Lucino/Eindruck II
Braun/80

Bärbel Lipowski
Arnsberg-Holzen
(02373) 3303

Larry L (Holst.)
Landgraf I/Lepanto
Braun/85

Fritz Ligges
Ascheberg-Herbern
(02599) 1534 o. 2147

Lido (Holst.)
Ladykiller xx/Heilbutt
Braun/72

Ludolf Meier-Westhoff
Beckum-Neubeckum
(02525) 7203 oder (02932) 35674

Lombard (Holst.)
Landgraf I/Ramiro
Braun/78

Lutz Gössing
Steinhagen
(05204) 2158

Maikönig (Hann.)
Maigraf xx/Athos
Braun/73

Anton Koggenhorst
Gescher-Büren
(02542) 1508

Maraschino (Westf.)
Milan/Ramiro
Braun/84

Josef Schulze Elfringhoff
Ochtrup-Weiner
(02553) 1234

Monte Carlo II (Westf.)
Milan/Saloniki
Braun/85

Wilhelm Mönnich
Datteln
(02363) 52313

Navigator (Westf.)
Nachtfalter/Grünspecht
Fuchs/76

Horst-Gustav Padtberg
Hattingen 15
(02324) 27075

Orlando (Westf.)
Octavo xx/Aar
Fuchs/75

Hubert Hesker-Lengermann
Gestüt Hünenburg
Münster-Hiltrup
(02501) 3696

Pandero (Westf.)
Parforce/Bariton
Braun/84

Richard Trippe
Schmallenberg
(02972) 6232

Pandur (Hann.)
Praefectus xx/Adlerfarn II
Braun/73

Willi Korte
Lengerich
(05484) 577

Paradox II (Westf.)
Papayer xx/Almfreund
Fuchs/70

Heinrich Sandhowe jun.
Ascheberg
(02593) 243

Parforce (Westf.)
Paradox II/Goldlack
Braun/80

Ludger Knapmöller
Ascheberg
(02593) 7434

Partylöwe (Westf.)
Parforce/Mohn xx
Dunkelbraun/84

Ludger Knapmöller
Ascheberg
(02593) 7434

Perlmutt (Westf.)
Pakt/Fling III
Braun/83

Heinz König
Sundern-Westenfeld
(02933) 2231

Phantom (Westf.)
Pilot/Adlerorden
Braun/85

Hilde Rohmann
Marl
(02365) 15365

Pianist (Westf.)
Paradox II/Frühlicht
Braun/81

Friedhelm Thewes
Herdecke
(02330) 72861 o. 71524

Pilatus (Westf.)
Perseus/Duellant
Braun/65

Kunibert Münch
Datteln-Natrop
(02363) 2224

Platon II (Westf.)
Plutos/Dirigent
Braun/84

Josef Platte
Attendorn-Niederhelden
(02721) 1310

Playboy (Westf.)
Platon/Buchara xx
Braun/79

Wilhelm Rüscher-Konermann
Greven
(02571) 2284

Plutos (Westf.)
Pluchino xx/Abenteurer
Braun/66

Gestüt Papenhausen
Bad Salzuflen-Papenhausen
(05261) 68374

Pont du Gard (Westf.)
Pontius/Gold-Dollar
Schimmel/83

Kunibert Münch
Datteln-Natrop
(02363) 2224

Power (Westf.)
Pilot/Perlit
Braun/85

Hubert Vornholt
Münster-Angelmodde
(02506) 1244

Prinz Pilot (Westf.)
Pilot/Romulus I
Braun/85

Heinrich Kühlmann
Rietberg 4 – Westerwiehe
(05244) 5061

Ramiro's Son (Holst.)
Ramiro/Moltke I
Braun/80

Fritz Ligges
Ascheberg-Herbern
(02599) 1534 o. 2147

Rastelli (Westf.)
Remus II/Donnersberg
Braun/83

Marlene Huerkamp
Oer-Erkenschwick
(02368) 1737 oder
(02361) 72074

Renard (Westf.)
Ramiro/Ben Shirin xx
Braun/80

Rolf Kappel
Senden

Renoir I (Westf.)
Romadour II/Goldlack
Braun/81

Wilhelm Holkenbrink
Münster-Albachten
(02536) 1098

Ribot (Westf.)
Ramiro/Damhirsch
Braun/78

Fritz Ligges
Ascheberg-Herbern
(02599) 1534 o. 2147

Rio (Westf.)
Realist/Dilettant
Braun/77

Claudia Neveling
Gestüt Salingen
Dortmund-Salingen
(0231) 75852

Rivellino xx
Rheingold/St. Chad
Braun/79

Heinrich Sandhowe jun.
Ascheberg
(02593) 243

Roderich (Westf.)
Ramzes/Fangball
Schimmel/64

Willi Korte
Lengerich
(05484) 577

Rodney (Westf.)
Ramiro/Usurpator xx
Dunkelbraun/75

Fritz Ligges
Ascheberg-Herbern
(02599) 1534 o. 2147

Roland (Westf.)
Radetzky/Weißgold
Braun/70

Hans Rahmann
Werther
(05203) 3343

Romanus (Rhld.)
Roman/Nardus xx
Fuchs/80

Bernhard Klockenkemper
Metelen
(02556) 403

Römer (Westf.)
Romulus I/Flugsand
Dunkelbraun/69

Wilhelm Hukriede
Lienen-Kattenvenne
(05484) 1371

Romulus II (Westf.)
Remus I/Fabriano
Braun/62

Cosack'sche Gutsverwaltung
Lippstadt-Mentzelsfelde
(02941) 8416

Rondo (Westf.)
Remus I/Günstling
Braun/77

Heinrich Theil
Rheine
(05971) 55377 o. 53188

Rossini (Westf.)
Rokoko/Cyrian
Braun/79

Marlene Huerkamp
Oer-Erkenschwick
(02368) 1737 oder
(02361) 72074

Rowdy (Westf.)
Roderich/Frühling
Dunkelbraun/72

Stall Flandersbach
Wülfrath (Rhld.)

Royalist (Westf.)
Roderich/Pandur
Schimmel/82

Hans u. Wilfried Becker
Medebach-Langeln
(02982) 8256

Saboteur (Westf.)
Schwangau/Agami xx
Schwarzbraun/81

Franz Humpert
Iserlohn-Letmathe
(02374) 4449

Situs (Westf.)
Sioux/Dorado II
Rappe/70

Hermann Tappe
Lippetal-Herzfeld
(02923) 285

Ulan (Westf.)
Urquell/Radetzky
Dunkelbraun/80

Heinz König
Sundern-Westenfeld
(02933) 2231

Vasall (Hann.)
Vollkorn xx/Wolfsburg
Braun/75

Paul Pass
Marl-Frentrop
(02365) 18312

Vulkan (Old.)
Vierzehnender xx/
Wirbel II
Braun/73

Ludolf Meier-Westhoff
Beckum-Neubeckum
(02525) 7203

Waidmann (Hann.)
Waidmannsdank xx/
Ferdinand
Rappe/69

Anton Koggenhorst
Gescher-Büren
(02542) 1508

Weltcup (Hann.)
Wendekreis/Miracolo xx
Braun/76

Paul Pass
Marl-Frentrop
(02365) 18312

Wettstreit (Hann.)
Wedekind/Aktionär I
Fuchs/75

Bernhard Klockenkemper
Metelen
(02556) 403

Wogenbrecher
Werther/Gardestern
Fuchs/85

Gestüt Geisbeck
Hof Messmaker-Hörstrup
Südkirchen
(02596) 878

Rodney unter Fritz Ligges

Admiral (Hann.)
Aderlaß/Dominik
Fuchs/76

Hermann Lohmann
Fronhof
4019 Monheim
(02173) 57056

Adlerflug (Westf.)
Adlerorden/Arianer
Schwarzbraun/80

Peggy u. Peter Mischeln
Wiesenstr. 2
5303 Bornheim 2
(02236) 2949

Aducht xx
Dschingis Khan/
Wahnfried
Braun/75

Otto Nagel
An der Kuhbrücke 20
5160 Düren
(02421) 54756

Alasko (Rhld.)
Adlerblick/Wurf
Fuchs/80

August Camp
Gestüt Brauershof
4170 Geldern
(02831) 3072

Altano Z (Hann.)
Almé/Goldberg
Fuchs/81

St.: Ulrich Plein
Gestüt Papengatt
4193 Kranenburg
(02826) 5584
B.: E. W. Contzen
Jahnshof
5042 Erftstadt-Konradsh.
(02235) 6262

Amanth (Rhld.)
Amazonas/Lotse
Fuchs/81

Wilfried Gehrmann
Bergstr. 62
5603 Wülfrath
(02058) 72931

Amazonas (Hann.)
Absatz/Adorno
Braun/77

Peggy u. Peter Mischeln
Wiesenstr. 2
5303 Bornheim 2
(02236) 2949

Anakreon (A)
Amor/Shagya
XXXVI
Schimmel/75

Reiner Kugel
Kirchenfeld Weg 46 B
5600 Wuppertal 17
(02058) 80111

Angeli (Westf.)
Angelo xx/Aar
Braun/70

Heinrich Nothofer
Bistard 25
4060 Viersen 11
(02162) 55719

Apartos (Westf.)
Apart/Sinatra
Braun/81

Johann Hinnemann
Hammweg 159
4223 Voerde
(02855) 6383

Apell (Hann.)
Argus/Grande
Fuchs/76

Hans-Jakob Büsch
Annaberger Hof
5300 Bonn 2
(0228) 316458

Artenstolz (Westf.)
Artwig/Wohlklang
Dunkelbraun/80

Sandra Hinse
Drosselstr. 8
4300 Essen 1
(0201) 443860

Balaton (A)
Gazal VII/O'Bajan
XIII
Schimmel/72

Ruth Pack
Oberagger
5226 Reichshof 21
(02256) 360

Bal Paré (Rhld.)
Bariton/Dirigent
Rappe/82

Hubert Nettekoven
Burg Münchhausen
5307 Wachtberg-Adendorf
(02225) 4041

Balvados (Rhld.)
Bariton/Gralsritter
Fuchs/84

Erdmuthe Rosner
Haus Uhlenhorst
5232 Flammersfeld-
Strickhausen
(02683) 43610 o. 42769

Batum (Hann.)
Bolero/Argus
Fuchs/84

Gestüt Babiacki
Lohstr. 20
4242 Rees 1
(02850) 390

Behring (Hann.)
BlackSky xx/
Ferdinand
Schwarzbraun/73

Willy Laprell
Lindener Str. 7 B
5138 Heinsberg
(02452) 3562

Caribo (Holst.)
Calypso II/Wahnfried
Dunkelbraun/80

Dr. Günter Gliem
Lindenkreuz 1
5164 Nörvenich-Eschweiler
(02426) 4433

Christian Prince xx
Rajah Sahib/
Oncidium
Dunkelbraun/78

Gestüt St. Ludwig
Klosterweg 20
5144 Wegberg
(02436) 2021

Contango (Rhld.)
Condus/Angelo xx
Schimmel/73

Kurt Capellmann
Gut Heidchen
5102 Würselen
(0241) 16055

Dalheim (Hann.)
Dürkheim/Bleep xx
Dunkelbraun/80

Gebr. Rueben
Lindenplatz 15
5102 Würselen
(02405) 2520

Debussy (Westf.)
Dialekt/Adlerfels
Fuchs/83

Gerd Melchior
An der Wasserkaul 3
5024 Pulheim

Diamant (Rhld.)
Dilettant/Abhang II
Braun/78

Gestüt Hausgrund
Hausgrund 9
5253 Lindlar-Hommerich
(02268) 7469

Dimitrie (Westf.)
Debütant/Discont
Dunkelbraun/84

Hartmut Grund
Schul 15
5231 Reisbitzen
(02683) 6737

Diogenes (Westf.)
Dialekt/Bream xx
Dunkelbraun/81

Brigitte Büttner
Obmettmann 13
4020 Mettmann
(02353) 5167

Disponent (Rhld.)
Domfalk/Ascher
Fuchs/80

Witold Loszycki
Stadionstr. 31
5180 Eschweiler
(02403) 65859

Domfalk (Hann.)
Don Carlos/Abglanz
Braun/70

Witold Loszycki
Stadionstr. 31
5180 Eschweiler
(02403) 65859

Domfürst (Rhld.)
Disco King/
Romanow
Braun/85

Johann Dreissen
Engelbertstr. 55
5135 Selfkant-Isenbruch
(02456) 2210

Dom Perignon (Rhld.)
Domfalk/Ascher
Braun/82

Andrea Schlütter
Niephauser Str. 131
4130 Moers 3
(02841) 76002 o. 74699

Dondolo (Rhld.)
Dreiklang/Haakon
Schimmel/78

St.: Peter Schweimanns
Gestüt Schultenhof
In der Issel 49
4005 Meerbusch 1
(02105) 5406
B.: Eduard Raphaelson
Postfach 123
4050 Mönchengladbach
(02161) 34241

Dürengo (Westf.)
Dietward II/Cyrillus
Braun/80

Otfried Knotte
Niederbröl
5223 Nürnbrecht
(02293) 7771

Ehrentraum (Rhld.)
Ehrensold/Milan
Braun/81

Dieter Dohmen
Am Tömp 15
5144 Wegberg
(02434) 1036

Escort (Hann.)
Eindruck II/Poet xx
Fuchs/70

Günter Röhlen
Boisheimer Str. 24
4056 Schwalmtal 2
(02163) 20792

Favorit xx
Neckar/Caran
D'Ache
Dunkelbraun/67

Karl Siemens-Fischer
Gut Großenbusch
5205 St. Augustin 2
(02241) 332512

Ferdel (Rhld.)
Fiax/Polarfürst
Braun/66

St.: Klaus Almenräder
Reddach
5600 Wuppertal 2
(0202) 593310

Feuervogel (Rhld.)
Feuerzauber/Romadour II
Fuchs/81

Harald Feldermann
Baptiststr. 32
5000 Köln 71
(0221) 785241

Fortunat (Rhld.)
Foxtrott/Perfekt
Fuchs/83

Gestüt Zahn
Rheinbergstr. 6
4234 Alpen
(02802) 2260

Frederiko (Rhld.)
Furioso II/
Romadour II
Fuchs/81

Hermann Schult
Bergschlagweg 45
4224 Hünxe-Bruckhausen
(02134) 30369

Frühlingsklang (Westf.)
Frühlingsduft/
Durchlaucht
Fuchs/70

Otfried Knotte
Niederbröl
5223 Nümbrecht
(02293) 7771

Fürst Ramses (Old.)
First Gotthard/
Laertes
Fuchs/83

Dieter Dohmen
Am Tömp 15
5144 Wegberg
(02434) 1036

Ganymed (Rhld.)
Grimsel/Arminus
Fuchs/79

Hans Ricken
Schüttwich 22
4230 Wesel 15
(02859) 320

Gasparone (Rhld.)
Garamond/Durban
Braun/73

Heiner Nachbarschulte
Hardtstr. 26
4270 Dorsten
(02362) 25001

Gerald (Hann.)
Gepard/Gepard
Braun/83

St.: Bruno Peters
Bommershof
4005 Meerbusch-Osterath
(02159) 2575
B.: Sandra Morschheuser
Winkelsmühler Weg 10
4006 Erkrath 2
(02104) 44233

Goldcup (Hann.)
Gotthard/Marcio xx
Schimmel/75

Hubert Nettekoven
Burg Münchhausen
5307 Wachtberg/Adendorf
(02225) 4041

Golfstrom xx
Orsini/Nearco
Dunkelbraun/67

Otto Theus
Gut Brügel
5628 Heiligenhaus
(02056) 6241

Good Luck (Old.)
Grannus/Loewen-As
Rappe/80

Gestüt St. Ludwig
Klosterweg 20
5144 Wegberg
(02436) 2021

Graf Landau (Hann.)
Genever/Wendekreis
Schimmel/84

Gestüt St. Ludwig
Klosterweg 20
5144 Wegberg
(02436) 2021

Grandus (Hann.)
Grande/
Waidmannsdank xx
Braun/78

Peter Schweimanns
Gestüt Schultenhof
In der Issel 49
4005 Meerbusch 1
(02105) 5406

Grannenfels (Old.)
Grannus/Ehrenfels
Braun/79

Hans Berenz
Haus Langenberg
5120 Herzogenrath-Kohlscheid
(02407) 18606 o. 2031

Gratianus (Old.)
Grand Prix/Volturno
Braun/84

Herbert de Baey
Kesseldorfer Str. 4
4236 Hamminkeln

Grosso Z (Hann.)
Goliath/Furioso II
Dunkelbraun/83

Gestüt St. Ludwig
Klosterweg 20
5144 Wegberg
(02436) 2021

Hämon xx
Marinus/Panaslipper
Braun/73

St.: Dr. Günter Gliem
Lindenkreuz 1
5164 Nörvenich-Eschweiler
(02426) 4433
B.: Manfred Menges
Bauordenweg 16A
4330 Mülheim/Ruhr
(02054) 18153

Hasdrubal (Rhld.)
Hartgold/Archimedes
Rappe/83

Marlis Decker
Lousbergstr. 66
5100 Aachen
(0241) 156518

Honduras (Rhld.)
Hartung/Madjar xx
Braun/72

Paul Neuhaus
Mintarderstr. 258
4330 Mülheim
(0208) 487282

Kronenkranich xx
Stupendous/Orsini
Rappe/72

Th. Hönning
Bönningerstr. 20
4234 Alpen
(02802) 2672

Landvogt (Holst.)
Ladykiller xx/
Marder
Braun/66

Otto Theus
Gut Brügel
5628 Heiligenhaus
(02056) 6241

Larome (Holst.)
Landgraf I/Roman
Dunkelbraun/84

Gestüt St. Ludwig
Klosterweg 20
5144 Wegberg
(02436) 2021

Lenard (Hann.)
Laibach/Sesam
Fuchs/79

Gebr. Rueben
Lindenplatz 15
5102 Würselen
(02405) 2520

Lord (Hann.)
Lugano II/Duellant
Fuchs/70

Albert Bresser
Kölner Str. 9
4053 Jüchen 1
(02165) 317

Lord (Hann.)
Lasso/Afghane
Schimmel/69

Nicolai Riepe
Kitschburger Str. 27
5330 Königswinter
(02244) 3380

Louisdor (Westf.)
Lucifer/Frühlicht I
Braun/71

Anita Hertleif
In der Höhler 7
5354 Weilerswist
(02251) 73161

Maquisard xx
Sigebert/
Duc de Gueldre
Schwarzbraun/77

Gottfried Hoogen
Vogelsangshof
4178 Kevelaer
(02825) 241

Mamiro (Old.)
Maracaibo/Ramiro
Dunkelbraun/84

Gestüt Hausgrund
Hausgrund 9
5253 Lindlar/Hommerich
(02268) 7469

Martinez (Hann.)
Maigraf xx/Wohlauf
Rappe/68

Gerd Dung
Sandstr. 13
5307 Wachtberg-Villip
(0228) 324431

Mato Grosso xx
Orsini/Goody
Braun/63

Horst Witting
Mettmanner Str. 144
4030 Ratingen
(02102) 14110

**Mephistopheles
(Rhld.)**
Mackensen/
Romadour II
Braun/80

Gottfried Hoogen
Vogelsangshof
4178 Kevelaer
(02825) 241

Meteor (Hann.)
Marmor/Guntram
Fuchs/77

Leo Kauertz
Niersweg 40 A
4156 Willich 4
(02156) 60185

Metropolis (Old.)
Miracolo xx/
Feldherr
Braun/69

Gebr. Rueben
Lindenplatz 15
5102 Würselen
(02405) 2520

Montreal II (Westf.)
Mohn xx/Milan
Braun/77

Peggy u. Peter Mitscheln
Wiesenstr. 2
5303 Bornheim 2
(02236) 2949

Narrador xx
Arratos/Pentathlon
Dunkelbraun/81

Otto Theus
Gut Brügel
5628 Heiligenhaus
(02056) 6241 o. 6392

Nebelio (Rhld.)
Neuquen xx/Perfekt
Schimmel/84

Ella Gugel
Stall Talihoh
4150 Krefeld-Verberg
(02151) 561536

Neuquen xx
Hardicanute/
Right Boy
Schimmel/71

Gestüt Zahn
Rheinbergstr. 6
4234 Alpen
(02802) 2260

Norman (Ausl.)
Nimmerdor/
Talisman
Braun/83

Gestüt St. Ludwig
Klosterweg 20
5144 Wegberg
(02436) 2021

Palermo (Rhld.)
Patron/Abendregen
Rappe/73

Josef Hax
Genielerstr. 92
4170 Geldern
(02831) 3169

Palisander (Westf.)
Polydor/Frühling
Dunkelbraun/77

Hartmut Grund
Schul 15
5231 Reisbitzen
(02683) 6737

Pamino (A)
Bajar/Amor
Schimmel/80

Ruth Pack
Oberagger
5226 Reichshof 21
(02256) 360

Pascha (Old.)
Panther x/Makuba xx
Schwarzbraun/74

Gestüt St. Ludwig
Klosterweg 20
5144 Wegberg
(02436) 2021

Paterno (Rhld.)
Pasternak/Gardist
Rappe/83

Gestüt Babiacki
Lohstr. 20
4242 Rees 1
(02850) 390

Phantom (Westf.)
Pilot/Adlerorden
Braun/85

Heinz Ricken
Stübbenfeldstr. 2
4320 Marl
(02365) 15365

Pianist (Westf.)
Pilatus/Ernö
Fuchs/70

Karl Siemens-Fischer
Gut Großenbusch
5205 St. Augustin 2
(02241) 332512

Picadeur (Old.)
Pik Trumpf/Ehrenfels
Braun/83

Gestüt St. Ludwig
Klosterweg 20
5144 Wegberg
(02436) 2021

Plato (Westf.)
Platon/Lucardo
Fuchs/79

Brigitte Büttner
Obmettmann 13
4020 Mettmann
(02353) 5167

Pluco (Westf.)
Pilot/
Frühlingstraum II
Fuchs/85

Paul Possberg
Gut Blee
4019 Monheim
(02173) 42663

Priamos (Westf.)
Picasso/Ducker
Fuchs/73

Peggy u. Peter Mitscheln
Wiesenstr. 2
5303 Bornheim 2
(02236) 2949

**Prince Charming
(Rhld.)**
Pelikan/
Frühlingstrunk
Fuchs/85

Josef Werres
Gut Boxbüchen
5272 Wipperfürth
(02267) 4450 o. 4265

Puschkin (Westf.)
Picasso/Frühbote
Fuchs/74

Hartmut Grund
Schul 15
5231 Reisbitzen
(02683) 6737

Radjah Z (Old.)
Ramiro/Almé
Braun/85

Gestüt St. Ludwig
Klosterweg 20
5144 Wegberg
(02436) 2021

Rassul (Rhld.)
Rheingold/Frühling
Rappe/81

Peggy u. Peter Mitscheln
Wiesenstr. 2
5303 Bornheim 2
(02236) 2949

Rekord (Rhld.)
Romantiker/Roderich
Schimmel/77

Dr. Günter Gliem
Lindenkreuz 1
5164 Nörvenich-Eschweiler
(02426) 4433

Rembrandt (Rhld.)
Rubin/Burnus
Braun/76

Gottfried Hoogen
Vogelsangshof
4178 Kevelaer
(02825) 241

Remy Martin (Westf.)
Rex Fritz/Pascal
Dunkelbraun/85

Andrea Schlütter
Niephauser Str. 131
4130 Moers 3
(02841) 76002 o. 74699

Rhodos (Westf.)
Remus I/Cyrano
Braun/74

Gestüt Babiacki
Lohstr. 20
4242 Rees 1
(02850) 390

Rhythmus (Rhld.)
Rheingold/Lucino
Dunkelbraun/78

Kath. Feiter-Betzing
Tereicken 69
5140 Erkelenz-Golkrath
(02431) 5483 o. 70952

Rigaud (Rhld.)
Rhythmus/Obermaat
Dunkelbraun/85

Jasmin Krause
Horst 19
5142 Hückelhoven-Bra.
(02433) 85012

Romanow (Rhld.)
Romadour II/Cyrus
Dunkelbraun/76

Gebr. Rueben
Lindenplatz 15
5102 Würselen
(02405) 2520

Salerno (Hann.)
Servus/Waterloo
Braun/78

Gebr. Rueben
Lindenplatz 15
5102 Würselen
(02405) 2520

Saluti (Rhld.)
Salut/Herbstglanz
Dunkelbraun/74

Ingrid Peitgen
Homburger Str. 7
5276 Wiehl 1
(02262) 93158

Santa Claus (Ausl.)
Rigoletto/Grandioos
Schimmel/71

Michael Fervers
Wegscheider Hecke
4044 Neuss-Büttgen
(02101) 518583

Solo xx
Lord Udo/Santa Rosa
Braun/80

Georg Hoogen
Vogelsangshof
4178 Kevelaer
(02825) 241

Telstar (Old.)
Tiro/Futuro
Braun/82

Gestüt St. Ludwig
Klosterweg 20
5144 Wegberg
(02436) 2021

Traumprinz (Old.)
Traumdeuter/
Kronprinz xx
Dunkelbraun/85

Willy Laprell
Lindener Str. 7B
5138 Heinsberg
(02452) 3562

Walzer (Westf.)
Weißgold/Situs
Schimmel/82

Ute Lüttgens
Weststr. 30
5100 Aachen
(0241) 86667

Wächter (Hann.)
Wicht/Astral
Dunkelbraun/70

Wilhelm Rueben
Maisschlackhof
5102 Würselen
(02405) 92453

Weingeist (Hann.)
Weingau/Poet xx
Fuchs/66

St.: Gestüt Ritzenhof
Hahnenstr. 65
5013 Elsdorf-Niederembt
(02274) 4604
B.: Edith Esch
Gut Boeke
5063 Overath

Wendepunkt (Hann.)
Wendekreis/Efendi
Schwarzbraun/76

Marita Schmitz
Hof Wiesengrund
5202 Hennef-Hofen
(02244) 7643

West Point (Rhld.)
Westwind/Derneburg
Dunkelbraun/79

Peggy u. Peter Mitscheln
Wiesenstr. 2
5303 Bornheim 2
(02236) 2949

Woronesch (Hann.)
Wendekreis/Gotthard
Braun/80

Gestüt St. Ludwig
Klosterweg 20
5144 Wegsberg
(02436) 2021

Wunderbar (Westf.)
Wunderlich/Roderich
Schimmel/80

Andrea Schlütter
Niephauser Str. 131
4130 Moers 3
(02841) 76002 o. 74699

Almjäger Z (Hann.)
Almé Z/Fernjäger
Braun/79

Günter Haas
Buchenhof 5
6073 Egelsbach
(06103) 43725

Almspatz Z (Hann.)
Almé Z/Domspatz
Braun/77

Günter Haas
Buchenhof 5
6073 Egelsbach
(06103) 43725

Amigo (Westf.)
Aarstein/Remus II
Braun/78

Helmut Wingenroth
Palmbachstr. 59
6209 Aarbergen 5
(06126) 6995

Antonio (Hann.)
Almé Z/Lavendel
Schimmel/79

Gestüt im Upland
Fritz Behlen
An der Neerdar 1
3542 Bömighausen
(05632) 5193

April-Scherz (RPS)
Fürst Agram/
Adlerschild xx
Fuchs/76

Wilma Stumpf
Schillerstr. 99
6101 Roßdorf
(06154) 9608

Argentano (Hann.)
Argentan/Wohlstand
Rappe/82

Georg Kaffenberger
OT Dilshofen
6107 Reinheim
(06162) 1826

Aufstieg (Hann.)
Absatz/Gotthard
Braun/82

Gestüt im Upland
Fritz Behlen
An der Neerdar 1
3542 Bömighausen
(05632) 5193

Baron Bally (Hann.)
Ballyboy xx/Sesam II
Schwarzbraun/75

Gestüt »Im Niedern«
6473 Gedern
(06045) 1865

Brave Venture xx
Kings Lake/Buchspacer
Braun/83

Gestüt Tannenhof
Klaus C. Plönzke
(Harry Klugmann)
6209 Heidenrod-Watzelhain
(06124) 4321

Capitano (Holst.)
Corporal/Ramzes
Schimmel/68

Dr. R. Hirschhäuser
Zuchthygiene/Besamung
Amselweg 6
6294 Weinbach 3
(06471) 41250

Caruso (Holst.)
Cor de la Bryère/Marlon xx
Rappe/77

Gestüt im Upland
Fritz Behlen
An der Neerdar 1
3542 Bömighausen
(05632) 5193

Chromatic xx
Relkino/Hard Ridden
Dunkelbraun/81

Gestüt Tannenhof
Klaus C. Plönzke
(Harry Klugmann)
6209 Heidenrod-Watzelhain
(06124) 4321

Coriolan (Holst.)
Calypso II/Capitano
Braun/78

Gestüt Tannenhof
Klaus C. Plönzke
(Harry Klugmann)
6209 Heidenrod-Watzelhain
(06124) 4321

Darius (Hann.)
Direktor/Windhuk
Fuchs/78

Fred Kadesch
Brunnenstr. 16
6209 Hohenstein 7
(06128) 43693

Domschatz (Hann.)
Domspatz/Lavendel
Rappe/79

Frank Zey
Reitanlage Odersbach
6290 Weilburg/Odersbach
(06471) 7730

Doran (Hann.)
Dolentino/Abdulla
Fuchs/73

Georg Kaffenberger
OT Dilshofen
6107 Reinheim
(06162) 1826

Farewell (Hessen)
Furioso's Sohn/
Ladykiller xx
Braun/80

Dr. Georg Wiesenecker
Wiesenstr. 1
6080 Groß-Gerau
(06152) 56963

Ferrari II (A.N.)
Ultra Son/Elis
Fuchs/71

Wilma Stumpf
Schillerstr. 99
6101 Roßdorf
(06154) 9608

Ferrero (Hessen)
Ferrari/Alarich xx
Braun/85

Wilma Stumpf
Schillerstr. 99
6101 Roßdorf
(06154) 9608

Fumiro (Oldenb.)
Furioso II/Miracolo xx
Fuchs/73

Georg Kaffenberger
OT Dilshofen
6107 Reinheim
(06162) 1826

Furioso's Sohn (Oldenb.)
Furioso II/Dulder
Fuchs/70

Günther Stroh
Auhofwiesen 2
OT Loshausen
3579 Willingshausen
(06691) 3160

Goethe (Hann.)
Graphit/Gotthard
Dunkelbraun/83

Gestüt im Upland
Fritz Behlen
An der Neerdar 1
3542 Bömighausen
(05632) 5193

Gotan (Hessen)
Gomez/Wotan
Braun/85

Hans Schluckebier
Ziegelhütter Weg 27
3540 Korbach
(05631) 7427

Gotha (Hann.)
Gotthard/Piruet
Dunkelbraun/75

Gestüt im Upland
Fritz Behlen
An der Neerdar 1
3542 Bömighausen
(05632) 5193

Gottward (Hann.)
Gotthard/Lasso
Schimmel/74

Kurt Pfalzgraf
Zella
3579 Willingshausen
(06691) 4903

Gran Rio (Hann.)
Graditz/Ramiro
Braun/80

Kurt Pfalzgraf
Zella
3579 Willingshausen
(06691) 4903

Graphitano (Hann.)
Graphit/Gotthard
Dunkelbraun/84

Gestüt im Upland
Fritz Behlen
An der Neerdar 1
3542 Bömighausen
(05632) 5193

Gutenberg (Hessen)
Gunnar/Lützow
Schwarzbraun/77

Gestüt Dreibrunnenhof
R. Wempen
Hessenauer Str. 2
6097 Trebur 2
(06147) 2196

Hidalgo (nur TG-Sperma) (Frankreich)
Ibrahim/Ultimate xx
Braun/73

Gestüt Tannenhof
Klaus C. Plönzke
(Harry Klugmann)
6209 Heidenrod-Watzelhain
(06124) 4321

Im Frühling (Westf.)
Inschallah x/Frühling
Fuchs/78

Karl Hermann
Im Grund 52
6407 Schlitz 1
(06642) 1476

Inschah (Hann.)
Inschallah x/Derby
Schimmel/74

Judy Schmitt
Schützenstr. 13
6080 Groß-Gerau
(06152) 82663

Le Comte (Holst.)
Leander/Cor de la Bryère
Braun/85

Christian Pläge
Gestüt Grünhof
6334 Asslar-Oberlemp
(06440) 453

Leancon (Holst.)
Leander/Conte
Braun/83

Gestüt im Upland
Fritz Behlen
An der Neerdar 1
3542 Bömighausen
(05632) 5193

Leander (Holst.)
Ladykiller xx/Ganeff
Braun/71

Gestüt im Upland
Fritz Behlen
An der Neerdar 1
3542 Bömighausen
(05632) 5193

Lordon (Holst.)
Lord/Farnese
Dunkelbraun/84

Gestüt »Im Niedern«
6473 Gedern
(06045) 1865

Luxus (Holst.)
Landgraf I/Nautilus xx
Dunkelbraun/76

Gestüt Tannenhof
Klaus C. Plönzke
(Harry Klugmann)
6209 Heidenrod-Watzelhain
(06124) 4321

Malteser Gold (Hessen)
Marduc/Ratsherr
Fuchs/83

Manfred Fischer
Hof Zwiefalten
6479 Schotten
(06044) 2445

Mamiro (Oldenb.)
Maracaibo/Ramiro
Dunkelbraun/84

Gestüt im Upland
Fritz Behlen
An der Neerdar 1
3542 Bömighausen
(05632) 5193

Mandux (Hessen)
Mandant/Fidux
Braun/81

Gestüt Tannenhof
Klaus C. Plönzke
(Harry Klugmann)
6209 Heidenrod-Watzelhain
(06124) 4321

Marcodeur (Hessen)
Mandant/Lotse
Braun/77

Dr. Dr. Klaus A. Lindemann
(Paul Schmid)
Reitanlage Kranichstein
6100 Darmstadt
(06151) 75737

Mexico (Oldenb.)
Masetto/Cansas
Schimmel/84

Gestüt im Upland
Fritz Behlen
An der Neerdar 1
3542 Bömighausen
(05632) 5193

Mormone xx
Madruzzo/Burgeff
Dunkelbraun/76

Kurt Schmidt
Hubertushof
6100 Wixhausen
(06150) 6216

Mr. Nobleman (Holst.)
Maracaibo/Calvados II
Schimmel/85

Gestüt im Upland
Fritz Behlen
An der Neerdar 1
3542 Bömighausen
(05632) 5193

Pik Kaiser (Hann.)
Pik Bube/Absatz
Dunkelbraun/83

Georg Kaffenberger
OT Dilshofen
6107 Reinheim
(06162) 1826

Ramalgo Z (Hann.)
Ramiro Z/Almé Z
Dunkelbraun/84

Gestüt Tannenhof
Klaus C. Plönzke
(Harry Klugmann)
6209 Heidenrod-Watzelhain
(06124) 4321

Raminus (Hessen)
Ramiro's Son/Luxus
Rappe/85

Gestüt im Upland
Fritz Behlen
An der Neerdar 1
3542 Bömighausen
(05632) 5193

Sandokan (Hann.)
Sansibar/Diplomat
Braun/77

Frank Zey
Reitanlage Odersbach
6290 Weilburg/Odersbach
(06471) 7730

Silvano (Holst.)
Silvester/Latino
Braun/85

Gestüt »Im Niedern«
6473 Gedern
(06045) 1865

Steinwurf (Hann.)
Steinhäger/Florentiner I
Fuchs/68

Heinrich Kurz
Ziegenhainer Str. 7
3579 Riebelsdorf
(06694) 242

Tagnon (A.N.)
Uriel/Questeur
Fuchs/85

Wilma Stumpf
Schillerstr. 99
6101 Roßdorf
(06154) 9608

Tango (Hessen)
Thor/Lützow
Braun/75

Eckhard Geisel
OT Michelbach
3550 Marburg
(06420) 498

Wachmann II (Hann.)
Wedekind/Frustra II
Braun/78

Helmut Baum
Bleichstr. 6
6238 Hofheim-Wallau
(06122) 13910

Wanderer (Hann.)
Weingau/Black Sky xx
Braun/77

Karl Hermann
Im Grund 52
6407 Schlitz 1
(06642) 1476

Wassilej (Hessen)
Wendel/Woermann
Fuchs/83

Eckehard v. Loesch
A. d. Talwiesen 6
3507 Baunatal 4
(05601) 87119

Wiener Domspatz (Hann.)
Wienerwald/Domspatz
Rappe/80

Manfred Lenhardt
Pfortestr. 3
6113 Babenhausen
(06073) 3371

Wodan (Hann.)
Winnetou/Luckner
Rappe/78

Kurt Schmidt
Hubertushof
6100 Wixhausen
(06150) 6216

Woelber (Hann.)
Woermann/Götz
Dunkelbraun/77

Gestüt Kilianshof
D. u. A. Umstätter
6500 Mainz-Laubenheim
(06131) 87523

Zamiro (Niederl.)
Ramiro Z/Apalatin
Braun/81

Gestüt im Upland
Fritz Behlen
An der Neerdar 1
3542 Bömighausen
(05632) 5193

Achat (Hann.)
Akzent/Alderfarn II
Braun/80

Theo Genn
Meddersheimer Str.
6553 Sobernheim
(06751) 25 12

Adios (Hann.)
Arsenik/Diplomat
Dunkelfuchs/76

Hubert J. M. Frey
Robert-Koch-Str. 9
5470 Andernach
(02632) 484 80

Alexis (Hann.)
Almé Z/Weingau
Fuchs/77

Jens Rombelsheim
Gestüt Drachenhof
5401 Lonnig
(02625) 13 20 u. 47 68

Amaro (Zw.)
Alexis/Lord
Braun/84

Jens Rombelsheim
Gestüt Drachenhof
5401 Lonnig
(02625) 13 20 u. 47 68

Amoural (Hann.)
Arsenik/Glander
Braun/83

Rudolf Marx
Fronhof
5509 Kell
(06589) 12 77

Arkansas (Hesse)
Akrobat/Valentino xx
Fuchs/69

Rosel Küchler
Schöne Aussicht
6251 Langenscheid
(06439) 70 91

Ascor (Zw.)
Acapulco/Sudan xx
Schwarzbraun/85

LH Landgestüt Zweibrücken
Gutenbergstr. 16
6660 Zweibrücken
(06332) 175 56
B.: Karl Maue

Balvados (Rhld.)
Bariton/Gralsritter
Fuchs/84

Erdmuthe Rosner
Haus Uhlenhorst
5232 Flammersfeld-Strickhausen
(02685) 5 10

Calvin (Holst.)
Caletto II/Roman
Schimmel/85

CJD-Gestüt
Am Ring 24
6759 Wolfstein
(06304) 15 82

Champ of Class (Holst.)
Calypso II/
Ladykiller xx
Braun/84

Hengststation Stach
Bahnhofstr. 4
6793 Bruchmühlbach-Miesau 2
(06372) 79 48

Claddagh xx
Bold Lad/Klairon
Dunkelbraun/74

Michael Volz
Ohlerweiherhof
6690 St. Wendel-Dörrenbach
(06858) 403

Dimitri (Westf.)
Debütant/Discont
Dunkelbraun/84

Hartmut Grund
Schulstr. 15
5231 Kircheib Reiabitzen
(02683) 67 37

Domschatz (Hann.)
Domspatz/Lavendel
Rappe/79

Hengststation Stach
Bahnhofstr. 4
6793 Bruchmühlbach-Miesau 2
(06372) 79 48

Don Carlo (Hann.)
DonCarlos/Frustra II
Braun/80

Helmut Baumeister
Bübinger Hof
6601 Bübingen
(06805) 27 83

Falcon (Zw.)
Fürst Agram/Kurpfalz
Fuchs/75

Horst Körner
Homburger Str. 19
6654 Kirkel-Altstadt
(06841) 82 51

Feu d'Amour (Norm.)
Lord Roussetierre/
Cold Slipper xx
Braun/82

Hengststation Stach
Bahnhofstr. 4
6793 Bruchmühlbach-Miesau 2
(06372) 79 48

Feuerwerk (Old.)
First Gotthard/Futuro
Rappe/85

Gerhard Hügenell
Riedweg 8
6713 Freinsheim
(06353) 39 66

Furi-Agram (Old.)
Furioso II/Agram
Dunkelfuchs/72

Günter Schmitz
Bocksbart 3
5561 Großlittgen
(06575) 44 21

Furier (Rhld.-Nass.)
Furioso II/Agram
Fuchs/71

Ernst Schindowski
Reithalle
5441 Dördt

Gaugraf (Zw.)
Galan/Colorado
Dunkelbraun/81

Rudolf Marx
Fronhof
5509 Kell
(06589) 12 77

Genf (Zw.)
Genius/Kurpfalz
Schimmel/83

Horst Körner
Homburger Str. 19
6654 Kirkel-Altstadt
(06841) 82 51

Germanist xx
Zank/Abendfrieden
Fuchs/69

Horst Blaul
Pfalzmühle
6733 Haßloch
(06324) 35 34

Godewin (Hann.)
Godehard/Domspatz
Schimmel/83

Klaus Conrad
Reitweg 6
6640 Merzig-Ballern
(06861) 47 25

Gold Ferdl (Hann.)
Gotthard/Ferdinand
Schimmel/77

Gunter Heppes
Mühltorstr. 26
6715 Lambsheim
(06233) 53 011

Gomiro (Westf.)
Gonfaron/Ramiro
Dunkelbraun/85

CJD-Gestüt
Am Ring 24
6759 Wolfstein
(06304) 15 82

Gonzales (Holst.)
Grandioso/Consul
Braun/73

Siegfried Schneider
Schlichterhof
6799 Rammelsbach
(06381) 37 56

Gottwald (Hann.)
Greenhorn/Efendi
Schimmel/78

Reinhold Braun
Tannenhof
6701 Meckenheim
(06326) 15 61

Gottwart (Hann.)
Geronimo/Duft II
Fuchs/78

Josef Wolfarth
Heideparkerhof
6551 Bretzenheim
(0671) 345 05

Ingold (Hann.)
Inschallah AA/
Gotthard
Schimmel/76

Christiane Henrichs
Lindenstr. 4
5231 Berod
(02680) 260

Intervall (Old.)
Inschallah AA/
Herbststurm
Braun/73

A.-J. Theisen
Gestüt Tannenhof
5453 Pleckhausen
(02603) 130 61

Lago Maggiore (Holst.)
Landgraf I/
Wanderfalk xx
Dunkelbraun/71

CJD-Gestüt
Am Ring 24
6759 Wolfstein
(06304) 1582

Landherr (Holst.)
Landgraf I/Ganeff
Braun/82

Ferdinand Wilmsmann
Albrechtshof
5413 Bendorf
(02622) 2266

Leonard (Hann.)
Lombard/
Waidmannsdank xx
Rappe/83

Josef Kimmlingen
Kapellenstr. 4
5501 Aach-Hohensonn
(06 51) 80 210

Leubus (Hann.)
Lombard/Marmor
Fuchs/76

Sigrid u. Karl Meiers
Margarethenhof
6645 Beckingen
(06835) 7507

Löwenherz (Hann.)
Lehnsherr/
Der Löwe xx
Braun/79

Josef Kimmlingen
Kapellenstr. 4
5501 Aach-Hohensonn
(06 51) 80 210

Lorimer xx
Alpenkönig/Neckar
Braun/75

Karl-Otto Nitz
Gestüt Kallenfels
6699 Freisen-Reitscheid
(06857) 5520

Mars (Hann.)
Marconi/Scholwin
Dunkelbraun/65

Josef Kimmlingen
Kapellenstr. 4
5501 Aach-Hohensonn
(06 51) 80 210

Nordlicht (Old.)
Nordenstern/
Waidmannsheil
Rappe/81

Theo Genn
Meddersheimer Str.
6553 Sobernheim
(06751) 2512

Palisander (Westf.)
Polydor/Frühling
Dunkelbraun/77

Hartmut Grund
Schulstr. 15
5231 Kircheib-Reisbitzen
(02683) 6737

Panchero AA
Pancho II/
Demon Dissipe II
Braun/82

Hengststation Stach
Bahnhofstr. 4
6793 Bruchmühlbach-Miesau 2
(06372) 7948

Pandur AA
Präfectus xx/
O'Bajan (Arab.)
Schimmel/78

Franz Martin
Gestüt Fustenburg
6534 Stromberg
(06724) 8906 u. 3100

Pascal (Holl.)
Arms Parks xx/
Normann
Fuchs/74

Angelika Muthweiler
Im Fichtenwald 39
6680 Neunkirchen-Kohlhof

Piaff (Hann.)
Pik König/Frustra
Dunkelbraun/77

Günter Schmitz
Bocksbart 3
5561 Großlittgen
(06575) 4421

Pikant (Hann.)
Pik König/Wolfsburg
Braun/77

Ferdinand Wilmsmann
Albrechtshof
5413 Bendorf
(02622) 2266

Puma (Zw.)
Pikant/Laertes
Fuchs/84

Ferdinand Wilmsmann
Albrechtshof
5413 Bendorf
(02622) 2266

Puschkin (Westf.)
Picasso/Frühbote
Fuchs/74

Hartmut Grund
Schulstr. 15
5231 Kircheib-Reisbitzen
(02683) 6737

Royal Flash Z (Hann.)
Ramiro/Almé
Braun/84

Hengststation Stach
Bahnhofstr. 4
6793 Bruchmühlbach-Miesau 2
(06372) 7948

Rubicon xx
Silicon/Road House II
Schwarzbraun/73

Hengststation Stach
Bahnhofstr. 4
6793 Bruchmühlbach-Miesau 2
(06372) 7948

Shakespeare (Hann.)
Shogun xx/Seefischer
Dunkelbraun/82

Ferdinand Wilmsmann
Albrechtshof
5413 Bendorf
(02622) 2266

Steinwurf
Steinhäger/
Florentiner I
Dunkelfuchs/68

Ferdinand Wilmsmann
Albrechtshof
5413 Bendorf
(02622) 2266

Verano (Zw.)
Veltensohn/Dulder
Fuchs/82

Ellen Pansch
Rheinstr. 13
6501 Budenheim
(06139) 336 u. 314

Visconti (Zw.)
Veltensohn/Dulder
Dunkelfuchs/84

Ellen Pansch
Rheinstr. 13
6501 Budenheim
(06139) 336 u. 314

Voltaire (Hann.)
Volturno/Wendekreis
Braun/80

Ferdinand Wilmsmann
Albrechtshof
5413 Bendorf
(02622) 2266

Waldschütz (Hann.)
Waidmannsdank xx/
Athos
Braun/69

Hans Kuhn
Obermittweilerhof
6760 Katzenbach
(06361) 8366

Walzerkönig (Hann.)
Wenzel/Arsenik
Dunkelfuchs/81

Ferdinand Wilmsmann
Albrechtshof
5413 Bendorf
(02622) 2266

Warsteiner (Hann.)
Wendekreis/Grande
Braun/84

Josef Wolfarth
Heideparkerhof
6551 Bretzenheim
(0671) 34505

Weingold (Hann.)
Wirbelwind/
Welfenschatz
Dunkelfuchs/79

Rudolf Marx
Fronhof
5509 Kell
(06589) 1277

Weinmond (Zw.)
Weinberg/Raimond
Dunkelbraun/85

Andrea u. Jörg Gräser
Steinbacher Str. 1
6680 Neunkirchen-Wiebelskirchen
(06821) 52609

Weltspiegel (Zw.)
Weltmann/Einstein
Dunkelfuchs/79

Reinhold Braun
Tannenhof
6701 Meckenheim
(06326) 1561

Weltsport (Hann.)
Weltmeister/
Der Löwe xx
Dunkelbraun/80

Helmut Baumeister
Bübinger Hof
6601 Bübingen
(06805) 2783

Westfeuer (Zw.)
Westrich/Salut
Fuchs/85

St.: Landgestüt Zweibrücken
Gutenbergstr. 16
6660 Zweibrücken
(06332) 17556
B.: Bernd Eisenmenger
Aussiedlung
6501 Bubenheim
(06130) 1661

Westtime (Zw.)
Westrich/Kurfürst
Rappe/83

Bernd Diny
Gestüt Wiesenhof
6630 Saarlouis-Picard
(06831) 40463

Abraham (Hann.)
Absatz/Lasso
Schimmel/72

Albert Tritschler
Paulinenstr. 8
7312 Kirchheim/Teck
(07021) 2420 o. 54950

Affido xx
Kronzeuge/Birkhahn
Schwarzbraun/78

Manfred Welte
Schloßstr. 7
7930 Ehingen-Rißtissen
(07392) 10667

Antritt (Hann.)
Argus/Duellant
Schimmel/69

Albert Tritschler
Paulinenstr. 8
7312 Kirchheim/Teck
(07021) 2420 o. 54950

Cordeur (Holst.)
Cor de la Bryère/
Roman
Schwarzbraun/84

St.: Haupt- und Landgestüt
Marbach
7423 Gomadingen
(07385) 1031
B.: W. Schmid, Zürich

Dativ (Hann.)
Darwin/Hassan
Dunkelbraun/73

Reit- u. Zuchtanlage Bung
Rennbahnstr. 52
6909 Walldorf
(06227) 620212

Donkosak (Hann.)
Don Carlos/Frustra II
Dunkelbraun/67

St.: Haupt- u. Landgestüt
Marbach
7423 Gomadingen
(07385) 1031
B.: Georg Dietel, Alpirsbach

**Don Marquis
(Württ.)**
Marquis/Duft
Schwarzbraun/79

St.: Haupt- u. Landgestüt
Marbach
7423 Gomadingen
(07385) 1031
B.: H. Trasher, Dettighofen

Don Rico (Württ.)
Donkosak/Ricardo
Braun/84

Peter Caesar
Stall Buchenhof
7635 Schwanau-Wittenweier
(07824) 2184

Duden II (Hann.)
Duellant/
Der Löwe xx
Fuchs/60

Erwin Hammel
Hubertushof
7515 Linkenheim
(07247) 7275

Faisal (Westf.)
Frühlingstraum II/
Remus
Dunkelbraun/76

St.: Haupt- u. Landgestüt
Marbach
7423 Gomadingen
(07385) 1031
B.: F. Ligges, Ascheberg-Herbern

Fasching (Hann.)
Furioso II/Obermaat
Dunkelbraun/76

Hermann Wäscher
Brünnensweiler 13
7992 Tettnang 1
(07542) 8146

Flirt (Old.)
Futuro/Cyrus
Schwarzbraun/73

St.: Haupt- u. Landgestüt
Marbach
7423 Gomadingen
(07385) 1031
B.: H. Schwer, Schramberg

Fontan (Holst.)
Farnese/Cottage
Son xx
Braun/68

Ernst Baur
Güthler Hof
7252 Weil der Stadt
(07033) 2493

Freison (Rhld.)
Furioso II/Ester II
Braun/71

Manfred Welte
Schloßstr. 7
7930 Ehingen-Rißtissen
(07392) 10667

Frühwind (Westf.)
Frühlingsball/
Paradox I
Fuchs/80

St.: Monika Wagner
Deutschordenstr. 61
7129 Stockheim
(07135) 12459
B.: B. Porten
Hemmenhofen

Fugato (Old.)
Furioso II/
Miracolo xx
Dunkelbraun/69

Wolfgang Vargel
Zucht- u. Pensionsstall
Biddersbach
Bammentaler Str. 15
6901 Wiesenbach
(06223) 4489

Gastronom (Württ.)
Gibraltar/Roderich
Schimmel/84

St.: Monika Wagner
Deutschordenstr. 61
7129 Stockheim
(07135) 12459
B.: B. Porten
Hemmenhofen

Gepard (Hann.)
Gotthard/
Florentiner II
Fuchs/74

Manfred Welte
Schloßstr. 7
7930 Ehingen-Rißtissen
(07392) 10667

Gibraltar (Hann.)
Goldpilz/Kaspar
Schimmel/78

Gestüt Höri
Stockfelder Hof
7769 Orsingen-Nenzingen
(07774) 300

Goldpilz (Hann.)
Gotthard/Steinpilz xx
Schimmel/72

St.: Helmut Bräuning
Altinger Str. 57
7033 Herrenberg-Gültstein
(07032) 71324
B.: B. Porten
Hemmenhofen

Ibikus (Old.)
Inschallah/
More Magic xx
Schimmel/76

Ludwig Leser
Gestüt Möllenbronn
7981 Fronreute
(07505) 774

Imperator (Old.)
Imperial/
Waidmannsheil
Schimmel/77

St.: Haupt- u. Landgestüt
Marbach
7423 Gomadingen
(07385) 1031
B.: Rolf Götze
Markgröningen

Indigo (Württ.)
Ingo/Kadett
Braun/77

Karl Füll
7161 Bühlerzell-Gerabronn
(07974) 467
(07973) 6415

Laertes (Holst.)
Ladykiller xx/
Loretto
Dunkelbraun/66

Otto Marienfeld
Marienhof
7451 Grosselfingen
(07476) 8137

**Landcharme
(Württ.)**
Lincoln/Coral
Braun/84

Otto Marienfeld
Marienhof
7451 Grosselfingen
(07476) 8137

Landfalk (Holst.)
Landgraf I/Fabulus
Braun/84

Manfred Welte
Schloßstr. 7
7930 Ehingen-Rißtissen
(07392) 10667

Lehar (Holst.)
Ladykiller xx/
Heilbutt
Braun/79

St.: Helmut Bräuning
Altinger Str. 57
7033 Herrenberg-Gültstein
(07032) 7 13 24
B.: B. Porten
Hemmenhofen

**Lightning Star
(Württ.)**
Lincoln/Felipe xx
Schwarzbraun/85

St.: Haupt- u. Landgestüt
Marbach
7423 Gomadingen
(07385) 1031
B.: Günter Kraut, Balingen

Matcho Son (Hann.)
Matcho AA/Steinklee
Rappe/84

St.: Haupt- u. Landgestüt
Marbach
7423 Gomadingen
(07385) 1031
B.: Dietz, Künzelsau

Mephisto (Holst.)
Maximus/Ramiro
Dunkelbraun/74

Otto Marienfeld
Marienhof
7451 Grosselfingen
(07476) 81 37

Page (Hann.)
Partisan/Wolfgang
Fuchs/77

Helmut Riegger
An der Köttach 16
7737 Bad Dürrheim-Sunthausen
(07706) 4 12
(07706) 55 20

Pageno xx
Luciano/Herbager
Schwarzbraun/79

Alfred Casper
Gestüt Birkhof
7322 Donzdorf 2
(07162) 29886

Parcours (Hann.)
Paladin x/Duft II
Rappe/75

Albrecht Wüst
Albrechtshof
7531 Keltern-Ellmendingen
(07236) 496

Playboy (Hann.)
Pik Bube/Efendi
Dunkelbraun/81

Georg Dietel
Gasthof Adler
7297 Alpirsbach-Ehlenbogen
(07444) 22 15

Quick Star xx
Vierzehnender/
Precipitation
Dunkelbraun/66

I. u. R. Götze
Gestüt Schlüsselberg
7145 Markgröningen-Thalhausen
(07145) 8293

Rhodos (Holst.)
Rossini/Liguster
Braun/81

Albrecht Wüst
Albrechtshof
7531 Keltern-Ellmendingen
(07236) 496

Royal (Westf.)
Roderich/
Bürgermeister xx
Schimmel/80

Rolf Götze
Gestüt Schlüsselberg
7145 Markgröningen-Talhausen
(07145) 8293

San Salvador (Hann.)
San Fernando/
Don Carlos
Braun/82

St.: Haupt- u. Landgestüt
Marbach
7423 Gomadingen
(07385) 1031
B.: Gisela Schockemöhle
Lohne-Hopen

Silvester (Westf.)
Silvaner/Sender
Braun/77

Ludwig Leser
Gestüt Möllenbronn
7981 Fronreute
(07505) 774

Tiro (A.N.)
Tremolo xx/Poker
Braun/72

Manfred Welte
Schloßstr. 7
7930 Ehingen-Rißtissen
(07392) 10667

Tramp (Holst.)
Tumbled xx/Farnese
Dunkelbraun/73

Helmut Schuhmann
Triebstr. 4
6805 Heddesheim
(06203) 43193

Traum Boy (Old.)
Traumdeuter/Welt As
Schwarzbraun/85

Alfred Casper
Gestüt Birkhof
7322 Donzdorf 2
(07162) 29886

**Turn Back The
Time xx**
Youth/Turn-To
Braun/78

St.: Alfred Casper
Gestüt Birkhof
7322 Donzdorf 2
(07162) 29886
B.: Bavaria-Trakehner,
Gernlinden

Tyrus (Württ.)
Tiro/Cantares
Braun/85

Albrecht Wüst
Albrechtshof
7531 Keltern-Ellmendingen
(07236) 496

Wanninger (Hann.)
Wenzel/Shogun xx
Dunkelbraun/83

St.: Haupt- u. Landgestüt
Marbach
7423 Gomadingen
(07385) 1031
B.: Dr. Sallinger
Krumbach

Weltstar (Old.)
Weltmeister/
Furioso II
Braun/79

Alfred Casper
Gestüt Birkhof
7322 Donzdorf 2
(07162) 29886

Wettruf (Württ.)
Wettstreit/Kornett
Braun/82

Alfred Casper
Gestüt Birkhof
7322 Donzdorf 2
(07162) 29886

Wilano (Württ.)
Wettstreit/Argus
Dunkelbraun/84

Alfred Casper
Gestüt Birkhof
7322 Donzdorf 2
(07162) 29886

Wildfang (Hann.)
Winnetou/Wotan
Dunkelbraun/73

St.: Haupt- u. Landgestüt
Marbach
7423 Gomadingen
(07385) 1031
B.: D. Sting, Balingen

Windmesser xx
Madruzzo/Celadon
Braun/78

St.: Haupt- u. Landgestüt
Marbach
7423 Gomadingen
(07385) 1031
B.: U. Besch, Königsfeld

Wittgenstein (Hann.)
Woermann/Lugano I
Rappe/79

St.: Haupt- u. Landgestüt
Marbach
7423 Gomadingen
(07385) 1031
B.: Robert Wolf, Bad Waldsee

Acord (Holst.)
Ahorn/Calypso I
Braun/83

Hans Holzeder
8399 Malching
(08573) 336

Alfa Romeo (Hann.)
Almé/Lavendel
Fuchs/80

Gerhard Hein
Unterer Pelzhügel 13
8630 Coburg
(09561) 22024

Aramis (Hann.)
Almé/Lavendel
Dunkelbraun/81

Familie Breitner
Fohlenhof Ritterswörth
8069 Geisenfeld
(08452) 541

Argentan II (Hann.)
Absatz/Wohlan
Schimmel/75

Karl Schachner jun.
Holzbachstr. 52
8902 Neusäß/Ottmarshausen
(0821) 482808

Armani (Westf.)
Artwig/Lakai
Braun/83

Familie Breitner
Fohlenhof Ritterswörth
8069 Geisenfeld
(08452) 541

Aufmarsch (Bay.)
Absinth/Argus
Fuchs/85

Karl Schachner jun.
Holzbachstr. 52
8902 Neusäß/Ottmarshausen
(0821) 482808

Balfour xx
Neckar/Tehran
Dunkelbraun/69

Martin Niedermair
Gut Spielberg
8011 Großhelfendorf
(08093) 4067

Belmondo (Westf.)
Bariton/Wendekreis
Braun/82

Franz Hartmann
Seegerstr. 1
8952 Marktoberdorf
(08342) 2917

Benito (Hann.)
Ballybox xx/Wohlan
Dunkelbraun/75

Rosemarie Deutinger
Ebering 148
8251 Steinkirchen
(08762) 2708

Billion xx
Restless Wind/Espace
Vital/Fuchs/74

Florian Dausch
8911 Unterfinning
(08806) 1668

Bolschoi (Hann.)
Bolero/Markus
Fuchs/84

St.: Hans Gundermann
Sonneberger Str. 16
8621 Mitwitz
(09266) 267
B.: C. Berger

Bonito xx
Literat/Soderini
Fuchs/74

Dr. Hans Resch
Gestüt Staffelberg
Spöck 1
8345 Asenham
(08563) 1407

Cadillac (Holst.)
Calypso I/
Thuswin xx
Braun/82

Dr. Adolf Lill
Gestüt Katharinenhof
Breunetsried 6
8121 Antdorf
(08856) 3947

Candis J (Bay.)
Canaris/Riesling
Braun/85

Franz-Peter Jennissen
St.-Anton-Str. 50
8904 Friedberg-Stätzling
(0821) 782041

Capital B (Holst.)
Capitol/Fasolt
Schimmel/84

Josef Bachl
Gut Fasselberg
8341 Postmünster
(08561) 1400

Cor de Angelo J (Holst.)
Cor de Bryère/Angelo xx
Fuchs/83

Franz-Peter Jennissen
St.-Anton-Str. 50
8904 Friedberg-Stätzling
(0821) 782041

Cor de Brillant (Bay.)
Cor de la Bryère/Lupus
Fuchs/83

Heinrich Eymann
Willmannsberg 2
8411 Altenthann
(09408) 273

Cosinus (Holst.)
Cor de la Bryère/
Ladykiller xx
Braun/82

Josef Bachl
Gut Fasselberg
8341 Postmünster
(08561) 1400

Diabolino (Westf.)
Drilling/Laterit
Fuchs/80

Dr. Georg u. Monika Oeppert
Römerstr. 4
8901 Dinkelscherben-Fleinhausen
(08292) 888

Fantast (Westf.)
Frühling/Abendwind
Dunkelbraun/70

Heinrich Eymann
Willmannsberg 2
8411 Altenthann
(09408) 273

Fermess (Westf.)
Feuerfunke xx/
Radetzky
Braun/85

Editha u. Wolfgang Magiera
Gestüt Bergwiese
7919 Buch-Rennertshofen
(07343) 6142

Fernando (Holst.)
Farnese/Consul
Braun/76

Editha u. Wolfgang Magiera
Gestüt Bergwiese
7919 Buch-Rennertshofen
(07343) 6142

Flamenco (Westf.)
Frühlingstraum II/
Radetzky
Braun/74

Editha u. Wolfgang Magiera
Gestüt Bergwiese
7919 Buch-Rennertshofen
(07343) 6142

Furino (Oldb.)
Furioso II/Westerwald I
Rappe/70

RosemarieDeutinger
Ebering 148
8251 Steinkirchen
(08762) 2708

Gatsby (Hann.)
Grundstein/Sansibar
Braun/83

Arnold Hackner
Blumenweg 6a
8261 Ampfing
(08636) 866

Grand Lion (Hann.)
Graf Douglas/Lions xx
Dunkelfuchs/79

Bruno Berner
Industriestr. 1
8743 Bischofsheim/Rhön
(09772) 1833

Grandezzo (Hann.)
Graditz/Lavendel
Schimmel/76

Hans Schütz
Bahnhofstr. 1
8312 Dingolfing
(08731) 2367

Granduro (Bay.)
Grandezzo/Gigant
Fuchs/81

Hans Schütz
Bahnhofstr. 1
8312 Dingolfing
(08731) 2367

Grundsatz (Bay.)
Grundstein/Lions xx
Fuchs/81

Dr. Adolf Lill
Gestüt Katharinenhof
Breunetsried 6
8121 Antdorf
(08856) 3947

Highlife (Bay.)
Habicht/Dulder
Braun/85

Familie Breitner
Fohlenhof Ritterswörth
8069 Geisenfeld
(08452) 541

Jabilso jun. (SF)
Jalisco/Amour du Bois
Braun/81

W. Eisenschink
L. Gassner
Unterhalling
8261 Kastl
(08671) 5651

Karim xx
Chief/Botticelli
Braun/66

Peter Greiff
Gut Rappenhof
8941 Boos
(08334) 520

Landwind J (Holst.)
Landgraf I/Fasolt
Braun/83

Franz-Peter Jennissen
St.-Anton-Str. 50
8904 Friedberg-Stätzling
(0821) 782041

Landwind II B (Holst.)
Landgraf I/Fasolt
Braun/85

Josef Bachl
Gut Fasselberg
8341 Postmünster
(08561) 1400

Leopold (Bay.)
Laterit/Endflug
Schimmel/76

Brigitte Pauer-Lehner
Memminger Str. 40
8941 Winterrieden
(0833) 8404

Lucky Bua (Niederl.)
Lucky Boy xx/
Duc de Normandie
Braun/84

Josef Bachl
Gut Fasselberg
8341 Postmünster
(08561) 1400

Magic Boy xx (Hann.)
Matcho x/Goldstein
Braun/85

Marion Büttner-Landwehr
Gestüt Birkenhof
8751 Kleinwallstadt
(06022) 21553

Morketo (Bay.)
Mordskerl xx/Loretto
Dunkelbraun/71

Walter Stieglmeier
Wallesauer Str. 9
8542 Roth
(09171) 5668

Nasrallah ox
Bartok VII/Jussuf VII
Braun/75

Gräfl. v. Arco Zinnebergsche
Gutsverwaltung
8351 Moos
(09938) 180

Palermo (Westf.)
Parvenue/Realist
Braun/73

Dr. Georg u. Monika Oeppert
Römerstr. 4
8901 Dinkelscherben-Fleinhausen
(08292) 888

Pastell (Westf.)
Paradox/Frühling
Fuchs/84

Walter Wadenspanner
Prof. Prechtl-Str. 1
8303 Pattendorf
(08781) 2734

Pastrocio xx
Almoro/Traghetto
Dunkelbraun/66

Ulrich Werchau
Gut Postschwaige
8059 Oberding
(08169) 209

Pergamon (Bay.)
Periander/Absinth
Dunkelfuchs/85

Konrad Straubinger
Am Pulverturm 22a
8263 Burghausen
(08677) 62662

Philippo (Hann.)
Weltmann/Novum xx
Dunkelfuchs/77

Marika Behnsen
Gestüt Wolfsangel
Wallstädter Str. 50
8754 Großostheim
(06026) 3666

Piaster (Bay.)
Pik Bube I/Lotse
Braun/82

Walter Wadenspanner
Prof. Prechtl-Str. 1
8303 Pattendorf
(08781) 2734

Pik Boy (Bay.)
Pik Bube I/
Wendekreis
Braun/81

Rosemarie Deutinger
Ebering 148
8251 Steinkirchen
(08762) 2708

Pikobello (Westf.)
Paradox I/Gottschalk
Schwarzbraun/83

Familie Breitner
Fohlenhof Ritterswörth
8069 Geisenfeld
(08452) 541

Pontiac xx
Basalt/Dubasoff
Schwarzbraun/82

Editha u. Wolfgang Magiera
Gestüt Bergwiese
7919 Buch-Rennertshofen
(07343) 6142

Poseidon (Westf.)
Paradox/Frühbote
Braun/73

Hans Holzeder
8399 Malching
(08573) 336

Quiriel II J (SF)
Uriel/Nankin
Braun/82

Franz-Peter Jennissen
St.-Anton-Str. 50
8904 Friedberg-Stätzling
(0821) 782041

Racoleur (Bay.)
Rasso/Fax I
Fuchs/76

Franz Steiner
Am Fischl 3
8221 Tengling
(08687) 342

Ramé Z (Hann.)
Ramiro/Almé
Braun/84

Josef Bachl
Gut Fasselberg
8341 Postmünster
(08561) 1400

Ramirez (Holl.)
Ramiro/Rigoletto
Braun/83

Josef Bachl
Gut Fasselberg
8341 Postmünster
(08561) 1400

Ramos (Bay.)
Rasso/Mordskerl xx
Braun/84

Willi Raeithel
Schloß Fahrenbühl
8676 Kirchenlamitz
(09284) 364

Rangun (Bay.)
Ramiro/Graf
Gotthard
Dunkelbraun/83

St.: Ferdinand Schönstein
Gestüt Irmenhof
8911 Rott am Lech
(08194) 1609
B.: J. Bachl

Reflex (Bay.)
Report II/Grande
Dunkelbraun/82

Familie Breitner
Fohlenhof Ritterswörth
8069 Geisenfeld
(08452) 541

Rex Ramiro (Westf.)
Rex Fritz/Renaldo
Dunkelbraun/82

Helmut Hösch
Aichen 23
8581 Neudrossenfeld
(09203) 1282

Rhodos (Holst.)
Rossini/Liguster
Braun/81

Martin Niedermair
Gut Spielberg
8011 Großhelfendorf
(08093) 4067

Ricardo (Westf.)
Renaldo/Filter
Braun/74

Heinrich Eymann
Willmannsberg 2
8411 Altenthann
(09408) 273

Rio Negro (Westf.)
Ramiro/Pernod xx
Schwarzbraun/70

Familie Breitner
Fohlenhof Ritterswörth
8069 Geisenfeld
(08452) 541

Roquefort (Bay.)
Romadour II/
Manolito
Braun/84

Walter Wadenspanner
Prof. Prechtl-Str. 1
8303 Pattendorf
(08781) 2734

Rosario (Bay.)
Rosenkavalier/Affekt
Rappe/85

Hans Holzeder
8399 Malching
(08573) 336

Rubikon (Bay.)
Rex Fritz/Goldlack
Rappe/82

St.: Franz Xaver Breindl
Am Ölschlag
8434 Berching
(08462) 1407
B.: W. Wadenspanner

Taragas x
Akbar ox/
Odysseus xx
Braun/78

Jutta Hell
Gestüt Erlau
Grandau 5
8165 Wörnsmühl
(08025) 1059

Tremolo (Bay.)
Tiro/Siegesmund
Fuchs/83

Helmut Hösch
Aichen 23
8581 Neudrossenfeld
(09203) 1282

Tristan (Hann.)
Trautmann/Lasso
Fuchsschimmel/76

Hermann Wagner
Bahnhofstr. 35
8820 Gunzenhausen
(09831) 2464

Ultraschall (SF)
Ultra Son/
Shikampur xx
Fuchs/75

Prof. Kienholz
Gestüt Jägerhof
Darmstädter Str. 125
8750 Aschaffenburg
(06027) 2824

Vagabund (Hann.)
Vollkorn xx/
Wolfsburg
Braun/73

Erwin Bock
Rechbergstr. 19
8943 Babenhausen
(08333) 8558

Waldfürst (Bay.)
Wiener Dom/
Wendekreis
Schimmel/82

Willi Raeithel
Schloß Fahrenbühl
8676 Kirchenlamitz
(09284) 364

Waldgraf (Bay.)
Wodkin/Sioux
Schwarzbraun/84

Erwin Michel
Laub 54
8861 Munningen
(09092) 1794

Watergate (Westf.)
Watzmann/Angelo xx
Braun/83

Franz-Peter Jennissen
St.-Anton-Str. 20
8904 Friedberg-Stätzling
(0821) 782041

**Weinschwärmer
(Bay.)**
Weingold/Lasso
Braun/83

Ulrich Ziegler
Lerchenfeldstr. 2
8901 Meitingen
(08271) 8527

Wellington (Oldb.)
Weltmeister/
Ecuador xx
Rappe/77

Fam. Schell
8120 Weilheim
(0881) 5503

Welt As (Oldb.)
Weltmeister/
Furioso II
Braun/77

Editha u. Wolfgang Magiera
Gestüt Bergwiese
7919 Buch-Rennertshofen
(07343) 6142

Weltkönig (Hann.)
Weltmeister/
Schützenkönig xx
Dunkelbraun/82

Marika Behnsen
Gestüt Wolfsangel
Wallstädter Str. 50
8754 Großostheim
(06026) 3666

Weltmeister (Hann.)
Wedekind/Don Carlos
Braun/73

Prof. Kienholz
Gestüt Jägerhof
Darmstädter Str. 125
8750 Aschaffenburg
(06027) 2824

Weltweit (Oldb.)
Welt As/Furioso II
Fuchs/83

St.: Höhere Landbauschule
Franz-Gerauer-Straße
8399 Rottalmünster
(08533) 654
B.: Kottmair/Baier

Wendig (Hann.)
Werther/Ferdinand
Fuchs/78

Gerwig Bahle
Gumping 4
8411 Wald
(09463) 396

Wetterstein (Hann.)
Wettstreit/Sesam II
Dunkelbraun/77

Hans Holzeder
8399 Malching
(08573) 336

Winchester (Oldb.)
Welt As/Inschallah x
Braun/81

Dr. Georg u. Monika Oeppert
Römerstr. 4
8901 Dinkelscherben-Fleinhausen
(08292) 888

Windsender (Hann.)
Winnetou/Sender
Rappe/75

Rosemarie Deutinger
Ebering 148
8251 Steinkirchen
(08762) 2708

Wolfhard (Bay.)
Wodka/Gotthard
Schimmel/70

St.: Ulrich Ziegler
Lerchenfeldstr. 2
8901 Meitingen
(08271) 8527
B.: S. Barbarino

Wolfslöwe (Hann.)
World Cup II/
Löwen As
Fuchs/85

Marika Behnsen
Gestüt Wolfsangel
Wallstädter Str. 50
8754 Großostheim
(06026) 3666

Zyklotron (Oldb.)
Zeus/Admiral
Fuchs/78

Ferdinand Schönstein
Gestüt Irmenhof
8911 Rott am Lech
(08194) 1609

🐴 Trakehner 🐴

Aaron ox
Ikarus ox/Belebes ox
Schimmel/76

Chr. Lange
6942 Mörlenbach
(06209) 5720

Achat (Trak.)
Malachit/Humboldt
Fuchs/68

H. Brachtendorf
5444 Kollig-Mayen
(02654) 7522

Affido xx
Kronzeuge/Birkhahn
Schwarzbraun/78

M. Welte
7930 Ehingen-Rißtissen
(07392) 10667

Aladdin ox
Saoudi ox/Ciceron ox
Schimmel/80

Dr. Jung
7967 Bad Waldsee
(07524) 8689

Alpenkönig (Trak.)
Feldspat/Herbstglanz
Hellbraun/82

H. J. Groß/Hammetweil
7441 Neckartenzlingen
(0711) 220826

Amadeus (Trak.)
Kassiber/Schöner Abend
Dunkelbraun/75

Gestüt Hörstein
8755 Alzenau
(06023) 1641

Amateur I (Trak.)
Donauwind/Hessenstein
Schwarzbraun/69

H. Petry
5509 Gielert
(06581) 2740

Amos (ShAr.)
Amor/Shagya XXXVI
Schimmel/77

F. Müller
5810 Witten-Heven
(02302) 26380

Amun el Kantar ox
Anchor Hill Halim/
Kaisoon OrAr
Schimmel/78

J. R. Steiner
8901 Bach/Aindling
(08237) 7251

Anduc (Trak.)
Marduc/Ibikus
Schwarzbraun/81

I. Wittlich
6451 Neuberg 2
(06185) 625

Antares (Trak.)
Ith/Kassiber
Dunkelbraun/81

P. Verhorst
4190 Kleve-Kellen
(02821) 9428

Argonaut (Trak.)
Ordensglanz/Habicht
Rappe/81

B. Peters
4005 Meerbusch 2
(02159) 2575

Argument (Trak.)
Ordensglanz/Habicht
Schwarzbraun/80

H. Platte
2114 Hollenstedt
(04165) 8466

Arogno (Trak.)
Flaneur/Apollonius xx
Dunkelbraun/76

I. I. Wenzel/ Dr. Reimer
5609 Hückeswagen
(02192) 2333

Arrak (Trak.)
Ibikus/Kurfürst
Braun/77

Gestüt Hirschfelde
2440 Grammdorf
(04361) 2522

Arsenal (Trak.)
Waldzauber/Habicht
Rappe/75

G. A. Neff/Im Niedern
6473 Gedern
(06045) 1865

Arthus (Trak.)
Rondo/Cornett
Dunkelbraun/74

Gestüt Argenhof
7989 Wangen-Amtzell
(07522) 3741

Astronaut (Trak.)
Rosenberg/Absalon
Braun/67

C. Köhler
2085 Quickborn
(04106) 81322

Athlet (Trak.)
Donauwind/Gabriel
Rappe/69

R. u. U. Stäudle
7919 Osterberg
(08333) 549

Athos xx
Acropolis/Asterios
Braun/62

I. Thum/Birknershof
7203 Fridingen
(07463) 7500

Atlas I (Trak.)
Persaldo/Impuls
Dunkelbraun/77

U. Ruetten
2000 Wedel
(04103) 85489

Atlas II (Trak.)
Persaldo/Impuls
Rappe/78

R. Zimmermann
6536 Langenlohnsheim
(06704) 1297

Atoll (Trak.)
Halali/Hartung
Hellbraun/80

Dr. J. Polac
2385 Lürschau
(04621) 23763

Bajazzo (Trak.)
Herbstglanz/Totilas
Fuchs/70

W. J. Dahmen/Tannhof
5165 Hürtgenwald-Großhaundorf
(02429) 1036

Balaton II (Ar.)
Gazal VII/O'Bajan
Schimmel/72

R. Pack/Reichshof
5226 Reichshof 21
(02265) 360

Banditentraum (Trak.)
Kiebitz/Cardinal xx
Fuchs/84

Dr. G. Böttcher
4953 Petershagen-Friedewalde
(05704) 222

Baron (Trak.)
Impuls/Anteil
Braun/69

E. H. Meiss
4133 Neukirchen-Vluyn
(02845) 4336

Bartholdy (Trak.)
Mahagoni/Polifax
Braun/80

A. Dörfler
8581 Neudrossenfeld
(09203) 762

Bartok (Ar.)
Gazal VII/O'Bajan
Schwarzbraun/71

R. Pack/Reichshof
5226 Reichshof 21
(02265) 360

Beatos (Trak.)
Kosmos/Magister
Rappe/76

O. Leuschen/Trak.hof
5377 Schmidtheim
(02447) 656

Belmondo xx
Botticelli/Neckar
Braun/70

H. Bührmann
2907 Großenkneten
(04487) 452

Belmont (Trak.)
Ith/Malachit
Braun/78

Dr. A. Lill/Katharinenhof
8121 Antdorf
(08856) 3947

Bento II (Trak.)
Herzbube/Traumgeist xx
Schwarzbraun/72

A. Jerke
3526 Trendelburg 1
(05675) 264

Bergamo (Trak.)
Graciano/Georgenhorst
Rappe/85

Gestüt Ramsberg
7322 Donzdorf
(07162) 21353

Blinker (Trak.)
Magnet/Hansakapitän
Rappe/68

E. Leuschner
3410 Northeim
(05551) 5526

Blue Grenadier xx
Grundy/Town Crier
Fuchs/82

L. Kathmann
2849 Holtrup
(04447) 474

Bonito xx
Literat/Soderini
Fuchs/74

Dr. H. Resch/Staffelberg
8345 Asenham
(08563) 1407

Braunsberg (Trak.)
Karwendelstein/Donauwind
Braun/74

B. Rüpke
2127 Scharnebeck
(04136) 8476

Bream xx
Hornbeam/Como
Fuchs/67

Gestüt Nehmten
2323 Nehmten
(04526) 323

Bukephalos (Trak.)
Insterfeuer/Seminole xx
Schw.schimmel/79

M. Paul
2320 Lebrade
(04383) 862

Caanitz (Trak.)
Aron/Kassiber
Fuchs/81

G. Gunia
3418 Uslar
(05571) 2537

Camelot (Trak.)
Arsenal/Ibikus
Rappe/83

H. P. Heinen-Bönnighardt
4174 Issum 1
(02835) 3544

Caprimond (Trak.)
Karon/Mackensen
Braun/85

B. Wahler/Klosterhof
3118 Bad Bevensen-Medingen
(05821) 7089

Cargo 4 (ShAr.)
Cargo ox/Kemir II
Braun/65

P. Moeller
3430 Witzenhausen
(05542) 6943

Caroll (Trak.)
Polargeist/Ostwind
Braun/84

V. Baaz/Stukenbrock
4815 Schloß Holte
(05207) 4047

Catarakt (Trak.)
Hortus/Kobalt
Rappe/75

H. H. Rohrmoser
3057 Neustadt 1
(05034) 337

Celestin (Trak.)
Hessenstein/Marcio xx
Braun/71

E. Grün
5628 Heiligenhaus
(02054) 5075

Cembalo (Trak.)
Catarakt/Marsilio xx
Fuchs/79

H. Krause
4353 Oer-Erkenschwick
(0209) 3832324

Charly Chaplin (Trak.)
Mackensen/Neuquen xx
Dunkelbraun/85

G. Gunia
3418 Uslar
(05571) 2537

Chromatic xx
Relkino/ Hard Ridden
Dunkelbraun/81

K. C. Plönzke/Tannenhof
6209 Heidenrod 15
(06124) 4321

Consul (Trak.)
Swazi xx/Lothar
Dunkelbraun/80

H. Poll
3031 Hörem b/Gilten
(05164) 8397

Dämon ox
Gharib/Halef
Schimmel/72

G. von Kameke
2061 Grabau
(04537) 245

Deadly Nightshade xx
Floribunde/Major Portion
Dunkelbraun/66

K. H. Harder
2201 Siethwede
(04126) 2345

Don (Trak.)
Flaneur/Heidedichter
Dunkelbraun/70

H. Galow
2409 Rohlsdorf
(04504) 1393

Donetz (Trak.)
Erzsand/Pregel
Schimmel/72

Frf. Zoege v. Manteuffel
2121 Wennekath
(05859) 464

Dorado (Trak.)
Waldzauber/Rosenberg
Dunkelbraun/76

Dr. K. Grelck
6380 Bad Homburg
(06172) 37440

Eichendorff (Trak.)
Patron/Padparadscha
Schimmel/82

W. Carl
2336 Waabs
(04358) 1035

El Abd ox
Gharib (Or.Ar.)/
Tuhotmos ox
Rappe/74

M. Hinterthür
2803 Weyhe-Melchiorshausen
(0421) 89814

Element (Trak.)
Maggiore/Abendstern
Dunkelbraun/76

R. Humpel
2411 Borstorf
(04543) 317

Eleve (Trak.)
Tannenfels/Absprung
Fuchs/73

E. Machedanz
2408 Timmendorf
(04503) 2535

El-Zid (Trak.)
Balaton (Ar.)/
Patron
Schimmel/81

Gestüt Hohenschmark
2325 Grebin
(04383) 497

Empire (Trak.)
Habicht/Impuls
Braun/82

B. Grundmann/Frienenhof
4156 Willich 2
(02154) 42387

Fabian (Trak.)
Donauwind/Maharadscha
Schimmel/72

P. Baum
5464 Asbach
(02683) 4646

Fähnrich (Trak.)
Fantast/Intermezzo
Rappe/65

B. Lachmann
6729 Langenberg
(07275) 3427

Fahnenträger II (Trak.)
Grandezzo/Siegbert
Dunkelbraun/82

H. Klatte jr.
4595 Klein-Roscharden
(04472) 307

Farino (Ar.)
Farag II ox/
Gahlion ox
Schimmel/78

E. Haßlinger
8881 Dillingen
(09074) 4844

Favorit xx
Neckar/
Caran d'Ache
Dunkelbraun/67

K. Siemens-Fischer/
Großenbusch
5202 St. Augustin 11
(02241) 332512

Feldspat (Trak.)
Persaldo/Schabernack
Schwarzbraun/70

O. Leuschen/Trak.hof
5377 Schmidtheim
(02447) 656

Felipus (Trak.)
Felipe xx/Totilas
Braun/69

K.-W. Lübke
2448 Bannesdorf
(04371) 2246

Fernando (Trak.)
Flugwind/Gazal VII (Ar.)
Fuchs/75

Gut Postschwaige
8059 Oberding
(08169) 209

Ferrum (Trak.)
Wie Ibikus/Mahagoni
Fuchs/83

E. Weinmann
7113 Neuenstein
(07942) 3155

Freeman xx
Hard Sauce/Como
Dunkelbraun/69

F. Brune/Belzengrund
4800 Bielefeld 15
(0521) 84152

Fundador (Trak.)
Condus/Kongo
Schimmel/71

F. Schmitz/Holtumerh.
4100 Duisburg 25
(0203) 781190

Gajus (Trak.)
Flaneur/Admiral
Braun/74

K. K. Rösner
8720 Schweinfurt
(09721) 6611

Gasparone (Trak.)
Herbststurm/Gobelin
Rappe/73

Gestüt Ramsberg
7322 Donzdorf
(07162) 21353

Gelria (Trak.)
Kassio/Pindar xx
Fuchs/75

J. Merzdorf
3171 Ettenbüttel
(05375) 1670

Ghadafi ox
Ghazal (Or.Ar.)/
Nizar ox
Schimmel/71

E. Leuschner
3410 Northeim
(05551) 5526

Gilbert (Trak.)
Kaspar/Anwalt
Dunkelfuchs/72

A. Schreiber/Donseler Hof
5138 Heinsberg-Donselen
(02452) 4288

Goldino (Trak.)
Patricius xx/Ibikus
Schwarzbraun/85

H. E. Schneider/Mechtildshausen
6200 Wiesbaden-Erbenheim
(06121) 701206

193

Graciano (Trak.)
Marengo/Totilas
Rappe/70

K. Marggraf
2111 Handeloh-Wörme
(04187) 6318

Graffitti (Trak.)
Ravel/Ciecieruk
Fuchs/85

B. Neuhaus/Birkenstein
5541 Roth
(06552) 5326

Gratian (Trak.)
Graciano/Gobelin
Fuchs/77

Gestüt Ramsberg
7322 Donzdorf
(07162) 21353

Habicht (Trak.)
Burnus AA/Goldregen
Rappe/67

Gestüt Hörstein
8755 Alzenau
(06023) 1641

Hämon xx
Marinus/Panaslipper
Braun/73

Dr. G. Gliem/Lindenkreuz
5164 Nörvenich
(02426) 4433

Hakoon (Trak.)
Gasparone/Schabernack
Dunkelbraun/79

U. Gentzen-Lübs
2943 Neuharlingersiel
(04974) 291

Hamelton (Trak.)
Patron/Gcysir
Rappe/80

H. Elsweiler
6950 Mosbach-Nüstenbach
(06261) 12313

Hamlet Go (Trak.)
Turnus/Matador
Fuchs/85

U. Gorlo
4800 Bielefeld
(0521) 491355

Hanseat (Trak.)
Prince Rouge xx/Gabriel
Fuchs/67

Frhr. v. Frankenberg
3474 Boffzen-Höxter
(05271) 33688

Haram Ibn Halima ox
El Hilal/Shadid
Braun/80

A. Keller/Halima
7960 Aulendorf-Zollenreuthe
(07525) 7425

Harik ox
Saher/Kanzler
Schimmel/80

G. Weixelbaum
8224 Chieming
(08664) 1534

Harnisch (Trak.)
Handelsherr/Anblick xx
Dunkelbraun/63

B. Zeiner/Neuhaus
6990 Bad Mergentheim
(07931) 2310

Hegab el Arab ox
Hadban Enzahi (OrAr)/
Carbonero ox
Schimmel/72

M. Thelen
5164 Nörvenich-Eschweiler
(02426) 4598

Heidedorn (Trak.)
Gazal (Ar.)/Carajan
Schimmel/70

R. Pleuger
7800 Freiburg
(07633) 84404

Heimherr (Trak.)
Cesar/Carajan
Fuchs/73

A. Runge/Rossbornerhof
5430 Montabaur
(02602) 4960

Hemmingway (Trak.)
Flaneur/Altan
Braun/69

E. Kraushaar
3014 Laatzen 1
(0511) 864059

Herbstruf (Trak.)
Lucado/Vivaldi
Rappe/77

N. Knaup
8727 Werneck
(09722) 1255

Herbsttanz (Trak.)
Tannenberg/Komet
Braun/73

R. Deyhle/Fohlenhof
7039 Weil im Schönbuch
(07257) 61044

Herbsttraum (Trak.)
Tannenberg/Burnus AA
Fuchs/73

H. W. Hicken
2409 Rohlsdorf
(04504) 5951

Herzkönig (Trak.)
Erzsand/Totilas
Schimmel/72

H. Poll
3031 Hörem b/Gilten
(05164) 8397

Heuriger (Trak.)
Herzbube/Kurfürst
Dunkelbraun/79

Ch. Pläge/Grünhof
6334 Asslar-Oberlemp
(06440) 453

Hexer (Trak.)
Siegel/Julmond
Dunkelfuchs/71

M. Haertel/Veltheim
4952 Porta Westfalica
(05706) 731

Hill Anwar AA
Hill Hawk xx/Amor A
Fuchs/81

M. Hansen
2391 Großenwiehe
(04604) 308

Hill Hawk xx
Sea Hawk/Sallymount
Schimmel/72

Dr. A. Schmidt
4554 Ankum
(05462) 1508

Holunder (Trak.)
Polargeist/Kurfürst
Dunkelbraun/81

Gestüt Hörstein
8755 Alzenau
(06023) 1641

Honeur (Trak.)
Leonardo/Grimsel
Dunkelbraun/80

G. Olze/Birkhausen
6660 Zweibrücken
(06332) 12546

Husar (Trak.)
Herzbube/Kurfürst
Braun/78

G. Neuhaus/Birkenstein
5541 Roth
(06552) 5326

Hyalit (Trak.)
Herzbube/Impuls
Dunkelbraun/80

B. Eberstein
2081 Hemdingen
(04123) 2794

Hyllos (Trak.)
Halali/Agamemnon xx
Dunkelbraun/75

F. v. Kintzel/Burg Miel
5357 Swisttal 4
(02226) 4422

Ibn Halima ox
Shawki (Or.Ar.)/Shadid
Schimmel/73

M. Schniedermeier
3120 Wittingen-Knesebeck
(05834) 6251

Ibn Mohafez ox
Mohafez/Nazir
Braun/80

I. Schulz
3108 Wolthausen
(05143) 8825

Iglesias (Trak.)
Tenor/Etong
Schimmel/85

H. P. Heinen-Bönninghardt
4174 Issum 1
(02835) 3544

Igor (Trak.)
Magnet/Flugsand
Schimmel/68

H. Kurz
3579 Riebelsdorf
(06694) 242

Impulsivo xx
Frontal/Ticino
Dunkelbraun/72

G. A. Neff/Im Niedern
6473 Gedern
(06045) 1865

Incitatus (Trak.)
Donauwind/Herbstwind
Schwarzbraun/69

H. T. Tielker
4933 Blomberg-Borkhausen
(05235) 7326

Index (Trak.)
Pregel/Maigraf xx
Schimmel/66

M. Haertel/Veltheim
4952 Porta Westfalica
(05706) 731

Ingo (Trak.)
Tornado I/Komet
Schwarzbraun/69

E. Weinmann
7113 Neuenstein
(07942) 3155

Inkas (Trak.)
Anteil/Steinpilz xx
Fuchs/71

G. Wittlinger
7901 Eiselau
(07348) 7871

Inkognito (Trak.)
Consul/Karwendelstein
Braun/84

H. Haß
2325 Rantzau
(04383) 478

Inshallah AA
Israel/Nithard
Schimmel/68

G. Vorwerk-Happ
4598 Cappeln
(04478) 233

Isotop (Trak.)
Gunnar/Maigraf xx
Dunkelbraun/73

Dr. H. Wittmack
2060 Bad Oldesloe
(04531) 85591

Itaxerxes (Trak.)
Tenor/Cardinal xx
Fuchs/82

A. Reinartz/Rurland
5176 Inden-Pier
(02428) 3444

Iwanow (Trak.)
Valentin/Herbstwind
Dunkelbraun/70

R. Fink
6204 Taunusstein
(06128) 42771

Jolly Jinks xx
Tudor Junks/
Arctic Prince
Schimmel/63

H. Galow
2409 Rohlsdorf
(04504) 1393

Jupiter's Chief AA
Satan's Chief xx/Thuswin xx
Dunkelbraun/81

Frf. Zoege v. Manteuffel
2121 Wennekath
(05859) 464

Kallistos x
Djerba Qua ox/Cor de
Chasse xx
Dunkelbraun/70

Gestüt Hörstein
8755 Alzenau
(06023) 1641

Kar Estoril ox
Mashhour ox/Komuste ox
Schimmel/82

M. Ponnath
8581 Kastl
(09642) 300

Karon (Trak.)
Arogno/Ibikus
Braun/81

O. Langels/Hämelschenburg
3254 Emmerthal 13
(05155) 8573

Karo-As (Trak.)
Vollkorn xx/Flaneur
Schimmel/81

B. Rüpke
2127 Scharnebeck
(04136) 8475

Kartusch (Trak.)
Insterfeuer/Frohsinn
Dunkelbraun/73

A. Schreiber/Donseler Hof
5138 Heinsberg-Donselen
(02452) 4288

Karwendelstein (Trak.)
Hessenstein/Maigraf xx
Braun/67

W. Auhagen
3055 Hagenburg
(05033) 6312

Kassius (Trak.)
Impuls/Sporn
Fuchs/70

L. Gaßner
8261 Kastl
(08671) 5651

Katamaran xx
Priamos/Frontal
Braun/81

U. Focken
2949 Wangerland 1
(04463) 307

Katapult (Trak.)
Kastilio/Donauwind
Fuchs/79

M. Ermer/Am Eichet
8913 Schondorf a. A.
(08192) 221

Khalil ox
Mahomed/Aswan
Schimmel/79

E. Ruess/Wadial Shams
7162 Gschwend
(07972) 5962

Kiebitz (Trak.)
Wie Ibikus/Ostwind
Fuchs/78

Dr. G. Böttcher
4953 Petershagen-Friedewalde
(05704) 222

Kleostro (Trak.)
Herzbube/Ibikus
Braun/79

G. Bodensohn
6251 Isselbach-Ruppenrod
(06439) 7550

Königspark xx
Prince Ippi/Ballymoss
Fuchs/79

O. Lielau
2081 Haselau
(04122) 81414

Königstein (Trak.)
Königsruf/Traumgeist xx
Rappe/82

Gestüt Hirschfelde
2440 Grammdorf
(04361) 2522

Königstreuer xx
Frontal/Neckar
Dunkelbraun/77

G. Vorwerk-Happ
4598 Cappeln
(04478) 233

Kohinoor (Trak.)
Amateur I/Frohsinn
Braun/75

Dr. K. L. Händel
6082 Mörfelden-Walldorf
(06105) 6596

Kokoschka (Trak.)
Postmeister/Kassio
Braun/85

V. von Schöning
2427 Neversfelde
(04523) 1553

Kolumbus (Trak.)
Habicht/Schabernack
Braun/82

Gestüt Hirschfelde
2440 Grammdorf
(04361) 2522

Kondor (Trak.)
Lucado/Auftakt
Schwarzbraun/78

Gestüt Ramsberg
7322 Donzdorf
(07162) 21353

Kontakt (Trak.)
Taifun/Lido
Fuchs/64

B. Lachmann
6729 Langenberg
(07275) 3427

Kopernikus (Trak.)
Tornado/Gunnar
Dunkelbraun/68

G. Gunia
3418 Uslar
(05571) 2537

Kostolany (Trak.)
Enrico Caruso/Falke
Rappe/85

O. Langels/Hämelschenburg
3254 Emmerthal 13
(05155) 8573

Koyano (Ar.)
Neron/Koheilan XXVI
Fuchs/78

Th. u. U. Neu
4194 Kleve-Hasselt
(02821) 60643

Le Tigre x
Akbar ox/Yoggi xx
Braun/80

F. Maurus
8114 Uffing
(08846) 277

Leonardo (Trak.)
Virgil/Ordensglanz
Dunkelbraun/76

E. Kätker/Hohe Egge
5810 Witten-Durchholz
(02302) 77603

Licius (Trak.)
Herbstglanz/Intermezzo
Rappe/69

Fam. Westerich
7077 Alfdorf
(07972) 6151

Lockruf II (Trak.)
Traumgeist xx/Komet
Dunkelbraun/67

H. Henke
3130 Lüchow-Satemin
(05841) 2362

Luzifer (Trak.)
Gunnar/Kapitän
Dunkelbraun/73

R. Prange
5860 Iserlohn-Kesber
(02352) 22844

Maat xx
Literat/Goody
Schwarzbraun/75

H. Kurz
3579 Riebelsdorf
(06694) 242

Mackensen (Trak.)
Patron/Flaneur
Dunkelbraun/76

G. Hoogen/Vogelsangshof
4178 Kevelaer 2
(02825) 241

Maggiore (Trak.)
Koran/Gunnar
Dunkelbraun/71

J. Blust
7552 Durmersheim 2
(07245) 2612

Maizauber (Trak.)
Bartholdy/Tannenberg
Fuchs/85

Gestüt Webelsgrund
3257 Springe/Deister
(05041) 2436

Majoran (Trak.)
Rubin/Altan
Fuchs/77

A. Huber/Engelhardt
6000 Frankfurt/Main
(069) 549401

Manual ox
Masir ox/Hamdan II ox
Dunkelfuchs/79

S. u. Th. Haake
7175 Vellberg
(07904) 7165

Maquisard xx
Sigebert/Duc de Gueldre
Rappe/77

G. Hoogen/Vogelsangshof
4178 Kevelaer 2
(02825) 241

Marduc (Trak.)
Halali/Ferlin
Schimmel/77

K. Marggraf
2111 Handeloh-Wörme
(04187) 6318

Margo (Trak.)
Marquis/Paladin
Dunkelfuchs/69

E. Steiner
8889 Syrgenstein
(09077) 400

Marius (Trak.)
Insterruf/Herbststurm
Rappe/76

H. H. Woltmann
2903 Bad Zwischenahn
(04403) 2550

Mark (Trak.)	U. Schmitz/Burg Dreiborn	**Navarra (ShAr.)**	J. Wrobbel
Donauwind/Hartung	5372 Schleiden	Saphiro/Jussuf VII	8919 Beuern
Fuchs/75	(02485) 241	Schimmel/78	(08193) 6307
Markant (Trak.)	Dr. J. Polac	**Neuquen xx**	H. Haasler-Zahn
Habicht/Igor	2385 Lürschau	Hardicanute/	4234 Alpen
Schimmel/82	(04621) 23763	Right Boy	(02802) 2260
Markasit (Trak.)	K.-F. Grommelt	Schimmel/71	
Hartung/Altan	2400 Travemünde	**Noble Roi xx**	H. Osterloh
Fuchs/70	(04502) 2357	Windwurf/Chief	2876 Berne-Bettingbüren
Marlo (Trak.)	Chr. Portz/Hungerburg	Braun/82	(04406) 6772
Lothar/Maigraf xx	5520 Bitburg	**Oglio xx**	M. Hansen
Fuchs/71	(06561) 3278	Athenagoras/Tompion	2391 Großenwiehe
Matador (Trak.)	L. Kienholz/Jägerhof	Dunkelbraun/81	(04604) 308
Donauwind/Gobelin	8750 Aschaffenburg	**Olympian Emperor xx**	L. Kienholz/Jägerhof
Dunkelbraun/74	(06027) 2824	Luciano/Botticelli	8750 Aschaffenburg
Meilenstein (Trak.)	H. Steinbrück	Dunkelfuchs/78	(06027) 2824
Hessenstein/Pregel	3173 Gilde	**Ordensglanz (Trak.)**	A. Klein
Schimmel/69	(05375) 1294	Herbstglanz/Schöner Abend	2120 Lüneburg
Memelruf (Trak.)	H. Petry	Dunkelbraun/66	(04131) 79423
Schwalbenzug/Traumgeist xx	5509 Gielert	**Pageno xx**	A. Casper/Birkhof
Braun/78	(06581) 2740	Luciano/Herbager	7322 Donzdorf 2
Meru ox	Chr. Grzimek/Schöneck	Schwarzbraun/79	(07162) 29886
Sultan/Czort	6369 Kilianstädten	**Palermo x**	H. J. Birkhoff
Schimmel/76	(069) 449041	Sektor x/Diem ox	3101 Hohnebostel
Messalla (Trak.)	N. Wallochny	Fuchs/79	(05082) 223
Amadeus/Admiral	8581 Eckersdorf	**Pamino (Ar.)**	R. Pack/Reichshof
Fuchs/84	(09206) 751	Bajar/Amor	5226 Reichshof 21
Michelangelo (Trak.)	H. P. Heinen-Bönninghardt	Schimmel/80	(02265) 360
Pasteur xx/Matador	4174 Issum 1	**Panchero AA**	O. Stach
Dunkelbraun/85	(02835) 3544	Pancho II AA/	6793 Bruchmühlbach
Milan (Trak.)	C. Köhler	Demon Dissipe II AA	(06372) 7948
Tannenberg/Impuls	2085 Quickborn	Braun/82	
Braun/70	(04106) 81322	**Pandur AA**	F. Martin/Fustenburg
Mohammed (Trak.)	K. Hagen	Praefectus xx/O'Bajan	6534 Stromberg
Lucado/Habicht	3045 Bispingen	Schimmel/78	(06724) 3100
Rappe/78	(05194) 435	**Pardon Go (Trak.)**	U. Gorlo
Monarch xx	C. Radtke	Rittersporn/Morgenglanz	4800 Bielefeld
Prince Ippi/	2224 Großenrade	Braun/83	(0521) 491355
Dschingis Khan	(04825) 8154	**Parforce (Trak.)**	D. Trepkau
Dunkelbraun/77		Habicht/Wily Trout xx	2401 Langniendorf
Monrad ox	I. Wagner/Waldhof	Braun/82	(04506) 253
Hadban Enzahi OrAr/Hala-	8901 Biberbach	**Pascal (Trak.)**	G. Leicht/Leichthof
din	(08271) 2891	Matador/Altan	8710 Biebelried
Schimmel/74		Braun/79	(09302) 814
Morgenstrahl (Trak.)	Frf. Zoege v. Manteuffel	**Pastrocio xx**	Gut Postschwaige
Tannenberg/Donauwind	2121 Wennekath	Almoro/Taraghetto	8059 Oberding
Dunkelbraun/75	(05859) 464	Schwarzbraun/66	(08169) 209
Mormone xx	B. Schmidt	**Patras (Trak.)**	I. Lingnau
Madruzzo/Burgeff	6100 Darmstadt 23	Index/Harfner	2800 Bremen-Tenever
Dunkelbraun/76	(06150) 6216	Schimmel/74	(0421) 48520
Mumpitz (Trak.)	H. Elsweiler	**Patron (Trak.)**	G. Hoogen/Vogelsangshof
Postmeister/Major	6950 Mosbach-Nüstenbach	Tranzyt/Traum	4178 Kevelaer 2
Fuchs/71	(06261) 1213	Rappe/67	(02825) 241
Nabil ox	E. Zimmermann	**Pedro ox**	D. Hummel/Steinmühle
Hadban Enzahi OrAr./	7737 Bad Dürrheim	Ghibli/Blue Diamond	6306 Langgoens
Nazeer OrAr.	(07706) 1360	Dunkelfuchs/74	(06447) 481
Schimmel/70		**Pelzjäger (Trak.)**	Dr. W. Huber
Narew xx	J. von der Walle	Gazal (Ar.)/Boris	8990 Lindau
Athenagoras/Chief	2051 Brunstorf	Schimmel/70	(08382) 8551
Schwarzbraun/81	(04151) 3340	**Perkunos (Trak.)**	P. + P. Mitscheln/Aluta
Nasrallah (Ar.)	Gräfin Arco-Zinnenberg	Flugwind/Hartung	5303 Bornheim 2
Bartok/Jussuf	8351 Moos	Fuchs/75	(02236) 2949
Braun/75	(09938) 180		

196

Perserfürst (Trak.)
Lothar/Stern xx
Schimmel/70

I. Thum/Birknershof
7203 Fridingen
(07463) 7500

Polargeist (Trak.)
Dämon ox/Habicht
Rappe/77

Gestüt Webelsgrund
3257 Springe/Deister
(05041) 2436

Polarwind (Trak.)
Persaldo/Doktryner ox
Dunkelfuchs/73

Dr. G. Frfr. v. Lotzbeck
8083 Mammendorf-Nannhofen
(08145) 202

Pompejus (Trak.)
Fähnrich/Petrus
Dunkelbraun/71

H. Kunz/Siebenmühlental
6330 Nauborn
(06441) 23694

Postillion (Trak.)
Virgil/Morgenglanz
Braun/76

M. Paul
2320 Lebrade
(04383) 862

Postmeister (Trak.)
Major/Sporn
Fuchs/67

H. Rahn jr./Im Krain
6751 Wartenberg
(06302) 4556

Pour le mérite (Trak.)
Mahon/Marsuk ox
Dunkelbraun/82

H. Poll
3031 Hörem b/Gilten
(05164) 8397

Primo (Trak.)
Pregel/Doktryner ox
Schimmel/66

U. Schmitz/Burg Dreiborn
5372 Schleiden
(02485) 241

Prinz von Oranien (Trak.)
Bergsturm/Mackensen
Rappe/84

Ch. Pläge/Grünhof
6334 Asslar-Oberlemp
(06440) 453

Quick Star xx
Vierzehnender/
Precipitation
Dunkelbraun/66

R. Götze/Schlüsselberg
7145 Markgröningen
(07145) 8293

Radom (Trak.)
Mahagoni/Kassius
Schwarzbraun/79

Kurhess. Hausstiftg.
2322 Panker
(04381) 7071

Rasin ox
Shaik/Jager
Schimmel/80

J. Hell
8165 Fischbachau
(08025) 10950

Ravel (Trak.)
Mahagoni/Donauwind
Dunkelbraun/81

H. Poll
3031 Hörem b/Gilten
(05164) 8397

Remember (Trak.)
Schwarm/Impuls
Braun/72

C. H. Peters
2383 Jübeck
(04625) 203

Rockefeller (Trak.)
Consul/Donauwind
Braun/84

H. Poll
3031 Hörem b/Gilten
(05164) 8397

Römer (Trak.)
Herzkönig/Ferlin
Rappe/82

E. Ernst
2351 Rendswühren
(04323) 7932

Roncalli xx
Priamos/Masetto
Dunkelbraun/78

N. Bramlage
2843 Dinklage
(04443) 1295

Rondo (Trak.)
Schabernack/Sterndeuter
Fuchs/70

J. Merzdorf
3171 Ettenbüttel
(05375) 1670

Rossini (Trak.)
Malachit/Komet
Braun/68

Dr. W. Huber
8990 Lindau
(08382) 8551

Rubicon xx
Silicon/Road House II
Dunkelbraun/73

O. Stach
6793 Bruchmühlbach
(06372) 7948

Sabek ox
Salon/Demir
Schimmel/73

W. Dela
2302 Schönhorst
(04347) 3410

Saddam ox
Gharib OrAr/
Hadban Enzahi OrAr
Schimmel/79

E. Zimmermann
7737 Bad Dürrheim
(07706) 1360

Santiago (Trak.)
Wie Ibikus/Impuls
Schwarzbraun/78

Gut Schwaighof
8851 Nordendorf
(08273) 2003

Sarafan (Trak.)
Martin/Boris
Rappe/77

Dr. F. F. Schubert
Gestüt Buchenhain/Spiegelhof
5093 Burscheid-Durscheid
(02174) 2673

Sarastro (Trak.)
Mazagran/Donauwind
Rappe/74

Dr. H. Maag
Rainmühle
6308 Griedel
(06033) 60277

Sastor (Trak.)
Anwalt/Traumulus
Braun/67

F. Brune
Belzengrund
4800 Bielefeld 15
(0521) 84152

Schachzug (Trak.)
Bergkönig/Indigo II
Rappe/73

G. Goerke
2304 Laboe
(04343) 6573

Schampus (Trak.)
Karon/Mahagoni
Schimmel/85

S. Lask
2081 Borstel-Hohenraden
(04101) 72822

Schneekönig (Trak.)
Deadly Nightshade xx/
Magister
Schimmel/85

H. H. Woltmann
2903 Bad Zwischenahn
(04403) 2550

Schönberg (Trak.)
Keith/Bento
Fuchs/67

R. Rosenau
3410 Northeim-Brunstein
(05551) 51434

Schöner Preuße (Trak.)
Epos/Ibikus
Braun/81

K. Rosdorff
3370 Klingenhagen
(05381) 47219

Schwärmer (Trak.)
Maharadscha/Totilas
Dunkelbraun/70

H. Mödl
8160 Miesbach
(08025) 1330

Schwalbenfreund (Trak.)
Impuls/Traumgeist xx
Rappe/73

H. Jäckel
Schönburg
6532 Oberwesel
(06744) 578

Schwalbenherbst (Trak.)
Herzbube/Impuls
Rappe/79

H. Ellermann
4803 Steinhagen
(05204) 3604

Schwarzwälder (Trak.)
Keith/Ortelsburg
Rappe/71

H. Britze
2350 Neumünster
(04321) 45826

Schwertträger (Trak.)
Hilarius/Kunzit
Dunkelbraun/80

Ch. Pläge
Grünhof
6334 Asslar-Oberlemp
(06440) 453

Seewind (Trak.)
Pasteur xx/Impuls
Dunkelbraun/83

E. Buck v. Lingelsheim
2419 Rondeshagen
(04544) 722

Sektor x
Eros xx/Banio ox
Fuchs/71

H. Ismer
2841 Ströhen
(05774) 505

Seydlitz (Trak.)
Epos/Ibikus
Dunkelbraun/82

K. Rosdorff
3370 Klingenhagen
(05381) 47219

Shagal (ShAr.)
Shagya I/Siglavy
Bagdady VI
Schimmel/76

Dr. W. Huber
8990 Lindau
(08382) 8551

Shagya XXII-14 (ShAr.)
Shagya XXII/Tobrok
Schimmel/81

E. Becker
6310 Grünberg
(06401) 6000

Shagya XXXIX-11 (Ar.)
Shagya XXXIX-1/
Shagya XXXII
Schimmel/73

E. von Kleist
3103 Bergen-Hassel
(05054) 629

Shahwan ox
Said ox/Kaisoon (Or.Ar.)
Braun/81

E. Dickhut
4787 Geseke-Eringerfeld
(02941) 10746

Shannon (Trak.)
Tenor/Kurfürst
Braun/83

H. Haß
2325 Rantzau
(04383) 478

Siegbert (Trak.)
Garamond/Fol Ami xx
Fuchs/68

Gestüt Hohenschmark
2325 Grebin
(04383) 497

Sokrates (Trak.)
Patron/Hartung
Dunkelbraun/80

B. Wahler
Klosterhof
3118 Bad Bevensen-Medingen
(05821) 7089

Solitär (Trak.)
Patron/Frohsinn
Rappe/71

H. P. Lohmann
2111 Heidenau
(04182) 4172

Star Regent xx
Prince Regent/My Babu
Braun/75

Gestüt Hörstein
8755 Alzenau
(06023) 1641

Stratege (Trak.)
Bumerang xx/Impuls
Dunkelbraun/73

E. Bertsch
4030 Ratingen
(02102) 8412 16

Strohmann xx
Manado/Aramis
Braun/81

A. Böckmann jr.
4595 Lastrup-Hamstrup
(04472) 1211

Subuktai AA
Sambesi ox/Aut AA
Dunkelbraun/74

Gräfin Arco-Zinnenberg
8351 Moos
(09938) 180

Sultan (Trak.)
Patron/Koriander
Rappe/71

F. Brune
Belzengrund
4800 Bielefeld 15
(0521) 8452

Sultan II ox
Gharib OrAr/
Hadban Enzahi OrAr
Schimmel/72

G. Meindel
8618 Seesten
(09505) 1627

Swazi xx
Herero/Birkhahn
Braun/74

Gestüt Hörstein
8755 Alzenau
(06023) 1641

Symbol (Trak.)
Hartung/Impuls
Fuchs/70

M. Gloede
6751 Rodenbach
(06374) 3185

Tamus xx
Naras/Magic Red
Fuchs/65

G. Gesang
Hengstbach
6072 Dreieich
(06103) 82974

Tannenzweig xx
Kaiseradler/Orsini
Schwarzbraun/70

H. Mischler
6112 Groß-Zimmern
(06071) 43166

Taragas x
Akbar ox/Odysseus xx
Braun/78

J. Hell
8165 Fischbachau
(08025) 10950

Tenor (Trak.)
Tümmler/Herzbube
Braun/78

Gestüt Webelsgrund
3257 Springe/Deister
(05041) 2436

Teotepec xx
Sea Hawk II/Abernant
Schimmel/71

H.Dieckmann
2800 Bremen 44
(0421) 403739

Tiparillo (Trak.)
Heros/Totilas
Fuchs/69

N. Schoch
Waldeck
7173 Mainhardt
(07903) 404

Tipperary (Trak.)
Matador/Totilas
Braun/78

K. Rosdorff
3370 Klingenhagen
(05381) 47219

Tivano (Trak.)
Tümmler/Herzbube
Braun/85

Kurhess. Hausstiftg.
2322 Panker
(04381) 7071

Tobias (Trak.)
Hessenstein/Fez
Schimmel/71

H. u. H. Flaig/Schmelze
7214 Rotweil-Zimmern
(0741) 31466

Traumdeuter (Trak.)
Arogno/Patron
Dunkelbraun/81

L. Kathmann
2849 Holtrup
(04447) 474

Turnus (Trak.)
Zauberklang/Flaneur
Fuchs/80

U. Gorlo
4800 Bielefeld
(0521) 491355

Tutanchamun (Trak.)
Siegbert/Anteil
Dunkelfuchs/78

S. Vitzthum
8501 Altdorf
(09187) 7233

Ulexis (Trak.)
Kassius/Memelstolz
Braun/84

Dr. A. Lill
Katharinenhof
8121 Antdorf
(08856) 3947

Unesco (Trak.)
Kassius/Herbststurm
Fuchs/75

G. Olze
Birkhausen
6660 Zweibrücken
(06332) 12546

Unkensee (Trak.)
Karneval/Tannenberg
Braun/78

B. u. P. Schödl
Jagdschloß Zwiefalten
6479 Schotten-Eichelsachsen
(06044) 2445

Upan la Jarthe AA
Pancho II AA/Flor II AA
Dunkelbraun/84

O. Langels
Hämelschenburg
3254 Emmerthal 13
(05155) 8573

Uran (Trak.)
Ideal/Hannemann
Rappe/68

R. Klatt
7776 Owingen
(07551) 62215

Van Deyk (Trak.)
Patricius xx/Ibikus
Dunkelfuchs/84

H. E. Schneider
Mechtildshausen
6200 Wiesbaden-Erbenheim
(06121) 701206

Vasall (Trak.)
Ibikus/Tropenwald
Braun/71

P. Leser
7967 Bad Waldsee
(07524) 2363

Vatout (Trak.)
Wie Ibikus/Gunnar
Dunkelbraun/78

A. Reuß
Röbershof
4053 Jüchen
(02165) 389

Veritas AA
Vidoc x/Rio Négro
Braun/82

G. Vorwerk-Happ
4598 Cappeln
(04478) 233

Waldvogt (Trak.)
Jolly Jinks xx/
Malachit
Braun/83

G. Hoogen
Vogelsanghof
4178 Kevelaer 2
(02825) 241

Waldzauber (Trak.)
Kassio/Pindar xx
Rappe/71

Dr. G. Frfr. v. Lotzbeck
8083 Mammendorf-Nannhofen
(08145) 202

Walzerklang (Trak.)
Heuriger/Gunnar
Fuchs/85

H. Generotzki
4800 Bielefeld 15
(05206) 2283

Register
der beschriebenen Hengste

Weitere BLV Bücher zum Thema – speziell für Sie ausgewählt

Claus Dencker
Das Oldenburger Pferd

Unveränderter Nachdruck von Heft 10 der
Schriftenreihe aus deutschen Zuchten 1941

Hippologisch wertvolle Dokumentation über die
Oldenburger Pferdezucht – von ihren Anfängen
bis zum Jahre 1941: Geschichte, Zuchttyp,
Aufzucht, Fütterung, Haltung.

*124 Seiten, 60 Fotos, 4 Stammtafeln, 20 Ahnen-
tafeln, 1 Übersichtskarte*

Lars Gehrmann/Maas J. Hell
Die großen Hengste Holsteins

Aus der erfolgreichen Reitpferdzucht werden die
bedeutendsten Vererber in Bild, Text, Pedigree
und ihren Nachkommen vorgestellt.

208 Seiten, 23 Farbfotos, 130 s/w-Fotos

Arnold Schlie/Hans Löwe
Der Hannoveraner

Standardwerk über Geschichte und Zucht des
édlen hannoverschen Warmblutpferdes:
Gestüte, Pferdefamilien, Blutlinien,
Zuchtfragen.

*3. Auflage (Neuausgabe), 303 Seiten, 316 Fotos,
1 Übersichtskarte*

Otto Schweisgut
Haflinger Pferde
Ursprung, Zucht und Haltung, weltweite Verbrei-
tung: Chronik der Haflinger-Zucht auf dem
aktuellsten Stand mit umfangreichen internationalen Stammtafeln der Haflinger-Hengste und
Stutenfamilien.

*2., völlig neubearbeitete Auflage (Neuausgabe),
256 Seiten, 79 Farbfotos, 157 s/w-Fotos,
22 Zeichnungen*

Hans Joachim Schwark
Pferdezucht

Fachbuch für Pferdezüchter und Pferdesportler:
alle Teilbereiche der Pferdezucht nach neuesten
Erkenntnissen, mit allen Daten und Fakten, inter-
essantem Bildmaterial und vielen Praxistips.

*3. Auflage, 448 Seiten, 197 Farbfotos, 80 s/w-Fotos,
69 Zeichnungen*

Karin Symanczyk
Das Westfälische Pferd

Geschichte, Zucht und Reiterei, Championats-
erfolge, Leistungsprüfungen für Zuchtpferde,
Turniererfolge, Gestüt Vornholz, Warmblut-
hengste und -stuten, Kaltblüter und Kleinpferde.

224 Seiten, 113 Fotos

Erika Schiele
Araber in Europa

Standardwerk über Ursprung, Entwicklung und
Stand der Araber-Zucht in Europa: Gestüte,
Pferdefamilie, Blutlinien, Zuchtfragen.

*3. Auflage (Neuausgabe), 380 Seiten, 67 Farbfotos,
335 s/w-Fotos, 3 Zeichnungen*

Fritz Schilke
Trakehner Pferde – einst und jetzt

Trakehner-Zucht in Ostpreußen, Wiederaufbau
der Zucht nach Kriegsende, Hengst- und Stuten-
linien, Leistungsprüfungen, Verkauf.

5. Auflage (Neuausgabe), 272 Seiten, 201 Fotos

Günther Hangen
Sportpferde aus Hessen

Geschichte, Zucht und Sport: Dokumentation der
hessischen Pferdezucht, Leistungsvererber, Stutenstämme und erfolgreiche Sportpferde.

136 Seiten, 99 Fotos

In unserem Verlagsprogramm finden Sie Bücher zu folgenden Sachgebieten:

Garten und Zimmerpflanzen · Natur · Angeln, Jagd, Waffen · Sport und Fitness · Pferde und Reiten ·
Wandern und Alpinismus · Auto und Motorrad · Essen und Trinken · Gesundheit.

Wünschen Sie Informationen, so schreiben Sie bitte an:
BLV Verlagsgesellschaft mbH, Postfach 40 03 20, 8000 München 40

BLV Verlagsgesellschaft München